CHRONIQUES,

LETTRES

ET JOURNAL DE VOYAGE.

TOME II.

IMPRIMERIE DE H. FOURNIER, RUE DE SEINE, 14.

CHRONIQUES,

LETTRES

ET JOURNAL DE VOYAGE,

EXTRAITS

DES PAPIERS D'UN DÉFUNT.

PREMIÈRE PARTIE.

EUROPE.

TOME DEUXIÈME.

PARIS

LIBRAIRIE DE FOURNIER JEUNE,

RUE DE SEINE, N° 14.

1836.

CHRONIQUES,

LETTRES

ET JOURNAL DE VOYAGE.

SUITE DE L'ÉPISODE

Liége, le 22 au soir.

A la vue de cette date, et à celle de mon écriture, tu peux conclure, cher ami, que je suis vivant et bien portant; ce qui suit t'apprendra le reste.

Comme je te l'ai, je crois, mandé, le colonel C*** est revenu hier au soir m'apportant la nouvelle que mon adversaire m'attendait, avec son second, dans une petite auberge sur la frontière. Il repartit ce matin de très bonne heure, pour commander des chevaux et notre déjeuner à Verviers où je devais me rendre accompagné du docteur. Comme il y avait six lieues à faire, je fus obligé, malgré toutes mes précautions pour l'éviter, de me lever passablement matin, chose, comme tu le sais, que nous détestons également l'un et l'autre, mais qui cette fois ne me fut pas difficile à exécuter, car je me réveilla iavec le mal de dents le plus violent qu'on puisse imaginer. Cet accident avait quelque chose de singulier. Tu sais que je n'ai jamais eu plus de deux de ces grosses dents appelées, je ne sais pourquoi, *dents de sagesse* (d'ordinaire on en a quatre); je fus obligé de faire arracher l'une presque aussitôt après son apparition, l'autre se détériora peu à peu de telle sorte qu'il en restait à peine la racine, ce qui est d'autant plus remarquable, que toutes mes autres dents sont des meilleures et des plus solides; ainsi les dents *de sagesse* seules ne pouvaient venir à bien chez moi, et aujourd'hui leur dernier reste, avec de violens et douloureux battemens, semblait réclamer impérieusement sa sortie : « Que ta volonté soit faite! » dis-je alors en faisant sur l'heure venir le dentiste; et après quelques momens de vive souffrance et la perte d'un petit morceau de la mâchoire, ma bouche se trouva heureusement délivrée de la dernière trace de toute sagesse. Cela me donna du moins ce privilége que mon sang fut le premier que j'eusse versé ce même jour, qui semblait marqué par les destins pour en répandre d'autre.

Veux-tu maintenant connaître la disposition de mon esprit, dans les heures qui précédèrent celle de mon rendez-vous? je vais te conter cela sincèrement.

Jusque-là je n'avais pensé à cette affaire que lorsque quelque chose m'obligeait de m'en occuper. Je me mis alors à l'examiner attentivement; car je ne suis plus un jeune homme auquel la frivolité soit permise, et bien que je n'en sois pas tout-à-fait exempt, c'est une raison de plus pour agir avec autant de prudence que de réflexion. Tu sais que je ne fais pas grand cas de ma vie; cette indifférence provient d'un sentiment profond et religieux que me donne l'intime conviction où je suis, que nous sommes tous immortels en Dieu, et qu'il est, par conséquent, fort indifférent quand et comment nous paraîtrons devant lui : la mort n'a d'importance que pour la terre; et quant à notre future existence, c'est chose insignifiante. Ensuite ma position individuelle me donne aussi cette espèce de fermeté insouciante dont je te parlais tout à l'heure : je me trouve dans la situation d'un homme qui dans un bal aurait dansé tout juste assez pour pouvoir encore danser le galop sans se fatiguer, mais qui sait aussi quitter la danse sans plus de regrets, lorsqu'un ami l'invite à revenir au logis; joins à cela quelque chose à la fois de crédule et d'ambitieux; souvent je me sens dominé de l'idée que dans une autre existence je suis destiné à une haute position, à quelque chose de grand, et que ma vie actuelle ne doit servir qu'à me pourvoir des facultés qui me manquent encore pour cette future destinée; ce sentiment est quelquefois si énergique en moi que je puis à peine attendre cette destination sublime et inconnue : voilà pourquoi aussi les circonstances qui pourraient m'y conduire n'ont pour moi rien de redoutable. D'un autre côté pourtant, je ne me trouve pas encore assez mûr pour cela, et je sais d'avance que mon but n'est pas encore fixé.

Sous ce rapport, je veux dire en ce qui me concerne, je n'éprouvais donc rien, que cette sorte de timidité que j'ai bien combattue, mais sans l'avoir jamais pu bannir entièrement, qui me saisit lorsqu'il faut me donner en spectacle, ne fût-ce que pour chanter une romance, faire un discours, jouer la comédie ou engager un duel. Le fondement de ceci est un système nerveux des plus irritables; quelque peu de vanité maladive qui peut-être se figure attirer l'attention des autres plus qu'il n'est nécessaire; enfin une malheureuse perspicacité qui devine sur-le-champ le plus léger blâme sur la physionomie des autres et, ce qu'il y a de pis, en demeure profondément blessée malgré tous les beaux enseignemens de la philosophie. Tu vois, mon cher, que si je m'étudie volontiers, j'ai du moins passablement appris à me connaître.

La seule chose qui me troublât et m'attendrît un peu, c'était le destin d'une autre ame, laquelle serait l'unique dans le monde qui résisterait difficilement à l'annonce de ma mort, et qui, sans moi, ne saurait complètement vivre. Toutefois, comme j'ai toujours tenu pour une impardonnable folie de s'inquiéter un seul instant de choses qu'on ne peut changer ou qu'on ne peut éviter, après avoir écrit mes dernières dispositions, et pourvu avec amour à tous les intérêts qui me sont chers, je résolus de m'ôter ce souci de l'esprit, et, dès lors, si je pensai encore à ma plus tendre amie (car j'écartais moins facilement ce souvenir), ce ne fut pas avec tristesse, mais avec une douce et tendre mélancolie.

A l'égard de mon adversaire, ma conscience était fort en repos; je ne pouvais avoir la moindre animosité envers lui, puisqu'il m'était tout-à-fait inconnu; la seule et unique chose que je susse de lui, c'est qu'il avait été dans une erreur complète à ton égard et au sujet de tes intentions. Comme d'avance, et par la connaissance que j'ai de l'extrême aversion que notre monarque a pour le duel, j'avais fait tout mon possible, c'est-à-dire tout ce que me permettait l'honneur, pour terminer l'affaire à l'amiable, et mon adversaire n'ayant pas cru devoir y consentir, il ne me restait donc aucun autre moyen d'accommodement qui ne me fût essentiellement préjudiciable. Loin de souhaiter malheur à mon adversaire, j'aurais voulu être blessé moi-même, car, bien que je n'eusse pas provoqué cette rencontre, j'étais pourtant résolu à ne point retourner sans résultat. La seule amertume qui se trouva pour moi dans tout cela, c'est que par suite de cette aventure mon projet de voyage en Amérique était entravé, sinon totalement rompu, car la saison favorable était maintenant passée; mais comme, à l'aide de mon heureuse mobilité, j'eus bientôt fait un nouveau plan, et tu sais que le dernier est toujours pour moi le plus chéri, je demeurai, dans le fond, parfaitement content de tout ce qui était arrivé.

De ces divers motifs que je viens de te développer, il résulta, en somme, que dans une disposition d'esprit très calme, très gaie et quelque peu ironique, je montai en voiture accompagné du plus aimable de tous les docteurs quoiqu'il porte le plus singulier nom au monde. Je ne suis rien moins qu'un ferrailleur, et je ne sais comment cela se fait, voilà pourtant le huitième duel qui m'arrive; mais quand j'en devrais avoir encore autant, je ne me souhaiterais pas un docteur plus instruit et un compagnon plus agréable que M. Lavacherie. J'ai fait peu de promenades aussi charmantes que celle d'aujourd'hui de Liége à Verviers; un temps magnifique, une température rafraîchie; la plus ravissante, la plus fertile contrée; une bonne voiture, un attelage rapide, un entretien dont l'intérêt et l'agrément ne tarissaient pas un seul instant; une santé tolérable (car ce point n'est pas des plus brillans chez moi); outre cela une *scène* intéressante *in petto* : que pouvait souhaiter de plus un *artiste* dans l'art des sensations?...

Notre déjeuner à Verviers se ressentit de cette bonne humeur; toutefois le temps ne se soutint pas; le ciel commença à se couvrir, et quand nous arrivâmes à la frontière, où le second de mon adversaire vint à notre rencontre, une pluie universelle s'étendit sur le paysage et couvrit la terre de boue et de mares d'eau.

Il n'était point du tout agréable ni facile d'arriver par un chemin glaiseux entre deux hautes haies d'épines, jusqu'à l'endroit choisi par ces messieurs, et où je devais voir mon adversaire pour la première fois. Je ne puis le nier, j'étais d'autant plus curieux de cette entrevue que, pour me ménager tout le plaisir de la surprise, je ne m'étais jamais informé de ce qu'était mon adversaire, ni même n'avais fourni à personne aucune occasion de m'en donner une idée précise : l'originalité de la chose en eût, selon moi, beaucoup souffert.

Aussitôt qu'il nous aperçut de loin, il nous salua en ôtant son chapeau avec une grâce toute chevaleresque qui lui seyait fort bien ; je répondis à son salut, et m'avançai en l'examinant attentivement : c'était un homme qui approche de la cinquantaine, d'un aspect martial, plein de vigueur, avec une expression de droiture et de sérénité empreinte dans tous ses traits, qui me prévint extraordinairement en sa faveur. J'allai aussitôt à lui ; car s'il m'eût déplu, ma conduite eût été toute différente, tant il est facile de me toucher hostilement ou amicalement. Je lui dis : « Monsieur, il serait peut-être inconvenant de vous assurer en ce moment que je suis charmé de faire votre connaissance ; mais vous voyez du moins que je n'ai point hésité à faire cent lieues (1) pour venir à votre rencontre. » Mon homme s'inclina de nouveau et répondit :

« Je regrette, monsieur, de vous avoir donné cette peine, mais il y a des circonstances où un homme d'honneur ne reçoit de loi que de son propre sentiment.

— Rien de plus juste! dis-je; ainsi nous pouvons commencer, n'est-ce pas? »

Les seconds mesurèrent le terrain, on chargea les armes, et nous nous mîmes en position : il continuait à pleuvoir pendant ce temps-là, et l'herbe haute et touffue dans laquelle nous marchions était si horriblement mouillée que je regrettai fort de n'avoir pas aux pieds une paire de ces bons socques anglais appelés *waterproofs*.

Au signal donné, nous avançâmes l'un vers l'autre; moi, comme on a coutume de le faire en France et en Angleterre, le corps un peu tourné et le pistolet chargé et tendu en avant; tout à coup je m'aperçus que l'adversaire exposait toute sa personne et qu'il tenait son arme baissée, j'inclinai la mienne également, en me plaçant dans la même position que lui; lors-

---

(1) Cette rencontre devait avoir lieu à Paris; mais comme le service militaire de l'adversaire ne lui permettait pas de faire ce voyage, le défenseur de Sémilasso retourna sur les frontières du pays qu'il ne faisait que de quitter. (*Note de l'auteur allemand.*)

qu'il releva le pistolet je suivis son exemple, et tirai aussitôt suivant une ligne fugitive et sans but certain, car là où le duel n'est qu'un sacrifice fait à l'honneur, un honnête homme, de cœur et de sentiment, doit agir autrement que lorsque la vengeance le guide. Presque au même instant où mon adversaire fit feu, son arme tomba : « Je suis blessé ! messieurs, » dit-il tranquillement, et il déboutonna sa veste ; le médecin et les témoins s'approchèrent aussitôt. La chemise était sanglante, la balle avait atteint le cou et était ensuite tombée dans les habits : on la retrouva après dans une des bottes du blessé. M. Lavacherie déclara que la blessure n'était point dangereuse, mais que deux lignes plus profond, elle eût immanquablement causé la mort.

Ces derniers mots firent tressaillir mon cœur allemand, tout en éprouvant du soulagement des assertions favorables du médecin. Cependant la violence avec laquelle le sang jaillissait de la plaie, et quelques attaques de crampe survenues au blessé, nous causèrent un instant de l'inquiétude ; mais le docteur, après avoir posé l'appareil nécessaire, nous tranquillisa tout-à-fait en nous assurant qu'il n'y avait nul danger, et que peu de jours de repos suffiraient à la guérison de la blessure.

Malgré ce résultat qu'on pourrait appeler heureux, je ne regardais point la chose comme entièrement terminée, quand mon adversaire, sur la demande que lui en fit mon second, déclara qu'il se tenait pour satisfait, et consentit à ce que la présente déclaration, que nous lui avions précédemment envoyée de Paris, pour terminer l'affaire, serait insérée dans les journaux officiels de France et d'Allemagne.

« Si j'eusse consenti plus tôt à vous faire cette réparation, me dit-il alors, on aurait pu facilement en tirer de fausses conséquences; c'est pourquoi je cède, en ce moment, à vos désirs comme à ma propre conviction. »

Je trouvai toute cette conduite, depuis le commencement jusqu'à la fin, si chevaleresque, si sage et si mesurée, que je ressentis pour cet homme la plus sincère et la plus haute estime, et, bien que la circonstance et les convenances ne permissent pas entre nous de grands rapprochemens, je le quittai pourtant avec un cordial serrement de main et la plus parfaite opinion de son caractère. Il est probable que c'est la première et dernière fois que nous nous rencontrerons face à face.

SUITE.

Compiègne, le 14 septembre.

Nous demeurâmes encore quelques jours à Liége, pendant lesquels je fis quelques excursions solitairement dans les environs. Dans l'une de ces tournées, en arrivant à un bureau de péage, que l'on appelle ici barrière, je fus singulièrement frappé de la beauté et du costume tout particulier de la jeune fille qui vint recevoir mon tribut; c'est une grande et belle personne avec le teint brun d'une Espagnole, chose qu'on rencontre ici assez fréquemment, et dans lequel se mêlait visiblement du sang mauresque; ses cheveux d'un noir de corbeau, et qu'elle portait détachés, tombaient en grosses boucles sur son front et ses épaules; un corset de couleur ponceau et la chemise dessous finement plissée, pressait sa taille svelte et dégagée; un court jupon noir, descendant à peine au mollet, laissait voir les contours d'une jambe fine et bien modelée, tandis que des brodequins lacés chaussaient son pied mignon. Je m'engageai, avec cette charmante fille, dans un long entretien, par lequel j'appris peu à peu qu'elle avait vingt-six ans, et que depuis l'âge de seize ans elle tenait la perception des péages à son compte; elle avait affermé celui-ci au prix de 5,000 francs pour le temps de son bail, ce qui lui valait à peu près 1,000 fr. par an. Ses parens, ajouta-t-elle, vivaient dans un village près de Liége, et d'après le désir qu'ils lui en avaient témoigné, elle avait essayé de retourner chez eux; mais, accoutumée comme elle l'était à une indépendance absolue, elle n'avait pu supporter cette vie rétrécie, et maintenant elle était résolue à vivre et à mourir dans les fonctions qu'elle s'était choisies.

« Et vous demeurez ainsi toute seule dans cette maisonnette? lui demandai-je.

— Eh mais, répondit-elle en riant, n'est-elle pas assez grande pour moi? »

Je fus curieux de voir l'établissement de cette belle solitaire; elle mit beaucoup de complaisance à me faire voir son petit ménage, et je trouvai tout dans le plus parfait rapport avec la beauté et l'originalité de celle qui le possédait.

Lorsque je revins à la ville, j'allai chercher encore le colonel pour aller ensemble visiter la citadelle. Mon équipage consistait en un léger tilbury attelé d'un très bon cheval anglais. En traversant rapidement la ville, je pris par mégarde une rue qui n'était destinée qu'aux piétons, et dans laquelle, comme nous l'apprîmes ensuite, jamais avant nous ni cavalier ni voiture n'avait passé; toutefois nous n'en fîmes la remarque que lorsque, le chemin devenant de plus en plus raide, la montée toujours plus dangereuse, il nous fut impossible d'aller plus loin; retourner sur nos pas était chose impossible, il ne nous resta pour ressource que d'appeler à notre aide quelques soldats qui se trouvaient à portée; l'un d'eux prit par la bride le cheval qui, à chaque pas, menaçait de dégringoler avec la voiture, tandis que trois autres, poussant celle-ci par derrière, parvinrent enfin à lui faire gravir cette pente escarpée; après une demi-heure d'efforts, nous arrivâmes au sommet, accompagnés d'une grande quantité de spectateurs qui ne pouvaient comprendre comment on était parvenu à hisser jusque-là cheval et voiture.

Quoique nous eussions fait demander à l'avance la permission de visiter la citadelle, le commandant, qui nous l'avait accordée, ne parut pas se mettre en grands frais de politesse pour nous recevoir, car comme nous lui fîmes annoncer notre arrivée par le major qui commande le fort, il nous fit dire qu'il était malade, et ne prit pas plus d'attention à nous. Un général prussien et un colonel français, auraient dû s'attendre à plus de politesse fraternelle de la part d'un mince commandant de place.

Les troupes que nous vîmes là étaient bien tenues; on les emploie constamment aux réparations des ouvrages extérieurs, qui sont fort endommagés. La vue qu'on a de ce point élevé, et qui s'étend sur la ville, offre de beaux aspects; et, au retour, le chemin par la grande route nous parut plus agréable que l'abominable casse-cou par où nous avions imaginé de nous y rendre. Cette route nous conduisit devant le palais épiscopal qui, semblable à une église de construction demi-mauresque, offre des détails très remarquables. La cour est entourée d'arcades supportées par des colonnes qui, aussi bien que leurs chapiteaux, sont toutes d'ordres et d'ornemens différens.

Le soir nous nous rendîmes au théâtre, un joli édifice; mais nous le trouvâmes tellement plein, que nous n'eussions pu y trouver une place si le possesseur d'une loge particulière n'eût eu l'obligeance de nous offrir celle-ci. Je fis dans cette occasion la connaissance de Madame Cocquerill, et j'obtins d'elle, en l'absence de son mari, la permisssion de visiter le lendemain matin sa grande exploitation de fer fondu.

On eut l'attention de nous envoyer M. le major Richard pour nous servir de conducteur, et par le temps le plus favorable nous nous mîmes en route vers midi. C'est dans un ancien château de plaisance des princes-évêques (car aujourd'hui tous les palais prennent peu à peu ce chemin) qu'est établie cette gigantesque entreprise. Je n'ai jamais rien vu, excepté les chantiers de Portsmouth, d'aussi imposant dans le domaine des machines et de l'industrie, et qui soit comparable à ceci. Plus de deux mille ouvriers et dix machines à vapeur, dont la plus grande est de la force de cinq cents chevaux, y travaillent journellement; quand tout cela est en mouvement, cet aspect a quelque chose de véritablement formidable; l'industrie paraît alors empiéter sur les domaines du romantisme et du fabuleux. Au dessus de tous ces bâtimens amoncelés, s'élève en pyramide le colossal haut-fourneau, dont l'éternelle chaleur d'enfer est entretenue nuit et jour, et où l'on voit vingt à trente corbeilles pleines de minerai, monter et descendre lentement les quatre-vingts pieds de hauteur, par le moyen d'une espèce de chariot sur lequel elles sont toutes rangées l'une près de l'autre, sans qu'une main humaine s'aperçoive nulle part. L'exploitation des mines de charbon de terre qui fournissent le combustible, dépend aussi de l'établissement; on le tire de vastes puits qui ont mille pieds de profondeur. C'est dans cette région souterraine que les chevaux travaillent, il en est quelques-uns, ainsi que nous l'a raconté le neveu de M. Cocquerill, M. Pastor, jeune homme fort instruit, chargé de la surveillance de l'établissement, qui n'ont pas vu la lumière du jour depuis l'année 1823. Ce qu'il y a de particulier, c'est que non-seulement ils ne souffrent point dans ce séjour ténébreux, mais encore la température chaude et constamment égale dans laquelle ils vivent, leur a donné un poil qui ressemble à la fourrure veloutée de la taupe, et qui surpasse en éclat, en douceur, en beauté, celui des chevaux de course les mieux entretenus. La manière dont on descend ces animaux dans la mine est tout-à-fait singulière; comme ils ne pourraient avoir assez de place, la bouche du puits formant une sorte de parallélogramme inégal, on est obligé de les placer de travers sur l'ouverture; et pour les maintenir dans la position convenable, on les selle, on les bride, et un cavalier les monte afin de les diriger dans l'étroit passage, en même temps que les cordes auxquelles ces animaux sont suspendus les descendent lentement dans la mine; voilà très certainement la plus étrange cavalcade qu'on puisse imaginer, et si j'en avais eu le temps je crois que j'aurais voulu l'essayer. Nous vîmes dans une des cours le modèle du lion de Waterloo, qui a été coulé ici. Les proportions en sont colossales, et il produit ici un effet grandiose, tandis que dans la vaste plaine où il est placé, ce lion monumental n'a l'air que d'une sauterelle.

La collection des modèles, dont la plus grande partie furent réunis par les soins des princes-évêques de Liége, est extrêmement curieuse. La plupart de ces modèles sont en bois de chêne, tous dans leurs véritables proportions, et d'une parfaite conservation obtenue au moyen d'une couche d'un mélange d'huile de lin et de résine et d'un peu de mine de plomb, ce qui leur donne l'apparence du fer, et peut, comme ce dernier, se conserver à l'air sans se détériorer.

On nous fit voir aussi un beau vase en vermeil que les ouvriers ont fait faire, à leurs frais, et qu'ils doivent offrir la semaine prochaine, en présent, à leur chef principal. Ce même jour une grande fête doit avoir lieu ici, pour célébrer l'heureux résultat des négociations par lesquelles M. Cocquerill est devenu seul possesseur de l'établissement, dont auparavant la moitié appartenait au gouvernement. Depuis la révolution M. Cocquerill, très mécontent de la direction que prenaient les affaires, avait quitté cette belle propriété, où il avait jusqu'alors demeuré, et ne voulait plus y remettre les pieds. Dès hier nous entendîmes les canons de quelques forts annoncer la fête de cette réconciliation, à laquelle on donne, avec raison, dans ce pays toute l'importance d'une solennité nationale : en effet, il faut bien l'avouer, l'industrie acquiert de jour en jour plus d'influence et de prépondérance sur la destinée des peuples. Le chef de plusieurs milliers de travailleurs remplace aujourd'hui tout naturellement le ci-devant baron féodal et ses hommes d'armes, lequel aujourd'hui commande souvent à peine à un seul domestique. Ces industriels prendront à l'avenir la place, non seulement des chevaliers de l'ancien temps, mais encore des maréchaux et des généraux de nos jours ; tandis que les courtiers singeront une sorte de *noblesse de robe*, et les gros banquiers un sénat national ; une *colonne de la place Vendôme*, toute formée de canons, un lion de Waterloo, coulé en fonte, tomberont alors comme de trop chétifs monumens, et je ne désespère pas qu'on ne les remplace un jour par un veau d'or pur, bien autrement colossal, et dont jusqu'à présent nous n'avons fait que révérer la peau. En attendant ce jour, et pour demeurer libre, il faut se résoudre philosophiquement à ne vouloir que ce qu'on peut.

Le jour suivant nous nous remîmes en route pour Paris. Vers le soir nous arrivâmes à Huy où nous soupâmes; c'est une petite ville dont les environs sont extrêmement pittoresques; des montagnes passablement élevées l'entourent, au devant desquelles s'élève, sur un rocher isolé, un fort à l'abri du canon et casematé, qui commande la grande route; au pied du rocher se trouve une église gothique très remarquable.

Du balcon de notre élégante salle à manger, et par le plus brillant clair de lune, s'offrait à nous cette vue riante que la Meuse, ici fort large, répétait dans le miroir de ses eaux. Un vieux pont en pierre, de construction fort antique, traversait la rivière, et derrière celle-ci, des collines toutes couvertes de vignes, complétaient, sur l'autre rive, ce tableau d'une belle et tranquille nuit.

Nous ne nous arrêtâmes plus nulle part, et comme nous n'avions pu obtenir des postillons belges, ni par argent, ni par de bonnes paroles, de nous mener un peu plus vite, nous eûmes d'autant plus à nous réjouir du bon résultat de ces deux moyens quand nous reprîmes les postes françaises; nous dormîmes deux nuits dans la voiture, celle-ci cassa encore une fois, enfin nous arrivâmes de bonne heure à Compiègne, mourant de faim et harassés de fatigue. Nous trouvâmes tout sens dessus dessous dans cette ville, à cause du séjour que le roi venait d'y faire, et qu'il venait de quitter seulement peu d'heures auparavant, pour retourner à Paris.

Après nous être rafraîchis et reposés quelques instans, j'envoyai mon chasseur à la poste pour commander des chevaux, mais il revint bientôt en m'annonçant qu'il était impossible d'en avoir avant le lendemain matin, attendu que tous les relais avaient été employés pour Sa Majesté, sa suite, et les curieux qui suivaient la cour; et que si l'on exigeait des chevaux avant ce temps, nous courrions le risque de rester en route, parce que tous les chevaux de retour étaient *totalement sur les dents*. Je pensai qu'il y avait de l'exagération dans ce rapport, ou qu'on avait voulu se défaire de mon chasseur par une réponse banale, en conséquence j'y fus moi-même avec l'intention de parler au maître de poste. J'eus ici l'occasion de juger de quel œil singulier on considère maintenant en

France la royauté, et surtout la royauté étrangère; cela me paraîtrait incroyable si je ne l'avais vu de mes yeux.

Arrivé à la poste, je ne trouvai que la maîtresse, ce qui était la même chose, car dans ce pays la femme s'occupe plus ou moins des affaires du mari. Je lui fis part de mon désir, et lui représentai fort poliment combien j'étais pressé de retourner à Paris, et le tort que me causerait le moindre retard; le tout en vain : « *Que voulez-vous que j'y fasse, monsieur?* dit-elle avec humeur; *ce que vous me demandez est impossible! il y a tant de monde qui suit le roi, que nous ne pouvons y suffire.* » Je crus bien faire de me mettre aussi de cette *suite*, et j'ajoutai en renouvelant mes prières : « *Mais, madame, vous ne connaissez pas mon emploi, je suis le roi également.*

— *Ah vous êtes aussi un roi!* dit-elle un peu surprise, *j'en suis bien désolée, sire! mais dans son propre pays il faut bien donner la préférence au roi de France. Il m'est impossible d'accommoder Votre Majesté avant demain matin!* »

Il faut avoir vu cette femme, et de quel air dégagé elle prit ce ridicule quiproquo, fondé sur la double signification du mot *je suis*, et comme il lui paraissait indifférent que je fusse réellement un roi voyageant incognito, ou un décrotteur de souliers! une maîtresse de poste d'Allemagne aurait saisi son flacon de sel à la seule pensée qu'un roi, en personne, lui commandait des chevaux, et qu'elle n'était pas en état de le satisfaire. Ici, en France, le mot *roi* est devenu un nom comme un autre, et qui, dépouillé de son auréole, ne peut imposer que par la force matérielle, ou par des qualités personnelles. Lorsque, avec un sourire difficilement réprimé, j'eus expliqué à la bonne dame que j'avais seulement voulu dire que je *suivais* le roi, et non que j'en fusse un moi-même, son erreur lui parut aussi peu digne d'attention que la chose elle-même; et sans perdre d'autres paroles à cette occasion, elle me dit d'un air d'insouciance, toutefois en laissant de côté le mot majesté : « *Pardon, monsieur, je vous avais mal compris!* »

Le mari survint dans ce moment et confirma, à l'égard du manque de chevaux, tout ce qu'avait dit sa femme. « Oh! ajouta-t-il, vous n'êtes pas le seul! hier soir il arriva ici un *milord anglais* qui voyage avec trois voitures, ses deux filles, leur gouvernante, cinq chiens et six domestiques; il était furieux de ne point trouver de chevaux; voyant qu'on ne pouvait le satisfaire, il ordonna à son courrier de lui chercher un gîte dans une auberge. Après une assez longue attente le courrier vint avec la fâcheuse nouvelle que tous les logemens étaient pris, ou retenus; le *milord anglais* s'enferma en jurant dans sa voiture, et y dormit six heures jusqu'à ce qu'on lui eût amené des chevaux; alors, continua le maître de poste, milord prit avec lui ses filles et deux domestiques et partit; la gouvernante, les chiens et le reste de la valetaille, furent obligés d'attendre encore la moitié de la nuit avant de pouvoir le suivre. — On aurait bien trouvé un gîte pour ces gens-là, reprit la femme, mais personne ne se soucie de recevoir les Anglais de distinction quand ils voyagent avec une grande suite; car, après avoir causé beaucoup d'embarras, mis la maison sens dessus dessous, il leur faut, avant de se coucher, plusieurs douzaines de serviettes; et le matin ils ne mangent que du pain, du lait et du beurre; ils portent tout le reste avec eux. »

Je crois volontiers que ceci doit être fort désagréable aux fripons d'aubergistes français, parce que de telles précautions rendent difficile l'usage où ils sont de faire des mémoires d'*apothicaire* : en effet, je n'ai pas trouvé sur cette route une seule auberge où l'on ne m'ait compté au moins le double de la valeur de ma dépense. Pour échapper à cette volerie, il n'y a pas d'autre moyen, en France, que de faire dans chaque auberge ce qu'on fait en Italie, c'est-à-dire de régler la dépense en arrivant ou de voyager par les voitures publiques, les frais d'auberge étant connus et fixés d'avance.

Ayant été forcé de demeurer ici tout un jour, je l'ai employé à t'écrire, et comme j'espère te rejoindre bientôt, cette lettre sera la dernière. Nous nous reverrons au pied des pyramides, cher frère de lait! tâche du moins, jusque-là, de demeurer sage, et de ne pas me causer de nouveaux chagrins. Du reste, tiens-toi assuré de ma tendre affection, *quand même*....

L. P.

LETTRE IX.

Départ de Paris. — Orléans. — Le château de Blois. — Les oubliettes. — Chambord. — Amboise. — La pagode de Chante-loup. — Chenonceaux. — Diane de Poitiers. — Tours. — Les Paroles d'un croyant. — Plessis-lès-Tours. — La cathédrale.

AU COMTE CHARLES DE K***.

Tours, le 14 octobre 1834.

Enfin, mon cher Charles, j'ai laissé derrière moi ce colossal Paris, qui depuis quelque temps commençait à me devenir quelque peu incommode, et tu me comprendras quand je te dirai que dans cette existence pleine d'éclat et de bruit, moi qui recherche pourtant les tranquilles et simples jouissances, j'ai souvent pensé à toi, que j'ai toujours regardé comme un véritable adepte dans la science de trouver les trésors de la vie là où ils peuvent être recueillis d'une manière durable : à cette science appartient l'heureux don de savoir se contenter de peu, et ceci me donne la certitude que ma pauvre lettre, toute médiocre qu'elle soit, sera aussi bien reçue que le seraient par ta femme quelques caisses pleines de modes nouvelles de Paris, ou par toi un beau fusil de chasse de Lepage.

J'avais repris à Paris des inclinations tellement sybaristiques que j'étais au moment d'acheter une *Pritschka*, quoique j'aie déjà une voiture de voyage à Bamberg, et qu'il me faudrait de nouveau laisser celle-ci à Marseille avant de m'embarquer pour l'Afrique; cependant, comme je n'en trouvai point tout de suite à ma convenance, et que d'un autre côté le temps me pressait, je résolus de me mettre *to rough it*, comme disent les Anglais; en conséquence, le 8 octobre au soir, je quittai Paris, comme j'y étais arrivé, bien emballé dans la diligence, me consolant de ce que je gagnerais en instruction ce que je perdrais en bien-être. Lorsque je montai en voiture, une quantité de gens l'entouraient, et j'entendis avec quelque surprise plusieurs personnes prononcer mon nom; un monsieur et une dame me recommandèrent même leur fils, jeune garçon de douze ans qui prit place avec moi dans le coupé, et qui retournait à son collége de province; je promis en souriant d'avoir l'œil sur lui, et la lourde machine roula passablement vite sur le pavé boueux de la capitale. Souvent les chevaux allaient au plein galop et toujours à grandes guides lâches, qui flottaient du haut du siége comme des guirlandes. J'avoue que, d'après mes principes dans l'art du cocher, il m'est impossible de comprendre comment, en conduisant de cette manière, il n'arrive pas vingt fois malheur, surtout pendant les nuits obscures. Mais les grands et vigoureux chevaux français sont si intelligens, ils connaissent si bien leur devoir, que les brides ne paraissent pour eux qu'un objet de luxe, et qu'en cas de besoin on pourrait les conduire comme les mules d'Espagne, seulement avec les poches pleines de petits cailloux.

Vers minuit nous rencontrâmes, à quelques lieues de Paris, un bataillon de la garde nationale, tambours et sapeurs en tête, et dont les soldats portaient une chandelle allumée au bout du fusil en guise de bayonnette. Tu te rappelles sans doute *la Revue nocturne* de Seydlitz, que Victor Hugo a imitée d'une manière assez heureuse, composition fantastique dans laquelle tous les guerriers morts sur le champ de bataille défilent avec armes et bagage devant Napoléon; eh bien ! on eût dit que ce bataillon si étrangement éclairé se rendait à la parade des ombres. Du reste je n'ai jamais pu savoir la cause de cette illumination insolite ni de cette marche nocturne.

Le jour naissant nous fit voir une plaine immense, fertile, mais extrêmement monotone, et qui s'étend jusqu'à Orléans sans que le plus léger mouvement du terrain en interrompe l'uniformité. J'animais en imagination ces vastes champs des innombrables hordes d'Attila dont Aetius arrêta ici la course sanglante. Je faisais passer et combattre devant moi les puissantes armées d'Angleterre et de France qui, au temps de Charles VII, se livrèrent ici tant de batailles, jusqu'à ce qu'enfin j'aperçus, sur la place du marché d'Orléans, le monument élevé à l'illustre vierge qui délivra la ville. Il a été érigé durant la Restauration, et la statue en bronze qui le couronne n'est pas dénuée de poésie, quoique ce soit une Jeanne d'Arc à la Schiller, c'est-à-dire un peu théâtrale.

La cathédrale, si magnifiquement commencée par les Anglais, a été terminée d'une manière grotesque et tout-à-fait sans goût par Louis XIV; son ensemble rappelle par sa forêt d'aiguilles et sa tour centrale, quelque chose du dôme de Milan. La façade paraît un tissu de point d'Alençon, et les deux anges placés sur les deux tours remplacent merveilleusement la croix ordinaire.

De belles promenades entourent une partie de la ville jusqu'au superbe pont jeté sur la Loire. La chaleur inaccoutumée de cette saison a tellement desséché le fleuve, qu'il atteint à peine la moitié de son rivage ordinaire, et même les fondations du vieux pont sur lequel la Pucelle combattit si vaillamment sont mises à découvert.

Après un court séjour à Orléans, nous continuâmes notre route vers Blois, à travers des champs de vignes basses qui descendent jusqu'au fleuve que l'on n'aperçoit pourtant que rarement; la campagne offre peu d'agrément, et une trop grande quantité de peupliers d'Italie déparent encore le paysage. A quelque distance de la première station, on aperçoit, de l'autre côté de la rivière, une haute église remarquable parce qu'elle est la sépulture de Louis XI; une lieue avant Blois, on passe devant le château de Ménard qui a été bâti par madame de Pompadour; près de Blois la campagne s'anime un peu et devient plus pittoresque.

Nous descendîmes dans une bonne auberge, l'hôtel d'Angleterre, où nous trouvâmes à la table d'hôte assez bonne compagnie, et une grande franchise d'opinion politique ; je fis là quelques connaissances avec lesquelles je formai une partie pour aller, le jour suivant, visiter le château de Chambord ; une de ces personnes était un commis négociant qui voyageait dans son cabriolet ; il eut l'obligeance de m'offrir une place pour faire plus commodément cette petite excursion. Comme il n'y avait rien à faire ce jour-là, j'allai chez un libraire, afin d'avoir quelque chose pour m'endormir. Le premier ouvrage qu'on m'offrit, dans cette intention, était les soi-disant *Mémoires du prince Puckler Muskau*, dans la cinquième partie desquels je trouvai, avec autant de surprise que de plaisir, la traduction du voyage en Italie de M. le docteur Forster. On voit par là, et avec une irrécusable certitude, que ce livre, tant et si vivement attaqué, a eu réellement plus d'un auteur ; seulement il serait à désirer que tous fussent pourvus d'une plume aussi excellente que celle du spirituel écrivain que je viens de nommer.

Le lendemain, dès le matin, je visitai le château, qui fut bâti partie par Louis XII, François I*er*, et la nouvelle aile par Gaston d'Orléans ; par un singulier hasard je trouvai, devant la cheminée dans laquelle furent brûlés les corps du *Balafré* et de son frère le cardinal, comme lui assassiné, plusieurs de mes connaissances de Londres : la belle, la sage et fashionable fille du grand Canning, lady Clanricarde, la charmante mistress Dawson et son mari, dans la famille desquels j'ai été si gracieusement accueilli pendant mon séjour en Angleterre. Il y avait aussi là une espèce de dandy déjà un peu suranné, et que je me rappelais confusément d'avoir déjà vu quelque part. Fidèle à mes principes de ne jamais saluer un Anglais le premier, je ne fis pas plus d'attention à lui qu'il ne prit garde à moi; je regrettai seulement que son impatience nous fît examiner ces monumens historiques, si dignes d'attention, d'une manière un peu plus fugitive qu'il ne paraissait le convenir à ces dames.

Le château, avec ses trois siècles qu'il représente si bien, est maintenant devenu une caserne; les pantalons rouges des soldats couvrent les siéges et les lits dans l'antichambre de Henri III; de vieilles hardes sont étendues dans le cabinet du roi, aussi bien que dans l'étroit passage dans lequel le duc de Guise fut égorgé, et où le roi, le poussant du pied, dit froidement : *Est-il bien mort? Il me paraît encore plus grand couché que debout!*

On nous montra ensuite le noir cachot dans lequel on enferma le cardinal avant qu'un sort pareil à celui de son frère fût son partage ; plus loin sont les *oubliettes*, prison dont la seule vue cause un frisson d'horreur; l'appartement où le roi logeait avec ses mignons, remarquable par quelques sculptures obscènes et allégoriques, dont on ne fit naturellement nulle mention devant les dames, et la salle gigantesque où se tinrent les fameux *états de Blois*. Tout est sale, dégradé et dans un grand délabrement. On s'étonne singulièrement de trouver les appartemens des rois et des princes de ce temps, si simples et pour ainsi dire si mesquins; les murailles nues et mal crépies, les plafonds toujours en charpente, et le sol pavé de pierres grossières. Cependant, quand on pense qu'alors les poutres des planchers étaient richement peintes et dorées, que des draperies de velours couvraient les murs, que de précieux tapis d'Orient cachaient le sol, que le tout était magiquement éclairé par une sorte de bûcher brûlant dans l'immense cheminée, cela devait faire un effet peut-être plus somptueux, plus pittoresque que celui de nos modernes salons d'apparat, d'autant plus que le haut degré où l'art était déjà parvenu à cette époque, se montrait jusque dans les plus petits ornemens.

Nous ne pûmes monter à l'observatoire où Catherine de Médicis consultait les astres avec son astrologue Ruggieri, parce que ce bâtiment sert maintenant de magasin à poudre.

Après que j'eus pris congé de ces dames qui se rendaient à Valençay pour faire une visite à M. de Talleyrand, je me fis conduire à l'évêché, des jardins en terrasse duquel on jouit d'un délicieux aspect sur la vallée de la Loire. On aperçoit de là une grande partie de la ville, qui conserve encore à un haut degré le type du moyen-âge. Je croyais voir se dérouler devant moi une grande page des Chroniques de Froissard, seulement sans prêtres en chapes noires, ni chevaliers en armures étincelantes.

Quand je revins à l'auberge, le cabriolet du commis voyageur était préparé, et le maître, ainsi qu'une autre personne de ses amis, m'attendaient; nous montâmes aussitôt en voiture, et nous ne tardâmes pas à arriver à Chambord.

Le chemin à travers cette fertile vallée est très agréable, mais le château lui-même surpassa mon attente. Dans le fait, cet édifice est d'une construction singulière, et que le siècle de François Ier, époque transitoire des temps anciens et des temps modernes, pouvait peut-être seul produire; il paraît être en même temps l'œuvre d'un artiste demeuré tout-à-fait inconnu (un architecte de Blois, dit-on); car il est prouvé que ni le Primatice ni Mansard auquel on avait, plus tard, attribué l'honneur de cette construction, n'en pouvaient être les auteurs.

Je ne connais rien à quoi je puisse comparer cette *fantaisie en pierre* : symétrie dans les traits principaux, peut-être heureusement interrompue parce que l'édifice n'a pas été complètement achevé; irrégularité dans la bizarerie des ornemens, toujours ravissans et du genre le plus varié; une incroyable quantité de petits dômes, de campanilles, de cheminées de toutes les formes dont partie sont revêtus de mosaïque en pierres de couleurs variées; fleurs de lys colossales, génies ailés, chevaliers armés de pied en cap et debout sur les tourelles les plus élevées, enfin la Salamandre royale vomissant des flammes et serpentant au travers de tout cela, avec le gothique F qu'entoure de nœuds mystiques le cordon de saint François; on croit faire un rêve délirant.

On est plus surpris encore quand on examine plus attentivement les détails. Le grand escalier à double rampe, vrai chef-d'œuvre de l'art, par lequel on arrive à quatre salles gigantesques qui forment une croix grecque, et ensuite, traversant tous les autres étages, aboutit à l'énorme fleur de lys qui couronne tout l'édifice; cet escalier, dis-je, est, par la hardiesse de l'invention, la difficulté de la construction et la perfection de l'exécution, peut-être, dans son genre, une chose unique dans le monde. Il est disposé de telle sorte qu'une société peut le monter, une autre le descendre en même temps sans que ni l'une ni l'autre ne se rencontrent qu'à la sortie. Une coupole élégante et percée à jour éclaire ce magnifique escalier dont la vis est tellement exacte que, vue d'en haut, elle ne présente qu'un étroit cylindre, large seulement de quelques pouces, à travers duquel on aperçoit le sol en bas comme par une lorgnette; on s'amuse ordinairement à jeter par là des châtaignes, qui rarement, même quand on saisit bien le point du milieu, arrivent en bas, mais s'échappent par cent ouvertures et roulent en bondissant sur les marches.

Louis XIV a détruit le principal effet de ce bel escalier, ainsi que des salles auxquelles il aboutit, en faisant couper celles-ci à moitié de leur hauteur, de façon qu'au lieu de quatre salles, on en a huit, ce qui amoindrit et dépare l'effet de l'ensemble, aussi bien que cela empêche la vue générale de l'escalier. Toutefois, il serait facile de rétablir les choses sur l'ancien pied.

A mesure qu'on monte dans ce vieil édifice, les ornemens en deviennent de plus en plus riches : arrivé sur la plate-forme on voit autour de soi comme un dédale de galeries, d'escaliers, de colonnes, de flèches, de dentelles gothiques, de statues, en un mot la magnificence atteindre son point culminant; on compte dans le château huit cents colonnes ornées des plus riches chapiteaux. Un nombre infini de noms dans les langues, de 1533 à 1834, se trouvent gravés sur les murs et jusque dans des endroits fort périlleux, car partout, à cette élévation, le bâtiment est travaillé à jour comme une lanterne. On ne se lasse point de parcourir ce palais enchanté, qui vous surprend à chaque instant par un aspect nouveau; mais il devient plus fantastique encore lorsque la lune s'élève à l'horizon : à ses lueurs tremblantes toutes les proportions s'augmentent; les masques semblent grimacer, les statues se mouvoir, les aiguilles dentelées se changer en blancs spectres. Je rêvais presque les yeux ouverts, et les scènes du passé, comme elles auraient pu le faire devant un comte de Saint-Germain ou un Cagliostro, reparaissaient vivantes et animées devant mes yeux.

On trouve encore dans ce château un grand nombre de vieilles portes en chêne, ornées d'F et de salamandres; mais dans les quatre cents quarante chambres qu'il contient, on ne trouve plus aucun meuble, ni anciens ni modernes, à à l'exception d'une grande table sur laquelle le maréchal de Saxe fut embaumé; car dans les deux révolutions de France Chambord fut, chaque fois, brutalement pillé et dévasté. La vente de l'ameublement de Chambord fut décrétée à Blois en 1793, et tout ce que dix règnes avaient amoncelé de richesses dans cette résidence, fut disséminé en quelques jours; on arracha les lambris, les bois des fenêtres, les montans des cheminées, les parquets; on se chauffa avec les encadremens des tableaux, qui en grande partie avaient été déchirés préalablement, et dont les toiles avaient servi, lors de la vente, à emballer divers effets. Parmi ces tableaux se trouvait une rare et curieuse collection de portraits de savans et d'artistes grecs, qui, après la prise de Constantinople par les Turcs, s'étaient réfugiés en Italie. Un mois après cette expédition, un membre du directoire arriva à Chambord pour faire détruire toutes les fleurs de lys, et autres emblèmes royaux. Toutefois, l'architecte de la province eut le bonheur d'empêcher cet acte de vandalisme, en démontrant qu'il faudrait, pour effectuer cet ordre, une somme de soixante mille francs; on trouva que ce n'était pas la peine de dépenser tant d'argent pour un aussi mince résultat, et le projet saugrenu fut abandonné.

Chaque appartement a un escalier particulier, et l'on en compte trente principaux sans les petits, qui conduisent dans toutes les parties de l'édifice; deux entr'autres, dont l'un fut construit sous Henry II, sont à jour et richement décorés de ciselures de la plus grande beauté. Les appartemens, dans leur nudité actuelle, n'offrent plus aucun intérêt : on s'étonne seulement en voyant ces immenses cheminées, dans lesquelles un lit à baldaquin pourrait trouver place. La chapelle avec de beaux travaux de sculpture, le plafond de quelques salles, et une autre jolie pièce, se distinguent encore; c'est dans cette dernière qu'était, dit-on, la fenêtre sur laquelle François Ier, en présence de sa sœur, et peut-être de sa bien-aimée, écrivit le distique si connu :

« Souvent femme varie,
« Bien fol est qui s'y fie. »

L'inscription a disparu depuis long-temps, aussi

bien que la fenêtre aux vitraux coloriés, et les splendides merveilles des arts, les fresques des maîtres italiens, les riches tapis d'Orient, les draperies de velours et d'or qui couvraient les murs, et tout l'éclat qui régnait dans ce séjour lorsque Charles-Quint venant visiter le chevaleresque monarque, s'étonnait des richesses et de la magnificence des rois de France : toute cette grandeur s'est évanouie.

On prétend, d'après d'anciens registres de comptes, que cet immense édifice n'a coûté que la somme de six cent mille francs, tandis qu'aujourd'hui les seules réparations, tant à l'intérieur qu'à l'extérieur, demanderaient une dépense de plus de vingt millions ; et pourtant combien il serait à souhaiter que cela pût s'effectuer, car ce somptueux monument se détériore de jour en jour : depuis si long-temps il est délaissé de ses maîtres ! Le maréchal de Saxe l'occupait à peine depuis deux ans lorsque, par suite, dit-on, de ses péchés de jeunesse, ou, selon quelques autres, d'un duel avec le prince de Conty, dans lequel il fut blessé d'une épée empoisonnée, il mourut à Chambord après une courte maladie. Il ne fit rien pour cette résidence, si ce n'est de faire bâtir sous ses fenêtres de fort maussades casernes pour loger ses deux régimens, auxquels il faisait journellement faire l'exercice dans la grande salle. Ces bâtimens sont maintenant presque en ruines. Après lui résida ici pendant quelque temps le roi de Pologne, qui fit maladroitement combler les fossés pleins d'eau, ce qui a ôté au château de sa grandeur et de sa légèreté. Louis XV établit un haras dans le parc, dont l'étendue est de plus de huit lieues, et qui est tout entouré de murs. Le chef de ce haras demeurait au château; il en fit démolir une partie à l'intérieur pour l'arranger à la moderne. Plus tard Napoléon donna Chambord au prince Berthier, qui pourtant n'y passa que deux jours dans toute sa vie, et pendant lesquels il donna l'ordre d'abattre pour deux cent mille francs de vieux chênes dans le parc, ce qui a dévasté entièrement ce dernier. L'empereur, en faisant ce don à Berthier, avait ajouté cinq cent mille francs au revenu annuel, sous la condition qu'ils seraient employés aux réparations du château; toutefois ces derniers se sont bornés à ceci : c'est que le prince a fait accoler ses armes roturières à celles de François Ier, et qu'il a remplacé les chênes centenaires du parc par quelques allées de peupliers d'Italie, qui font encore un aussi pauvre coup-d'œil que celui des casernes du maréchal de Saxe. Après la Restauration le château fut pendant quelque temps occupé par un Anglais, puis après offert en présent au duc de Bordeaux par la nation ; la duchesse de Berry le visita quelquefois, mais les réparations qu'elle y avait fait commencer ayant été détruites de nouveau, lors de la révolution de juillet, il est maintenant dans le même état qu'auparavant. Le duc de Bordeaux en est demeuré jusqu'ici propriétaire, toutefois il est reconnu que ce jeune prince est aussi peu en état de le restaurer que de l'habiter. Le véritable possesseur de ce manoir, c'est un bon vieillard qui est passablement corpulent, lequel y exerce les fonctions de concierge depuis plus de cinquante ans, et qui voit avec philosophie, mais non pas sans chagrin, son vieux château enchanté tomber peu à peu en ruine.

Il arrive souvent dans les choses de la vie, que la dernière impression dépend beaucoup du rapport dans lequel cette circonstance nous est d'abord apparue. Aujourd'hui je fus favorisé d'un semblable hasard, car rien ne pouvait être plus frappant que le moment où nous entrâmes dans les cours désertes du château : c'était vers le soir, un orage planait sur le vieil édifice, dont les centaines d'aiguilles de pierres blanchies se détachaient d'une manière piquante sur le ciel sombre, et semblables à des ossemens blanchis ; on n'entendait pas d'autre bruit que celui de sourds tonnerres, sans éclairs, qui roulaient majestueusement dans l'espace; on n'apercevait pas une créature vivante : tout à coup la grande porte vermoulue s'ouvrit, et une douzaine de figures déguenillées, armées de couteaux de chasse et de fusils, figures qui semblaient dérobées à un tableau de Salvator-Rosa, sortirent pêle-mêle, accompagnées de vingt chiens de toutes races ; c'étaient les gardes-chasses du duc de Bordeaux qui se préparaient à faire une battue dans la forêt; ils nous regardèrent d'abord d'un air passablement sauvage, mais quand je me fus approché, et que je leur eus dit que peu de temps auparavant j'avais vu leur jeune maître, ils se réunirent rapidement autour de moi, et m'accablèrent de questions sur cet objet qui paraissait leur être encore si cher; en m'écoutant un attachement naïf et respectueux se peignait sur ces visages rudes et sauvages, avec un caractère qu'on ne rencontre guère de nos jours sur les figures des gens du commun (1), et le sentiment qui animait

(1) Un domestique me disait un jour : « Nous faisons tout pour nos maîtres, nous les aimons encore, quoique ce ne soit plus la mode; mais, ajouta-t-il, les maîtres n'aiment plus leurs serviteurs comme jadis !... » La vérité de cette assertion me frappa.

ceux-ci était, comme le reste, digne des temps chevaleresques.

Lorsque, après quelques heures passées dans le plus complet examen des curiosités de ce lieu célèbre, et que par le clair de lune le plus beau, le plus éclatant, nous quittâmes le château, l'enthousiasme arracha à mon prosaïque commis-voyageur un mot profond : « *Versailles même, s'écria-t-il, ne m'a pas autant frappé ; il y a quelque chose d'infini dans ce style, qui fait qu'on n'en peut jamais être rassasié !* » La phrase n'est peut-être pas élégante, mais il me semble qu'on ne peut mieux définir le pur et véritable romantisme. Nous revînmes au cabaret du village, où depuis un mois une sorte d'Yorik anglais vit, dit-on, comme un ermite ; ce cabaret, en raison de l'affluence des voyageurs, depuis quelque temps considérable, commence à prendre tout-à-fait l'apparence d'une véritable auberge. Après avoir bu là d'excellent vin de Beaugency, qui ressemble au Bourgogne, et terminé notre repas

---

En effet, les relations du servage ont perdu leur beau côté, et il en sera peut-être bientôt de même de celles qui lient les parens aux enfans; les choses, sous ce rapport, vont de telle sorte qu'on pourrait dire, avec le bailli de Montbarrey : « Encore quelque temps, et *il n'y aura plus de parens qu'à la mode de Bretagne.* » (*Note de l'auteur.*)

par une sorte de pâtisserie nationale qui appartient aux choses remarquables de Chambord, notre postillon, *grâce au vin de Baugency*, nous fit faire les quatre lieues qui conduisent à Blois presque toujours au grand galop. Pendant ce temps nous parlâmes politique, philosophie; bref nous déraisonnâmes beaucoup, et ce soir-là je n'eus pas besoin de livres pour m'endormir.

Le commis voyageur (je ne me suis jamais informé de son nom) avait pris une telle inclination pour moi, qu'il m'a prié instamment de faire demain le voyage de Tours avec lui dans son cabriolet, car, dit-il, jusqu'à présent je n'avais pas songé à voir les curiosités qui se trouvent sur ma route, c'est à vous que je suis redevable du plaisir que j'ai éprouvé à Chambord, et sûrement demain j'en goûterai d'autre encore dans votre société. Cette naïveté amicale me toucha; je remplis son désir, et le destin en belle humeur confirma aussi son attente.

Nous partîmes à sept heures du matin; j'ordonnai à mon domestique de me suivre, avec mes effets, par la diligence, et, dans le cas où il arriverait avant moi à Tours, de m'y retenir un logement.

En ma qualité de gastronome, je ne dois pas

quitter Blois sans mentionner une délicatesse particulière à cette ville, et assez rare dans le reste de la France. Les gens de la campagne apportent, chaque matin, au marché, de petits pots entourés proprement de feuilles de vigne et remplis d'une espèce de mousse de crème délicieuse, qui m'a redonné, pendant quelque jours, la jouissance d'un thé et d'un café irréprochables : volupté que je n'avais pas éprouvée depuis long-temps. Cette mention honorable est une sorte de remerciement pour un si éminent service.

Les rives de la Loire deviennent un peu plus intéressantes, cependant c'est toujours le même terrain sec et sablonneux; avec peu de mouvement et presque point d'autres arbres que mes ennemis connus, les peupliers d'Italie, qu'on plante ici en quantité pour en faire des sabots, parce qu'ils sont plus légers et plus agréables avec ce bois qu'avec tout autre. Ciel! jusqu'où la recherche ne se glisse-t-elle pas, puisque nous la voyons s'étendre jusqu'aux chaussures de bois!

Le fleuve lui-même offre, en son vaste sein, plus de sable que d'eau. De loin nous vîmes le château de Chaumont, jadis un lieu de plaisance de la reine Catherine de Médicis qui avait là, comme dans toutes ses résidences, une tour pour ses observations astrologiques. Quoique nous n'allassions rien moins que vite, le cheval du commis voyageur ayant remplacé les rapides chevaux de poste, nous fîmes pourtant les huit lieues qui séparent Blois d'Amboise, en trois heures, par la raison que les lieues françaises rivalisent de brièveté avec les milles de nos postes prussiennes.

Le vieux château d'Amboise, qu'un sénateur affamé de Napoléon a malheureusement laissé à moitié tomber en ruine pour en vendre les matériaux, porte encore, dans son ensemble, le caractère d'un château royal de France. L'intérieur, au contraire, orné de papiers peints, de calicots et de tôles vernissées, ressemble à la demeure d'un maire de petite ville ; heureusement que cette antique résidence est rentrée, depuis peu, dans le domaine de la couronne, et déjà on en voit les effets. Une chapelle gothique, décorée délicieusement, mais qui était presque entièrement détruite, est aujourd'hui en grande partie rétablie dans son primitif état, de même que le long et imposant passage voûté qui sert d'entrée au château ; d'après cela on peut espérer que, peu à peu, tout le reste sera restauré dans le même goût. Jamais aucun monarque de France n'a fait autant pour l'entretien ou la restauration des vénérables monumens de l'antiquité, et n'a mérité, sous ce rapport, autant de louanges que Louis-Philippe. L'égoïsme de Napoléon l'empêchait de songer à tout cela, il n'aimait que les monumens qui pouvaient faire souvenir de lui ou de son règne. Il me revient souvent en pensée, que dans une conversation que j'eus aux Tuileries avec le roi, il me dit à ce sujet : « Je désirerais que les Français laissassent à l'ancienneté et à l'hérédité le mérite qui leur est propre, et qu'ils n'eussent pas toujours les yeux fixés sur l'avenir, mais aussi vers le passé : alors ils sentiraient vivement que le règne de Napoléon n'a pas été le seul glorieux pour la France, et que dans tous les temps la monarchie a effectué de grandes choses pour le pays. — Certainement, sire, répondis-je, je suis de votre opinion, et je trouve qu'aucune nation ne peut avoir une plus belle perspective que la nation française, si elle reporte en effet ses regards vers le passé, et que son avenir, si bien commencé, le surpassera encore si elle en laisse le soin à Votre Majesté. »

On trouve, au château d'Amboise, une tour dans laquelle on peut monter et descendre commodément en voiture, à cent pieds de hauteur, et dont la construction ressemble à celle du fameux tunnel de Londres; il n'y a rien de nouveau sous le soleil.

Non loin d'Amboise se trouve un autre monument remarquable, de l'histoire moderne, c'est la pagode de Chanteloup, joli édifice dans le goût chinois, seul débris qui soit resté, au duc de Choiseul, de cette somptueuse propriété. Le château, d'abord converti par le baron Chaptal en une vaste manufacture de sucre de betteraves, a été ensuite envahi par la *bande noire*, compagnie d'acquéreurs qui achetait de vieux châteaux et d'anciens édifices pour les démolir et vendre ensuite les matériaux; certes, une bande de brigands eût été moins désastreuse au pays que celle-là.

« Ne voulez-vous pas voir Chénonceaux? me demanda mon hôte.

— Qu'est-ce que Chenonceaux?

— Mon Dieu! une des choses les plus intéressantes de France; le château que François Ier fit bâtir pour Diane de Poitiers, et qui est encore, tant à l'intérieur qu'à l'extérieur, presque dans le même état où il était à cette époque! »

Ce fut pour moi une très agréable nouvelle; je fis aussitôt demander des chevaux de poste, et malgré une pluie battante et un chemin détestable, nous arrivâmes en deux heures à la porte du parc de Chenonceaux; nous descendîmes à l'entrée de l'avenue de vieux ormes qui conduit au château. J'aurai une éternelle obligation à mon honnête aubergiste, pour m'avoir indiqué cette perle précieuse sur mon chemin, et dont mon stupide itinéraire de France ne disait mot. Je jouis aujourd'hui doublement de cette bonne fortune qui me complètera Chambord, puisque je verrai ici, conservé dans de plus petites proportions, ce qui est là bas détruit depuis si long-temps.

Ce château, d'une ravissante irrégularité, et situé d'une manière extrêmement pittoresque, consiste en deux corps de bâtimens unis par un pont mobile et une muraille. Le premier, dont la partie principale offre une large tour quadrangulaire avec un beau portail gothique, décoré des chiffre et devise de Diane de Poitiers, sert d'entrée principale et de demeure au concierge et à sa famille. Par le pont-levis ci-dessus mentionné, on arrive dans le maître corps de logis, lequel, orné dans le goût du temps de balcons et de tourelles, est bâti d'une manière tout-à-fait extraordinaire sur un large pont à six arches et en pierre qui traverse la rivière du Cher. On voit d'abord, en entrant dans l'intérieur, une salle étroite, aux murs de laquelle sont suspendues d'anciennes armures. De là on nous conduisit dans le salon du propriétaire actuel de ce joli manoir, le comte de Villeneuve ; qui, ainsi que son épouse, accueillent avec la plus grande politesse les étrangers, et leur permettent d'examiner tout ce que le château offre de curieux ; eux-mêmes, après nous avoir donné la permission de tout visiter, se retirèrent, pour nous laisser plus libres dans nos investigations.

Quoique cet appartement ne soit pas de ceux auxquels on a laissé tout leur ancien mobilier, cependant on en a heureusement imité le caractère. Les meubles, en bois d'ébène massif, sont du vieux temps, et un grand buffet orné de délicates sculptures en est un reste précieux. Les murs sont décorés des portraits les plus intéressans. Je remarquai d'abord celui de Christine de Suède, peinte à Rome quelque temps avant sa mort et en habit de religieuse. Un attrayant visage, mais couvert d'une mortelle pâleur, un regard passionné, plein de ruse, de timidité, et en même temps si étrange, que je pourrais le comparer à celui du serpent ; ces grands yeux sombres ont quelque chose de fantastique, et l'exaltation fiévreuse de l'amour ou du meurtre y brûle encore.

Un autre tableau, excellemment peint par un

maître inconnu, représente Christiern II, héros du nord, gigantesque, sauvage et terrible comme ceux d'un roman de Lamothe-Fouqué. Plus loin, on aperçoit le portrait de madame de Sévigné, déjà d'un âge mûr, et qui présente celui de sa fille, belle, mais dénuée d'expression, au spectateur. Ses yeux fins, et une certaine jovialité de *bonne compagnie*, répandue sur toute sa personne, confirment pleinement l'idée qu'on a pu se former d'elle d'après ses lettres. Madame Deshouillères et madame de Maintenon ne me fournirent la matière d'aucune remarque intéressante : la première a quelque chose de fort ordinaire, et la seconde, peinte sans doute dans sa période de bigoterie, me parut tout hébêtée.

Je ne rencontre jamais la grande, spirituelle, et noble figure de Richelieu, sans en être vivement frappé; vraiment cet homme, fût-il couvert de haillons, imposerait encore, et paraîtrait toujours comme un de ceux sur le front desquels Dieu lui-même a placé tous les signes d'une haute et excellente nature.

Un des portraits qui me firent le plus de plaisir et que je n'avais pas encore eu l'occasion de rencontrer, c'est celui d'un de mes héros favoris du grand siècle de Louis XIV (car j'avoue que je regarde cette période comme des plus illustres), je veux dire le duc de Vendôme. On voit, au premier aspect, dans *l'aisance* de cette figure guerrière, dans ces traits agréables mais prononcés, dans l'expression fière et en même temps sybaritique de cette bouche, et surtout dans celle de ces yeux bruns, hardis et quelque peu libertins, on voit déjà l'homme avec ses vertus et ses vices, l'homme de résolution et d'insouciance, *le grand seigneur français par excellence*, le héros populaire de l'armée, le maître généreux envers ses serviteurs, l'effroi des ennemis de son pays, l'homme enfin plein de magnanimité, et en même temps le roué le plus grossier et le plus relâché dans ses mœurs. Il y a des gens dans lesquels deux natures tout-à-fait opposées, comme ici, peuvent trouver place : seulement, ils n'ont pas toujours l'occasion de les manifester avec ce même éclat dans le bien comme dans le mal.

Du salon que je viens de décrire, on passe dans la partie tout historique du château. La première pièce est la salle des gardes de François I*er*, aussi soigneusement conservée que tout le reste, et telle qu'elle était du temps de ce monarque. On croit voir un vieux tableau : de vieilles tapisseries aux couleurs fanées pendent aux portes. Une tenture en cuir richement doré couvre les murs sur lesquels sont placés aussi quatre grands tableaux, dans le style du moyen-âge, et qui représentent des scènes guerrières; les poutres du plafond sont peintes en bleu rehaussé d'or; sur la cheminée, qui touche presque aux solives, est un buste doré, représentant François Ier. Dans différens endroits les salamandres s'enlacent avec l'F gothique, la couronne royale et le cordon de saint François, et là où les deux bouts de ce cordon s'unissent en un seul feston, on aperçoit un petit Amour qui le soutient. Des bancs et quelques tables vermoulues, sont les seuls meubles de cette salle.

Le second appartement était la salle d'audience: ici le plafond est plus richement sculpté, le sol est parqueté; les tapisseries sont d'une étoffe de laine ornée de grandes fleurs rouges veloutées, et les intervalles tramés d'or; les meubles, également en bois doré, sont couverts partie en soie cramoisie, et partie en velours de même couleur; le dosier des fauteuils porte le chiffre du roi exécuté en riche broderie, et dans le milieu de cette salle s'élève un haut baldaquin; tout près de là est une espèce de boudoir revêtu en boiserie, dont le fond est bleu clair avec un treillage jaune par-dessus; le meuble en bois d'ébène est couvert en velours noir et garni de tresses d'or. On voit ici un verre à boire en cristal de Venise, colorié, dont se servait François Ier, et qui est de la plus grande beauté; on a aussi placé dans ce cabinet une chaise et un miroir de toilette enrichis d'écaille et d'incrustations d'argent délicatement travaillées; ces deux objets ont appartenu à l'infortunée Marie Stuart.

En traversant une petite bibliothèque dont le plafond, d'un travail extrêmement curieux, est seul antique, on entre dans la chambre de Diane de Poitiers. Son charmant portrait décore la cheminée : une ravissante créature! la taille d'une nymphe, et qui, pleine de joie et de vigueur comme la déesse de la jeunesse, jette autour d'elle un regard satisfait; son gracieux costume de chasse est presque aujourd'hui redevenu de mode; ses cheveux surtout sont séparés et bouclés avec goût; le sein et les épaules découvertes; la ceinture comme on la porte maintenant, et ses pieds délicats chaussés de petits souliers, aussi jolis que si un cordonnier de Paris les eût faits en 1834.

Vis-à-vis le portrait de la belle Diane est suspendu celui de son royal amant; outre ceux-ci on a réuni encore d'autres personnages, pour la plupart de temps plus modernes, tels qu'un

Henri VIII, peint par Holbein; un Louis XI, figure toujours très caractéristique; Henri IV, et nombre d'autres. Parmi les plus frappans, je citerai le visage de satyre, spirituel et enjoué, du célèbre Rabelais, et la tête superbe et juvénile du vaillant Gaston de Foix, l'idéal d'une chevaleresque figure française; le fameux chevalier *sans peur et sans reproche* me parut, au contraire, passablement bourgeois, quoique monté sur son pesant et vigoureux cheval de bataille. Les meubles de cet appartement sont en bois de noyer noir avec un simple filet d'or; les murs et les siéges tendus et couverts en drap bleu, où les salamandres et les F, que le roi paraît avoir prodigieusement aimés, ne manquent point. Dans un petit oratoire tout près de là, et qui doit avoir servi à Henri IV et à la belle Gabrielle (car le château paraît avoir été destiné à passer d'une maîtresse à l'autre), se trouve le dernier portrait de Henri IV, c'est-à-dire un masque de plâtre moulé sur le visage du roi après sa mort, plus une lettre autographe placée dans un cadre, et laquelle, adressée à un nommé Lebat, était signée : « *Votre plus véritable et sûr ami*, Henri. »

D'après ce qu'en dit Tallemant des Réaux, Gabrielle paraît avoir été une franche coquine; cet auteur prétend qu'elle avait fait au roi autant d'infidélités qu'il y a de jours dans l'an ; le bon roi le savait, mais il fermait les yeux. Une fois, je ne me souviens plus lequel de ses courtisans lui proposa d'aller pendant la nuit surprendre Bellegarde, qui était favorisé par la belle; Henri suivit d'abord ce conseil, mais, arrivé à la porte de la chambre à coucher de Gabrielle, il se retourna et dit : *Non! je ne veux pas entrer, cela la fâcherait trop!* Si tu n'as pas encore lu ces mémoires, qui me paraissent porter le cachet de la vérité, je te recommande de te les procurer. Beaucoup de gens célèbres paraissent là sous un mauvais jour, et notamment Henri IV que l'auteur maltraite fort (1).

On trouve aussi dans cet appartement le buste de la douce Agnès Sorel, qui, les yeux baissés, sourit comme un ange de grâce et de beauté.

Par un escalier assez étroit, éclairé de vitraux coloriés, on arrive au second étage, où se présente d'abord la salle des gardes de Catherine de Médicis, et qui ressemble à celle d'en bas; partout de grandes draperies, dont les couleurs sont encore assez bien conservées, recouvrent les

---

(1) Nous supprimons ici deux pages de grossièretés copiées par l'auteur dans Tallemant des Réaux et qui, par cette raison, sont sans intérêt pour les lecteurs français.

(*Le traducteur.*)

portes ; c'est une mode de ce temps que je trouve très confortable.

La chambre à coucher de Catherine, avec son riche plafond, ses tapis bruns et argent, son baldaquin en soie, ses meubles précieux, est la plus riche pièce de cette antique demeure. Je remarquai une *chaise longue* dorée, qui me parut plus commode que ne le sont celles de nos jours. Du reste, on a eu la malheureuse idée de placer dans ce sanctuaire de ces temps vénérables, plusieurs portraits de la famille de madame Dupin, qui devint plus tard possesseur de ce château. Je conjure le propriétaire actuel, par les perroquets apprivoisés que ces dames portent, en guise de faucon, sur le poing, d'assigner une autre place à ces trésors de famille, qui, selon moi, déparent le lieu où ils se trouvent.

On montre encore une chambre à coucher de Diane ; mais, à l'exception de son véritable lit en soie, devant lequel on peut donner audience à ses pensées, elle ne contient rien de bien remarquable. Dans une longue galerie, bâtie plus tard par madame Dupin, on trouve encore beaucoup de portraits historiques, mais dont la plupart sont sans intérêt. Louis XV a employé une partie de cette galerie pour établir un théâtre fort mesquin ; auquel cependant s'attache une espèce de célébrité : ce fut là que *le Devin de Village*, de Jean-Jacques Rousseau, fut joué pour la première fois.

Un grand parc, quelque peu négligé, et au milieu duquel se trouve un haras, entoure le château; la pluie nous empêcha de le voir autrement que d'une manière fugitive; toutefois, des fenêtres des appartemens, quelques-unes de ses parties ombragées offrent de charmans points de vue.

De retour à Amboise, il se trouva que le cheval de mon compagnon n'avait été ni nourri, ni bien soigné pendant notre absence, de sorte que nous fûmes obligés d'attendre encore trois quarts d'heure avant de pouvoir nous mettre en route. Pendant ce temps le hasard me rendit témoin d'une discussion, qui eut lieu entre le maître de l'auberge et une espèce d'artisan ambulant qui, manquant sans doute d'argent, voulait lui vendre le modeste équipage dans lequel il était venu. La manière adroite et diplomatique avec laquelle ces deux hommes du commun, en blouses, et tout-à-fait vulgaires, discutaient leurs intérêts, la finesse qu'ils employaient pour tirer l'avantage chacun de son côté, le merveilleux *aplomb* avec lequel chacun disait, sans la moindre hésitation, ses raisons pour ou contre; tout cela me parut si curieux, si remarquable, que je les écoutai avec le plus vif intérêt depuis le commencement jusqu'à la fin.

Deux ambassadeurs allemands qui auraient eu à traiter de la vente d'une province, ou de celle de quelques centaines d'ames, ne se fussent pas mieux conduits l'un vis-à-vis de l'autre, et n'eussent peut-être pas déployé une éloquence aussi persuasive que mes deux négociateurs ; et pourtant il est à parier que ces derniers ne savent que très peu lire, et très imparfaitement écrire. Mais, tel est ce pays, le Français des basses classes le cède à l'Allemand dans tout ce qui regarde la connaissance des sciences généralement répandues ; mais, en ce qui touche les rapports sociaux, la science de la vie, il lui est tellement supérieur, qu'il atteint souvent en cela nos classes élevées, si même il ne les surpasse.

Nous arrivâmes assez tard dans la nuit à Tours, où, à mon grand déplaisir, j'appris que mon domestique, n'ayant pu trouver une place à la diligence, n'arriverait que le lendemain. Je n'avais avec moi que les habits que je portais sur mon corps ; je me vis forcé, comme dans les romans où un héros robuste ne songe ni à manger, ni à dormir ni à se laver ; je me vis contraint, dis-je, à renoncer à toutes les commodités de la vie, et durant tout le temps de cet état de nature forcé, j'avoue que je fus fort *mal à l'aise.*

Dans ma mauvaise humeur je passai presque toute la journée au lit : outre la gazette je lus les *Paroles d'un croyant*, de M. l'abbé de La Mennais. Cette lecture augmenta encore mon ennui; jamais on n'a vu un ragoût aussi hétérogène de philosophie et de mysticisme, d'extravagances révolutionnaires et monarchiques, de saint-simonisme et d'obscurantisme, délayé dans une sauce d'insolentes prophéties, assaisonné de quelques bribes des paroles de notre Seigneur le Christ; le tout amalgamé et mis ensemble. Qu'un gâchis aussi ridicule ait pu obtenir l'honneur de six éditions, c'est, selon moi, un évènement déplorable. Pauvre siècle! qui espère se sauver du naufrage en s'accrochant à de tels fétus de paille! Mais, pour parler comme M. de La Mennais, regardez autour de vous! ne voyez-vous pas que les temps de la tour de Babel sont revenus! Déjà la confusion des langues, comme celle des têtes, a commencé, et ce que nous édifions pendant le jour s'écroule durant la nuit! En vérité, je vous le dis, le second déluge est proche! et le premier tonnerre du jour du jugement, commencera à gronder au firmament quand les hommes n'en entendront plus d'autre.

Je recourus, pour me raccommoder le cœur affadi par les momeries du prêtre, au bon et succulent ordinaire de Walter-Scott, et choisis *Quentin Durward*, dont c'est ici le sol classique, car *Plessis-lès-Tours*, cette sombre demeure de Louis XI, est situé à une demi-lieue de la ville.

Le jour suivant j'allai visiter les restes de ce lieu célèbre; je dis les restes, car le vandalisme a tout récemment détruit ce monument de l'histoire française, et une grande partie de ses vieux murs a été abattus l'hiver dernier. Il en reste peu de chose, mais ce peu brave encore si fièrement les efforts du temps, qu'on dirait une construction achevée de la veille. Les profonds fossés qui entouraient le château sont presque entièrement comblés, et tout l'ensemble du vieux manoir a pris depuis long-temps la mesquine apparence d'une pauvre métairie. Dans une des huttes bâties sur les anciennes fondations, et avec les pierres de la démolition, vivent maintenant deux vieux Anglais, dont l'un est sourd et ne comprend pas un mot de français; il paraît principalement chargé du soin de l'autre; tous deux habitent là depuis plusieurs années, sans jamais avoir fait aucune connaissance. Ils ne reçoivent qui que ce soit, ne parlent à personne, que lorsque cela est indispensable, et vivent la plus grande partie du temps dans leur tanière, dont les portes sont soigneusement fermées : quelle étrange destinée a pu amener ici ces deux originaux ?....

De retour en ville, je vis la cathédrale, dont la façade offre une grande variété d'ornemens, quoiqu'ils ne soient pas tous du meilleur temps. Les coupoles des tours portent déjà la marque d'un mauvais goût naissant. En revanche, l'intérieur est imposant et brille par un grand nombre de vitraux coloriés, tant des anciens fort bien conservés, que des modernes imités avec assez de succès. Aux premiers appartiennent les deux rosaces de la nef; lorsque le soleil les éclaire, ils étincellent en prismes de couleurs harmonisées comme des milliers de pierres précieuses. Parmi les imitations modernes, il faut remarquer un dessus de porte, avec de grandes fleurs peintes sur un fond noir, et qui produit un merveilleux effet.

Je devais, en arrivant à Tours, visiter quelques personnes auxquelles j'avais été recommandé par mes amis de Paris; mais, par suite de ma façon de voyager nomade et solitaire, je suis tellement retombé dans ma sauvagerie, que je ne me sens plus disposé à rien faire pour la société; il résulte de cette humeur un peu bourrue, qu'au lieu d'aller présenter mes lettres de recommandation, je louai un cheval pour parcourir pendant quelques jours les environs. Je pris mon chemin par le célèbre *grand Pont* lequel est en effet très long, très haut, très large, et mérite parfaitement sa réputation; cependant il est dommage que l'on ait coupé à grands frais le coteau en face et couvert de maisons de campagne, par une route qui s'alonge dans la direction du pont, et ne présente pour point de vue qu'un petit télégraphe. On a ainsi complètement gâté le pittoresque du paysage dans cette partie, pour ne lui donner qu'une mauvaise perspective de théâtre.

Je me détournai alors à droite en remontant le bord de la Loire; ce chemin est agréable : du côté de la terre s'élèvent des roches calcaires fort escarpées, dont les flancs sont percés d'une quantité de fenêtres à travers lesquelles on aperçoit, à sa grande surprise, des figures singulières s'agiter là-dedans comme des espèces de gnomes. Ce sont de pauvres gens qui, nouveaux Troglodytes, vivent dans ces cavernes que les propriétaires leur louent depuis cinq jusqu'à dix francs par an. A la cime de ces rochers, on voit, parmi les genêts et les broussailles, la fumée qui sort de toutes les cheminées s'élever en petites colonnes vers le ciel. Des vignes très serrées et entourées de noyers s'étendent au pied de ces collines, et çà et là on voit poindre, à travers les arbres touffus, le clocher d'une petite église gothique, un château moderne, les ruines d'une abbaye ou quelque vieille métairie. La Loire forme ici des îles nombreuses, les unes où croissent abondamment des saules, des aulnes et des peupliers noirs; les autres n'offrent souvent qu'une surface nue et sablonneuse qui n'est point du tout agréable. Dans une fraîche et fertile contrée, de telles oppositions ne seraient point à dédaigner, mais celle-ci n'a aucun de ces caractères. Il y a je ne sais quoi de sec, de maigre, je dirais presque d'*usé*, dans la nature de ce pays, aussi bien que dans une grande partie de la France, qui me rendrait, à la longue, le séjour de cette dernière très désagréable; on n'y trouve ni l'aimable propreté du sud de l'Allemagne, ni l'élégante recherche de l'Angleterre; et son ciel comparable quelquefois à celui d'Italie, l'atmosphère transparente de la Provence avec ses montagnes violettes, ne dédommagent pas de ces privations. Partout on voit, à la physionomie de ce pays, qu'il a une histoire très antique et qu'il a déjà vécu un grand nombre de siècles. La France me paraît, lorsque je considère ses campagnes dépouillées de bois, ses champs à perte de vue, ses châteaux en ruines, ses villages et ses villes sales et négligées (surtout par la présente sécheresse ou par un temps gris), ce pays, dis-je, me fait l'effet d'un vieux gentilhomme déchu, qui voudrait bien redevenir jeune, et qui n'attache que peu de prix à ce qui appartient au passé. L'Allemagne, au contraire, n'est qu'un parvenu, mais un jeune homme qui, bien que doué d'une plus grande force vitale, n'en a pas complètement joui ou ne l'a pas dépensée la moitié aussi vite. Il est vraisemblable, d'après cela, que le peuple allemand peut attendre aussi plus d'avenir que son vieux et illustre compétiteur.

Quoique je vienne d'assurer qu'on ne voit point ici resplendir le ciel d'Italie, pourtant il faut avouer que le climat est extrêmement doux. Les roses des quatre saisons fleurissent ici tout l'hiver, les cyprès n'y gèlent point, et dans une villa des environs, je remarquai une avenue de catalpas qui, chez nous, ne parviennent jamais qu'à la hauteur d'un buisson. On m'avait fort vanté un parc qui se trouve à trois lieues de Tours, près d'un village appelé Vernou, et je fus curieux de le voir; je trouvai la position charmante, les matériaux n'y manquaient point : rochers, bois, eaux, collines, prairies, tout était à portée, mais l'esprit avait manqué pour faire de tout cela un ensemble agréable; je suis persuadé que les tentatives maladroites qu'on a faites ici pour faire quelque chose de remarquable ont plus gâté la nature qu'elles ne l'ont embellie. Je n'ai encore rien vu en France qui pût m'expliquer cette énigme.

Je voulus dîner dans l'auberge d'un village assez considérable, mais je n'y trouvai que du beurre rance, du sel gris, du mauvais vin et seulement de bon pain, car ce dernier est partout excellent.

Le paysan vit très misérablement en France : l'avantage de boire son vin trouble et aigre ne peut vraiment se comparer à celui des pays où l'on boit de bonne bière, sans compter les vins du Rhin, de la Moselle et du Necker; car plus excellens sont les vins fins de France, plus pauvres sont les pays vignobles qui les produisent; c'est une remarque que j'ai faite, du moins autant que s'étend mon expérience à cet égard.

Je trouvai dans une semblable pauvreté les gardiennes d'un vieux château que ses maîtres ne visitaient jamais, et qui se trouvait sur ma route. Attiré par son aspect antique et vénérable j'y montai, et trouvai sur la terrasse trois femmes qui représentaient trois générations, la grand'-mère, la mère et la fille ; après avoir admiré le vieil édifice, je dis en badinant à mes conductrices qu'il y avait un trésor enfoui dans les caves du vieux manoir, et que nous pourrions le découvrir si elles avaient un peu de courage. D'abord les trois femmes se mirent à rire et répondirent par des plaisanteries ; toutefois, comme je continuais à parler sérieusement et que je paraissais vouloir les persuader, la crédulité commença à s'emparer de leur esprit ; que ne produit pas la persévérance ! Las de ce badinage, je promis enfin de revenir pour bien concerter notre plan, avant de nous mettre à l'œuvre, et je pris congé du trio encore ébahi de la riche perspective que j'avais offerte à ses regards. Comme j'allais remonter à cheval, la mère me demanda une petite tringelde : Volontiers, mes amies ! leur dis-je, en leur présentant une pièce de quarante sous ; mais si vous prenez maintenant de moi cet argent, je vous déclare que vous ne pourrez jamais découvrir le trésor...

Dès ce moment, toutes trois retirèrent la main, et, quoi que je fisse, je ne pus jamais leur faire rien accepter.

C'est ainsi, pensai-je en m'éloignant, que, depuis des siècles, une moitié du monde trompe l'autre : les pauvres abusés ont réfusé les biens terrestres pour chercher dans le ciel un trésor imaginaire, et maintenant, ce qu'il y a de pis, c'est que non-seulement ils n'ont pas trouvé les uns, mais qu'ils ne croient plus à l'autre. Pour toi, cher Charles, tu n'appartiens pas à cette catégorie; tu as cherché et tu as trouvé ton bonheur dans les possibilités humaines, et tu peux tranquillement attendre le bonheur futur, quel qu'il soit. Que le ciel te conserve tel que tu es, et nous donne à tous deux sa paix !

Ton ami dévoué,

Hermann Sémilasso.

LETTRE X.

Aspect de Bordeaux. — Le caveau de saint Michel. — Les boucheries. — Le bœuf assommé. — La belle Espagnole. — L'hôpital. — Le château de Montesquieu.

———

AU COMTE DE S***.

Bordeaux, le 19 octobre 1834.

Cher Max!

Lorsque je pris congé de vous, je fis la promesse d'adresser, tantôt à celui-ci, tantôt à celui-là de mes parens ou de mes amis, quelque fragment de mes aventures en voyage, de manière qu'en réunissant un jour mes lettres, il en résultât un véritable journal de voyage. Comme je ne connais personne parmi vous, très digne frère, qui, après moi pourtant, estime plus haut le bon vin de Bordeaux, et ne le déguste aussi voluptueusement que toi, l'unique lettre que je t'écrirai de Bordeaux te sera à toi seul consacrée, et pour m'assurer à l'avance que tu ne la liras pas *sèchement* je la fais accompagner de deux douzaines de bouteilles du nectar en question, le meilleur que j'aie pû me procurer, et dont j'ose croire que tu seras satisfait.

Il y a trois jours que je quittai Tours à l'entrée de la nuit, bien établi au fond de la diligence. Cinq ou six commis voyageurs, une jolie fille, un inspecteur aux diligences, remplissaient, outre moi, le coupé et l'intérieur, tandis que mon domestique et quelques vieilles femmes, dans la rotonde, complettaient passablement l'arche spacieuse et roulante.

Un des commis (ces chevaliers errans et coureurs de grands chemins de notre temps, ont, en France surtout, une physionomie toute-particulière; du reste, race fort inoffensive, quand on n'appartient pas à leur clique); un de ces commis, dis-je, avait été sept ans dans les Indes, et jouissait malgré cela d'une excellente santé, avantage qu'il attribuait à une seule précaution, celle de n'avoir jamais bu d'autre spiritueux que du vin mêlé d'eau, usage auquel, disait-il, il n'avait jamais dérogé ni dans les plaisirs de la table, ni dans aucune circonstance. Il nous raconta plusieurs choses assez intéressantes de ses amours et de la chasse aux sangliers dans ce pays-là, plaisirs dans leurs genres fort différens des nôtres; la chasse du sanglier surtout, qui est bien plus dangereuse que celle du tigre : on poursuit l'animal à cheval, et armé d'épieux très aigus avec lesquels on le perce en courant, et même on parvient à le clouer sur la terre. Dans l'instant où on frappe le sanglier, il faut être très attentif à détourner son cheval pour fuir, dans le cas où le coup porterait à faux, car le sanglier est extraordinairement agile : souvent, lorsque cette manœuvre ne réussit pas, il y a des chevaux et des cavaliers blessés et quelquefois de tués.

La nuit avait étendu ses ailes sombres lorsque nous passâmes devant *les Ormes* où Descartes vit pour la première fois la lumière du monde, dont il devait lui-même être un jour le flambeau. A Châtellerault, lieu justement remarquable pour la bonté de ses couteaux et les effrontées persécutions des femmes qui les vendent, une foule babillarde de ces vendeuses m'arracha au plus doux sommeil, et l'une d'elles me fit quelque violence pour m'obliger à prendre un poignard dont elle voulait douze francs, et dont étourdiment j'avais offert cent sous.

À Poitiers, pays natal de Diane, et où l'on montre, outre quelques ruines romaines, une grosse pierre druidique, qui n'approche pourtant point de celle de Stonehenge, on a établi, dans le siècle dernier, une grande promenade sur les vieux remparts, bâtis en pierre de taille et ornés de gothiques fortifications; mais je ne sais par quelle inconcevable idée, les longues allées de tilleuls qui la parent, si ce n'est pour leur ravir artistement le plus d'ombre possible, sont taillés en minces éventails. S'il y a de bons citoyens à Poitiers, si, au lieu de s'occuper de la politique de l'Europe, ils s'intéressent au bien de leur cité, je les engage à adresser une supplique au préfet pour faire réformer cet usage ridicule. Tout près de Poitiers, nous rencontrâmes un troupeau de porcs conduit par six hommes à cheval; ces derniers étaient arrêtés à la porte d'un cabaret, où une jeune fille qui jouait avec l'un d'eux, lui versait un verre de vin; le costume antique de ces gens en justaucorps, en manteau bleu, avec d'énormes bottes, la singularité de leur extérieur, la tournure, le harnachement de leurs chevaux, la manière pittoresque dont ce groupe était éclairé, en faisaient un si parfait Ruysdael, que l'on eût pu prendre ici la vérité de l'imitation; c'est vraiment le premier tableau vivant que j'aie jamais vu de ma vie.

Angoulême, que désigne un pâté sur la carte gastronomique de France, est pittoresquement placé sur la pente d'une colline, qui du reste est presque la seule qu'on rencontre depuis Paris. En général, toute la route, jusqu'à Bordeaux, est peu agréable, et j'ai trouvé partout les auberges aussi sales que mauvaises.

Cependant aussitôt qu'on a passé la Dordogne, large ici comme le Rhin à Mayence, trajet qui se fait au moyen d'un bac immense, pourvu d'un mécanisme semblable à celui des diligences, on entre dans un pays plus fertile. La première vue de Bordeaux a quelque chose de véritablement grandiose, et appartient, avec celles de Naples et de Dublin, aux plus beaux aspects de villes que je connaisse.

En descendant comme en roulant sur une excellente chaussée, on aperçoit tout à coup devant soi une immense vallée s'élevant doucement à l'horizon, et toute couverte de vignobles, de beaux groupes d'arbres, de champs cultivés, de maisons de campagne, sans que le plus petit coin de terre nue dépare ce florissant paysage;

à droite et à gauche de la route, s'étend une chaîne de collines boisées et couronnées de châteaux et de villages, tandis qu'à la distance d'un quart de lieue de leur base, circule majestueusement, au milieu de la plaine, la Garonne, sur la rive opposée de laquelle la superbe et populeuse cité commerçante étend en demi-cercle son vaste contour. La plus grande partie de ses monumens est d'une antique construction, d'un style simple et noble, avec des toits à l'italienne. Les palais, qui se montrent par ci par là, ont conservé ce même caractère. Sur eux tous s'élève dans le fond, et à travers l'atmosphère chargée des vapeurs du charbon de terre, un vénérable monument des temps les plus reculés, et que Bordeaux s'enorgueillit d'offrir encore aux curieux amateurs de l'antiquité : le château dit de *Galien*, jadis un amphithéâtre romain. La tour de Saint-Michel, décapitée par la foudre, d'où jadis on signalait les bâtimens, et sur laquelle le télégraphe agite aujourd'hui ses bras en mystérieux mouvemens; les doubles flèches de la cathédrale dont les ornemens gothiques apparaissent de loin comme les hyéroglyphes d'un obélisque; l'antique église de Sainte-Croix; la tour à demi ruinée de Saint-André; en rade, mille vaisseaux aux pavillons de toutes couleurs, agités par les vents; enfin un magnifique pont construit par Napoléon, et qui, traversant le fleuve sur dix-sept arches, se termine par une espèce d'arc de triomphe, complète cet imposant et admirable tableau.

Voilà comme j'aime un pays vignoble! la plaine comme richement brodée et tissue de pampres et de grappes; la ville colossale entourée de cette verte ceinture; le large fleuve argenté serpentant à travers tout cela, et les collines couvertes de châteaux et de forêts. J'ai toujours regardé comme au rebours du bon sens de mettre les bois dans la plaine, et les vignes sur les collines; la contrée y perd toujours son principal agrément, la fraîcheur de la végétation. Les vignobles qui ne sont point alternés avec des masses d'arbres ou de verdure, seront toujours secs et peu pittoresques.

L'intérieur de la ville offre des détails les plus intéressans; il y a de belles places, de belles rues, mais un peu sales, comme dans toutes les villes de France.

Je trouvai à l'hôtel de Rouen bon gîte et de si excellent vin que je fus tenté, en honneur! de le comparer à notre compatriote allemand de Montefiascone.

Quoique j'eusse passé deux nuits dans la diligence, je ne me trouvai pas le moins du monde fatigué, et aussitôt après le déjeuner je commençai *ma tournée*.

La première chose remarquable que je vis fut le caveau de la tour de Saint-Michel, où quatre-vingts et quelques cadavres sont arrangés artistement, tout autour, contre les murs. La sécheresse extraordinaire, ainsi que la température de ce souterrain, ont préservé ces corps de corruption, et les ont réduits à un état de dessiccation complète; ainsi ce sont des squelettes, mais recouverts de peau. Ce qu'il y a de plus étrange, c'est l'expression vivante, pour ainsi dire, et empreinte encore sur ces têtes de morts et ces carcasses non dépouillées, d'une manière si frappante, qu'on peut y lire les sentimens ou les émotions dans lesquels la mort a surpris l'ame qui les habitait.

Jamais, par exemple, je n'ai vu une si terrible image du désespoir, et les peintres, aussi bien que les sculpteurs, devraient venir l'étudier ici, que celle qu'offre le squelette d'un jeune homme qui fut enterré vivant; c'est une affreuse apparition! tous les traits sont altérés par le plus horrible délire; les doigts et les orteils contournés comme par une crampe, se courbent comme des griffes, et, dans une rage furieuse, il déchire ses propres membres. Près de cet infortuné dort un gracieux enfant, paisible comme un ange qui se repose dans le ciel des souffrances de la terre; il est tombé sur le sein de sa mère, laquelle aujourd'hui, comme il y a plus de cent ans, où tous deux moururent de la peste, tendre et dévouée, s'incline sur lui avec un inquiet amour, et semble encore épier son sommeil. Plus loin est un vaillant général, jadis commandeur de Malte et chevalier de Saint-Louis: deux profondes blessures qu'il reçut dans la poitrine, en se battant en duel avec un homme de robe peu estimé, le mirent au rang de ces morts. A ses côtés on voit un portefaix gigantesque qui, en voulant porter une lourde caisse que ses camarades n'avaient pas été en état de soulever, s'était rompu les entrailles, et était mort de leur subite inflammation; il élevait encore fièrement la tête, et l'expression *criante*, si l'on peut dire, de son visage, peignait bien l'effroyable douleur qui dut le dévorer. Un tout autre caractère de souffrance, également profonde, mais patiente et résignée, se montrait dans tous les traits d'une pauvre femme qui, après de longs tourmens, mourut de l'affreuse maladie du cancer.

Beaucoup d'autres habitans de ce sépulcre paraissent être morts d'une manière assez indifférente, ou comme tombés dans cette sorte d'apathie dont la nature se sert le plus souvent pour voiler les approches du trépas. Je remarquai même un ivrogne qui portait sur la mine quelque chose de si paisible, qu'on eût dit qu'il s'était endormi dans le songe le plus agréable.

Une vieille femme, mais pleine de bon sens, me faisait voir cette curieuse collection; il faut que la longue fréquentation avec ces spectres l'ait élevée au-dessus du cercle de la vie ordinaire, car dans les remarques qu'elle faisait de temps à autre perçait souvent une élévation de sentimens, un dégagement des choses terrestres, que l'aspect de la mort éveille souvent en nous, et que la préoccupation de la vie nous empêche de sentir. Je voudrais pouvoir conserver l'impression que j'ai reçue dans cette circonstance : figure-toi, mon cher et joyeux Max, la sombre voûte au-dessus de nous, et au milieu de laquelle une lampe solitaire répand à l'entour une chétive et rougeâtre lueur; au-dessous de ce triste luminaire un nombre infini de squelettes, sur un formidable amas d'ossemens (tout le sol sur lequel nous sommes est-il autre chose?); et tout autour, rangés en horrible guirlande, ces tristes restes de quatre-vingts et quelques créatures humaines, qui naguère vivaient comme nous, et comme nous ont senti, aimé, souffert ! et puis... Encore un peu de temps, me disais-je, et la bonne femme qui se baisse complaisamment pour me faire remarquer les traces de la barbe sur une vieille peau toute desséchée, le curieux voyageur lui-même, qui fouille ici les secrets de la tombe; et toi-même, frère, qui jouis si insouciant de toutes les joies de la vie; peut-être d'autres encore!... Et Dieu seul sait en quels lieux, en quel temps, nous formerons le branle funèbre et glacé, cette danse du sombre empire, dont ces pâles et froids débris nous donnent silencieusement d'énigmatiques mais sûres nouvelles....

Ah ça! j'espère, frère! que ma lettre ne te trouvera pas au moment d'aller au bal!... tu pourrais bien te trouver mal à l'aspect des dames belles et parées, s'il te venait en pensée que, sous ces beaux masques sourians, il y a une horrible tête de mort qui grimace!... Heureusement que de semblables idées sont bientôt englouties dans le torrent d'une vie joyeuse ; mais après?... ma foi je ne puis rien conseiller là-dessus! relis *Hamlet!* mais pour le présent achève ma lettre.

En face de la tour de Saint-Michel, un beau portail gothique conduit dans la vieille église de Sainte-Croix, où l'arc à plein cintre varie avec l'ogive aiguë, et où le plus singulier caprice se révèle dans les chapiteaux baroques, mais toujours pleins de goût, de ses nombreux piliers. Aux murailles sont appendus quelques vieux tableaux dégradés, mais précieux, dans des cadres vermoulus. Une chose étrangement disparate, et qu'on pourrait appeler une inconvenance, c'est qu'on a peint sur les murs qui entourent le maître-autel, des colonnes de marbre et une frise de style grec, comme le point de vue d'un jardin de ville. Ici, comme partout, les modernes *enlaidissemens* de nos églises, établissent la plus frappante comparaison entre le véritable état de l'art dans ces différens siècles.

Dans une autre église, dont le nom m'échappe, j'ai trouvé quelques anciens vitraux bien coloriés. Tu connais mon amour puéril pour ces beaux restes d'une antique splendeur; je prétends même que la peinture sur verre appartient aussi essentiellement à notre religion chrétienne, que l'architecture gothique; toutes deux ne sont aujourd'hui que du bousillage; c'est mauvais signe! Je remarquai aussi dans cette église une chaire extrêmement bien travaillée, en bois de chêne, devenu noir par l'effet du temps, avec un mélange agréable de marbre de toutes couleurs sur les panneaux; au-dessus s'élève une statue en bois, représentant saint Michel qui tient le diable par une chaîne et le foule bravement sous ses pieds.

Le hasard me conduisit de là sur un autre théâtre passablement hétérogène, je veux dire devant les boucheries de la ville, où je rencontrai de nouveau la mort, et même le meurtre; car on s'apprêtait, non à ravir la lumière à un bœuf monstrueux, mais tout bonnement à l'assommer.

Au premier coup de la massue de fer, le puissant animal s'abattit lentement avec un profond soupir; cependant il fallut encore une douzaine de coups furieux et retentissans, appliqués sur la tempe, avant que la mort s'ensuivît. Au surplus le bœuf mourut avec beaucoup de dignité; un soupir accompagné d'un léger tressaillement suivait immédiatement chaque coup; au douzième, l'animal se tut et s'étendit convulsivement pour la dernière fois. A peine était-il mort, qu'un autre prit sa place aussi majestueusement; *le bœuf est mort, vive le bœuf!* pensai-je, et après ce tragique intermède, j'allai visiter une église: c'était la cathédrale, sur la tour de laquelle je montai ensuite.

Outre la superbe vue dont on jouit de là, je trouvai sur la plateforme un bien plus doux et plus gracieux aspect; c'était celui d'une charmante et brune Espagnole, malheureusement flanquée d'un mari et d'un père, lesquels, sur l'étroite galerie aussi bien que dans le sombre escalier tournant, semblaient la surveiller comme ses gardes-du-corps, et lui servir d'avant et d'arrière-garde.

Le choléra et la guerre ont amené à Bordeaux beaucoup d'individus de cette nation; le matin j'avais déjà eu le plaisir de rencontrer dans mon auberge une ancienne connaissance : M. Zéa Bermudès et sa charmante épouse. Je suis sûr de flatter ton amour-propre saxon, si je te dis qu'il ne parle de Dresde qu'avec enthousiasme, et qu'il ajouta, avec une expression qui me parut sincère : « J'aurais souhaité de tout mon cœur de ne jamais quitter Dresde. » Tu sais aussi combien on déplora son trop prompt rappel, car nous n'avons pas toujours été aussi heureux en ambassadeurs d'Espagne : l'un d'eux mourut dans une maison de fous ; un autre, le chevalier T***, était bien la plus plaisante caricature qui eût jamais revêtu la dignité d'ambassadeur. Quand on mangeait chez lui (et il faut avouer que sous le rapport de ses dîners il était digne de louange), il avait coutume de dire : *Regardez ma maison comme une auberge, avec la seule différence que vous ne paierez pas.* Une fois, dans une altercation qu'il eut, au bal de la cour, avec une jeune dame qui se moquait de lui un peu trop ouvertement : « Madame, madame, lui dit-il tout en colère, *il ne faut pas se moquer des vieillards! et je vous assure que dans ma jeunesse j'en valais bien un autre!* » Son meilleur trait est à propos d'une grande discussion diplomatique dans laquelle il fut engagé à cause de sa femme qu'on ne voulait pas recevoir à la cour, autant qu'il m'en souvienne, parce qu'elle était d'une naissance obscure, et qu'elle avait été la maîtresse du prince de la Paix (circonstance à laquelle les mauvaises langues disent que le chevalier dut surtout le poste éminent auquel il a été promu); il écrivit une note là-dessus, dans laquelle il déclarait qu'il ne pouvait subir un tel affront; *car enfin*, disait-il, *ma femme, comme l'épouse d'un ministre d'Espagne, est une femme publique, elle doit être par conséquent aussi considérée que moi-même*, etc.

En suivant mon Espagnole de la tour, et qui paraissait aussi empressée que moi d'en finir avec les curiosités de la ville, j'arrivai au palais

Royal où se trouve une galerie de tableaux; on y trouve quelques morceaux précieux, entre autres deux beaux portraits du Titien, et une ravissante Vénus endormie du Corrége; celle-ci a malheureusement souffert par suite d'une inhabile restauration, mais il est impossible de mieux exprimer l'abandon du sommeil dans toutes les parties de ce beau corps, et sous des formes plus aimables. Ce repos doit être la suite du plus profond épuisement; le songe le plus léger n'en trouble pas même la douceur, et l'on pourrait, en toute sûreté, ravir un baiser à la belle dormeuse, sans craindre qu'elle se réveillât. Les tableaux modernes, dont il y a ici un grand nombre, sont, pour la plupart, horribles, et de de vraies figures de Curtius comparés à ces chefs-d'œuvre. Je terminai ma tournée par une fugitive visite sur les places les plus marquantes et les promenades ornées, pour la plupart, de statues en habits habillés, en perruques à bourse, etc. Sur une des places se trouve un monument qui fait le plus grand honneur à la ville, je veux parler de l'hôpital. Le plan de cet édifice est aussi grandiose que bien approprié à sa destination. Le centre figure un vaste carré entouré d'arcades couvertes et à deux étages qui servent aux malades de promenades aérées et agréables par toutes les saisons et par tous les temps; de ce carré partent, en rayons, les salles des malades dont chacune forme un bâtiment isolé; l'espace intermédiaire renferme des cours et d'agréables jardins ornés de berceaux, de treilles, de parterres; cet établissement contient quatre cents lits en fer, et le service en est fait, à l'exception des médecins et chirurgiens, par un grand nombre de ces filles vertueuses qui portent en France le nom de sœurs de *charité*, et qui, en effet, en exercent si bien les saints devoirs. Une chose me parut surtout remarquable, c'est l'extrême propreté qui règne généralement dans cette maison, et qui s'élève à un degré qui surpasse tout ce que je croyais possible d'atteindre dans de telles circonstances. Cette propreté contraste d'une manière frappante avec la saleté et la mauvaise odeur qui se rencontrent dans les rues, dans la plupart des maisons particulières, et surtout dans les quartiers du port où l'on peut bien dire que l'air est empesté.

Cette excessive propreté se remarque donc dans toutes les parties de l'établissement en question : on pourrait se mirer dans les casseroles de la cuisine; la pharmacie, le laboratoire, sont entretenus avec une netteté anglaise, et même la vue de la buanderie laisse une agréable impression d'ordre et de soins minutieux. Les sœurs sont toujours proprement vêtues; dans les salles des malades, quoique fort remplies, je ne remarquai pas la moindre chose qui pût exciter le dégoût, et là où la vue de quelque circonstance désagréable eût pu le causer, les rideaux étaient tirés avec soin, et partout circulait un air libre et pur comme celui de la campagne. Il s'en faut beaucoup que nos établissemens allemands, de ce genre, approchent de cette perfection.

Le soir je me rendis au théâtre des Variétés où un éléphant était alors chargé des premiers rôles, et jouait, en effet, étonnamment bien. Sans conducteur il entre et sort à la réplique; s'empare du palais du prince cruel qui l'a fait captif; s'assied à sa table, et mange sans façon le dîner de son altesse; donne lestement les assiettes lorsqu'elles sont vides; sonne avec impatience pour qu'on lui apporte d'autres mets; enlève une dame, la conduit dans le désert où il lui bâtit une cabane de feuillage; enfin il agit comme comme une véritable personne. En revanche, les autres acteurs jouaient d'une manière pitoyable, et l'absurdité de la pièce *passait la permission.*

Les jours suivans j'allai deux fois au grand théâtre; pour ne plus revenir là-dessus, je veux en dire ici mon opinion. Le bâtiment par lui-même est un des beaux de France. L'escalier qui, dans la plupart des théâtres, est toujours si négligé, est ici véritablement somptueux, et l'accès des loges est partout libre et spacieux ; la décoration intérieure, qui consiste en une colonnade circulaire, est originale ; mais ce qui paraît fade à la lumière, c'est le fond bleu pâle des loges ; un autre inconvénient plus grave, c'est qu'on n'y entend pas très bien la voix des acteurs.

On donnait le *Barbier* de Rossini, dont l'exécution, quoique pas excellente, fut pourtant beaucoup meilleure que je ne m'y attendais ; les décorations et les costumes sont à peu près ceux de l'Opéra-Comique de Paris. Une chose assez singulière, c'est que, quoique tous les acteurs en scène portassent l'ancien costume espagnol, le comte Almaviva, dans la scène où il paraît déguisé en soldat, portait un moderne uniforme de dragon français. Voilà comme partout on imite servilement Paris. Je trouvai au contraire assez convenable que, dans les entr'actes, un domestique en habit de livrée, vînt du moins ranger la scène hors du rideau ; emploi dont est chargé, à Paris, sur la plupart des théâtres, un commissionnaire en manches de chemise ; du reste, il y a ici dans tout l'ensemble de la vie je ne sais quel cachet de petite ville et de province qui, empreint, même aux grandes cités de ce pays, fera que bien long-temps encore Paris sera la France proprement dite. Lorsque vers onze heures je rentrai chez moi, les rues étaient presque désertes, et le silence y régnait comme au cimetière.

A ma seconde visite au théâtre, le spectacle commença par un petit opéra dans lequel le ténor, à chaque passage difficile de son rôle, ouvrait une bouche fendue jusqu'aux oreilles, et faisait une grimace qui excitait chaque fois un fou rire. On voit par là combien, dans l'étude du chant, il faut se préserver de telles manies; car dans le fait il n'est pas seulement nécessaire de chanter pour les oreilles, il faut encore que les yeux soient satisfaits. Après l'opéra on donna une pièce historique en douze tableaux, et à grand spectacle; le sujet était la guerre entre les Armagnacs et les Bourguignons, sous Charles VI. L'auteur avait employé toutes ses ressources pour rendre son drame terrible et frappant. On tortura, on pendit, on décapita, on égorgea sur le théâtre à plaisir. Toutefois, il y eut quelques jolies décorations, les costumes étaient bien étudiés, et dans tout l'ensemble du drame l'image de ces temps de violence et de cruauté était passablement bien rendue. Juste ciel! que notre bon siècle est bien plus doux et plus apprivoisé! jadis on empoisonnait les hosties, on massacrait les prêtres à l'autel; aujourd'hui on a porté l'exaltation de la vertu si loin, que (suivant ce que j'ai lu dans le journal d'hier) en Amérique une société de la tempérance vient d'enjoindre à tous ses membres de communier désormais avec du lait de beurre ou de la limonade au lieu de vin!

Maintenant, cher Max, suis-moi à la campagne; j'avais loué un tilbury pour me rendre à quatre lieues, au château du célèbre Montesquieu. La misérable rosse qu'on m'avait donnée et qu'il me fallut fouetter sans cesse pour ne pas rester tout-à-fait en route, rendit, pour moi, cette excursion d'autant plus ennuyeuse, que le chemin, renfermé entre deux murs à travers les vignobles, est peu agréable et n'offre d'autre changement que plus tard une forêt de pins aussi ennuyeuse que tout le reste.

Quoique ces pins ressemblent aux nôtres pour le port et l'élévation, ils sont cependant d'un vert beaucoup plus clair, et leur feuillage infiniment plus délié; on dirait un poil soyeux, tandis que celui de nos arbres résineux rappelle le crin rude du sanglier. Au lieu des genévriers et des coudriers qui croissent sous l'ombre de nos forêts de pins, des genêts à fleurs jaunes couvrent le sol de sable où s'élèvent ceux-ci.

Arrivé au village de Labraine, je descendis dans un cabaret sur les murs blancs duquel était écrit, en lettres gigantesques : *Au grand Montesquieu*. Contre mon attente, je trouvai l'intérieur de ce chétif logis d'une extrême propreté ; sur une table en bois de noyer, bien polie et frottée, on me servit, avec une serviette d'un blanc de neige, de bon vin, d'excellent beurre, des œufs qui venaient d'être pondus, et du pain, le meilleur que j'eusse jamais mangé, quoiqu'il fût de la grandeur d'une meule de moulin et eût suffi pour rassasier vingt-quatre hommes affamés.

A une demi-lieue de ce village, tout contre une forêt de vieux chênes, au centre de vertes prairies où paissent de jeunes chevaux, et entouré de fossés que l'on passe sur deux ponts-levis, s'élève un petit château antique avec des toits d'ardoises en pointes, et deux tours d'inégale hauteur. Depuis la mort du grand homme, dont c'était à la fois le fief paternel et le séjour favori, l'extérieur de ce lieu a peu changé. Une couple de bouledogues, de pure race, voulaient d'abord m'en interdire l'entrée, quand une jeune fille, brune et jolie, parut, et, ayant apaisé les chiens, s'offrit très poliment à me faire voir l'intérieur du château. Les propriétaires actuels ont eu le bon esprit, non-seulement de ne rien moderniser dans cette romantique demeure, mais encore de conserver, dans leur intégrité, la chambre, le salon, le cabinet et la bibliothèque qui avaient été à l'usage de leur célèbre prédécesseur. Il y a quelque chose qui plaît et qui émeut, à voir ainsi une antique époque se ranimer, pour ainsi dire, sous nos yeux; mais combien cet intérêt ne devient-il pas plus vif quand de tels objets rappellent le souvenir d'un homme si recommandable et d'un si haut mérite! un homme du petit nombre de ceux dont le nom brille d'un pur éclat; dont tous les efforts et les actions ont eu pour but le bien-être que nous avons obtenu jusqu'à présent, améliorations importantes dans l'état social, et qui se rattachent encore à sa mémoire!

Aussi avec quelle joie respectueuse j'aimais à me représenter Montesquieu ici dans son intimité; le dirais-je? Ces appartemens, bien qu'un peu antiques, sont encore imprégnés en quelque sorte du parfum de l'époque: ces tapisseries fanées et représentant des traits de la fable, ces vieux sophas, ces siéges aux formes bizarrement contournées, ces armoires colossales, ce lit entouré de rideaux à demi consumés, et garni encore de la même couverture sous laquelle le grand homme avait dormi, tout parlait à mon imagination. Mais avec quel sentiment de crainte et de vénération j'osai tirer de la bibliothèque un des livres à son usage, et sur la marge duquel sa main a laissé quelques notes, lorsqu'il écrivait son immortel ouvrage!

Certes, de tels souvenirs font du bien à l'ame; l'enthousiasme qu'ils inspirent rassure celui qui l'éprouve (cet enthousiasme eût-il pour le froid railleur son côté ridicule), parce qu'il touche à la partie la plus noble de notre nature, à laquelle ne se mêle aucun grossier intérêt, aucune impulsion de l'égoïsme, ce germe de tout mal en ce monde. Toutefois, dans la vie, le mal succède au bien, le trivial au sublime; le destin me préparait une scène passablement burlesque, dans laquelle j'étais appelé malgré moi à jouer le principal rôle.

Comme j'étais encore plein de ces pensées graves et sérieuses dont je t'entretenais il n'y a qu'un moment, je rencontrai, en traversant la prairie, un jeune garçon, qui ramenait du pâturage deux chevaux à Labraine: comme il faisait très chaud, et que je me trouvais fatigué, je demandai à l'enfant si, moyennant un tringelde, il voulait me laisser monter l'un de ces chevaux: il y consentit sans faire de difficulté; mais à peine avais-je enfourché la maudite bête et pris place tant bien que mal sur son épine dorsale, sans selle ni couverture, sorte de manière de monter qui n'est ni sûre ni commode, que voilà l'animal indompté qui commence à ruer, à se cabrer d'une étrange façon. Assis comme sur le dos d'une lame de couteau, au lieu de bride un bout de corde dans les mains, et ne pouvant garder l'équilibre dans cette position inaccoutumée, je luttai pendant quelque temps, comme un vaisseau dans la tempête, contre mon mauvais destin; toutefois il se passa peu de minutes sans que, au grand amusement de mon compagnon, je me trouvasse étendu tout de mon long dans la poussière. Le malin garçon, qui se pâmait de rire sur son cheval, me demanda dans son patois si je ne voulais pas de nouveau tenter l'aventure; chagrin et mortifié (car ce ne fut qu'ensuite que je trouvai la chose plaisante), je lui répondis très énergiquement : *Nenny, nenny, polisson!* et secouant la poussière de mes habits, je repris à grands pas le chemin du cabaret du *Grand Montesquieu*, dont les blanches murailles m'apparaissaient de loin à travers les vergers.

Ceci, cher Max, est la seconde partie de la célèbre aventure qui m'arriva lorsque je fus baptisé dans l'étang de ta maison de campagne, et d'où Joséphine me sauva de la noyade en mettant de grandes bottes de pêcheur, pour me tirer de là. Je te laissai donner carrière à la joie malicieuse (dont tous deux vous étiez assez bien partagés), *toujours à condition de revanche une autre fois.*

On trouve déjà à Bordeaux quelque chose des mœurs de l'Espagne. Hier je vis l'annonce en différens endroits de combats de taureaux et d'autres animaux ; je me fis conduire à l'une de ces représentations, que je trouvai extraordinairement misérable : à la vérité un combat assez cruel fut celui d'un pauvre âne couvert de pointes de fer contre deux forts dogues que l'on ne laissa en repos que lorsque l'âne martyrisé fut à demi déchiré, et les chiens eux-mêmes couverts de sang. A l'égard du taureau, personne ne courut le danger de le combattre ; on se contenta de lancer contre lui quelques chiens, qui même ne montrèrent pas beaucoup de courage.

Plus de plaisir m'attendait lorsque, après quelques jours de pluie, le soleil reparut dans tout son éclat, et que je fis une longue promenade sur les coteaux qui s'élèvent de l'autre côté de la ville. Il faisait chaud comme au mois de juillet, et nous avions, je suis sûr, au moins vingt degrés à l'ombre. Une des choses qui me frappa le plus dans cette promenade, ce sont deux de ces grands et superbes pins en parasol, qui parent si bien le paysage. Si l'on avait ici plus de goût pour les beautés de la nature, on eût depuis long-temps cultivé ce bel arbre, puisqu'il peut supporter le climat; hélas! que n'en avons-nous un semblable!

Ce fut avec beaucoup de peine que je me dirigeai, par un chemin glaiseux que les pluies précédentes avaient gâté, à travers des champs de vignes dans les rigoles sèches desquelles des milliers de lézards se jouaient au soleil, et que j'atteignis enfin le point élevé où je voulais me rendre. Un télégraphe est élevé sur cette hauteur, et près de là une élégante maison de campagne parfaitement située à l'endroit où la chaîne de collines fait tout à coup une brusque saillie sur la vallée. De la terrasse de cette maison on voit, d'un bout à l'autre, le cours du fleuve couvert de navires, et l'on jouit, de tous côtés, d'un immense panorama animé par un nombre infini de villages et de villes, dont le premier plan est Bordeaux, qui, orgueilleuse reine de cette riche contrée, repose sur son trône entouré de vignobles, et semble aspirer avec délices les magiques parfums que lui apportent les vents tièdes du midi.

Après que j'eus suffisamment imprimé dans ma mémoire l'image de ce rare et beau tableau, le sentier tortueux qui conduit, par un autre côté, au bas de la montagne, tout en me privant de cette magnifique perspective par des groupes d'arbres et de rochers, m'offrit encore les points de vue les plus pittoresques et qui, ce me semble, seraient d'excellentes études, pour un artiste, dans la science de planter les jardins.

Revenu de ma promenade plus tôt que je ne le pensais, je traversai toute la ville pour aller visiter, de l'autre côté, la Chartreuse dont l'église est assez insignifiante, mais près de laquelle existe un cimetière extrêmement remarquable; c'est une véritable ville des morts, dont les rues de tombeaux sont bordées par des allées de superbes platanes. Les places intermédiaires sont couvertes d'un frais gazon sur lequel un grand nombre de monumens ornés de marbre et d'or entourés de groupes de cyprès sont irrégulièrement dispersés. Ce cimetière me donna l'avant-goût de ceux des Turcs, dont l'ami Scheffer nous a si souvent parlé; d'après ses descriptions, ils doivent avoir beaucoup de ressemblance avec ceux-ci, avec la seule différence qu'ils abritent un chrétien et que le turban les décore; il est vrai qu'un jour ces derniers disparaîtront sans doute, car qui sait ce qui arrivera dans l'avenir? Le propriétaire actuel de Constantinople mettra peut-être, à l'exemple de son prédécesseur, Constantin, le plus grand des pêcheurs païens, le christianisme au nombre des recommandables nouveautés qu'il octroie à ses peuples; si, toutefois, le reste des monarques chrétiens le permet, et ne voit pas là-dedans un motif d'illégitimité contre Mahomet dont la patience pourrait devenir inquiétante.

Que me reste-t-il à te dire, mon ami, puisque nous voilà encore une fois ensemble sur le cimetière? Adieu! j'entends le coq! le souffle du matin me fait frissonner, adieu!

Ton défunt et fidèle frère,

Hermann Sémilasso.

JOURNAL DE VOYAGE.

(SUITE.)

L'intérieur d'une diligence. — Agen. — La ville en pyramide. — Lectoure. — La cathédrale d'Auch. — Beaux vitraux d'Arnauld de Molles. — Riches sculptures en bois d'Irlande. — L'escalier de granit. — Le séducteur septuagénaire. — Tarbes. — Coquetterie des femmes.

———

Agen, 21 octobre 1834.

A l'aube du jour je quittai Bordeaux; mon bagage augmenté encore d'un panier de vins de choix, et pour le surpoids duquel je fus obligé de payer, ainsi que pour celui de mon domestique, ce qui fait que mon voyage par la diligence m'est revenu presque aussi cher que par la poste. La société variée de la voiture qui ne comptait, cette fois, que deux commis-voyageurs, se composait en outre d'un prêtre et de deux créoles, l'une vieille et laide, l'autre au contraire et qui, par un heureux hasard, se trouvait ma voisine, était jeune, brune et jolie.

Je commençai l'entretien cette fois par manifester les principes d'un bon catholique, car mon humeur me portait à gagner le vieux prêtre. En effet, celui-ci m'offrit bientôt, avec toute la naïveté de la foi du charbonnier, la comédie que j'avais désirée; il trouva du reste un chaud partisan dans le plus âgé des voyageurs, grand hableur de soixante ans environ, véritable gascon, et, par-dessus tout, carliste incarné. Malheureusement en France il n'y a point de conversation possible sans que l'ennuyeuse politique ne vienne aussitôt s'y mêler. Peu à peu l'éloge de la charité chrétienne fit place aux imprécations contre la révolution de juillet, et aux plus véhémentes diatribes contre Louis-Philippe que le vieux carliste ne craignait point de nommer un *misérable saltimbanque* un *méprisable tyranneau*. Je ne pus garder le silence : Mon cher monsieur, lui dis-je, vous faites grand tort à Louis-Philippe, car s'il était ce que vous dites, comment oseriez-vous parler comme vous le faites de son gouvernement, et cela en public? Je connais peu les usages de ce pays, mais si dans ma patrie quelqu'un se permettait de parler du monarque comme vous venez de le faire, dans une voiture publique, il ne serait besoin ni de police ni de tribunaux pour en faire justice, car les voyageurs l'auraient déjà jeté par la portière. — Et c'est ce qu'il y aurait de mieux à faire! dit avec colère l'autre commis, un jeune homme aux formes athlétiques, lequel me parut dans de bons principes monarchiques, car, depuis quelque temps, il avait donné des marques d'impatience et de mécontentement, en entendant les absurdités de son voisin. Ces paroles et la voix de stentor avec laquelle elles furent prononcées, imposèrent tellement au vieil imbécile, qu'aussitôt il radoucit son ton, et nous pria instamment de ne pas nous offenser de ce qu'il avait dit, que chacun avait ses principes et la liberté de ses opinions, enfin que, s'il avait exprimé les siennes avec un peu de vivacité, il n'avait eu l'intention d'offenser aucun de nous. Son bavardage ne demandait point de réponse; alors je me tournai vers les dames qui, avec beaucoup d'amabilité, se mirent à nous parler de l'Amérique, de leurs longs voyages sur mer, et nous firent une description très intéressante des angoisses qu'elles avaient éprouvées durant un naufrage lors de leur dernière traversée. Pendant ces récits, la nuit était venue, on leva les glaces de la voiture, et bientôt une partie des voyageurs se mit à ronfler; les autres ne dormirent peut-être pas tout de suite, mais personne ne parla plus.

Au lever du soleil, nous nous trouvâmes entre Marmande et Agen, dans un pays *paradisien*, où les flots argentés de la Garonne arrosent une des contrées les plus fertiles de l'Europe; le sol y est si productif que l'arpent de terre s'y vend rarement moins de cinq mille francs. Comme dans la Lombardie, les champs sont entourés d'ormes que des guirlandes de vignes ornent et unissent entr'eux; le beau graminé que nous cultivons dans nos jardins, comme plante d'agrément, croît ici abondamment dans les haies et sur le bord des chemins. Une épaisse bordure de saules au feuillage bleuâtre dessine les fraîches rives du fleuve, et la pente des collines qui tantôt s'en approchent et tantôt s'en éloignent, offre un agréable mélange de vergers, de vignobles, de vieux châteaux, de maisons de campagne, de métairies et de villages, qui varie la scène à chaque instant.

Tandis que, penché hors de la portière, je

respirais avec délice l'air frais du matin, et que je repaissais mes yeux du spectacle de cette belle nature, le jeune commis-voyageur éveilla les dames en s'écriant : « *Ah! encore une heure, et nous serons vis-à-vis de notre déjeûner!*

— *En effet,* dit le prêtre, *il est temps aussi que je pense au mien!*

— *Comment? vous avez donc votre déjeûner en poche?*

— *Sans doute; monsieur, mais il est tout spirituel!* » Et, tirant un petit livre relié en peau noire, il se mit à lire tout bas son bréviaire, occupation qui le conduisit jusqu'au matériel déjeûner, sans que la moindre distraction vînt interrompre ce pieux exercice; cet homme me rappela *la Confession* de J. Janin, car j'avais véritablement son abbé sous les yeux. En vain la terre eût étalé devant lui tous ses trésors, *il aurait dit son bréviaire;* en vain une créole dix fois plus jolie que n'était la nôtre lui eût serré la main à la dérobée, *il aurait dit son bréviaire;* je dirai plus, on l'aurait supplié d'accorder la liberté ou la vie, que le prêtre, insensible aux émotions terrestres, *aurait encore dit son bréviaire.*

Je me retournai pour jouir du magnifique aspect qu'offrait la contrée brillante de l'éclat du soleil doucement tempéré par les vapeurs matinales. Là où régnait la seule nature, tout était miracle et beauté; mais malheureusement tout devenait sale, ruiné ou négligé, quand on s'approchait des demeures des hommes; ces dernières n'étaient romantiques et pittoresques que vues dans l'éloignement.

Dans l'auberge d'Agen, je trouvai plus de mouches qu'il n'y a d'habitans dans toute la ville; elles noircissaient entièrement la nappe; du reste on était bien servi, les mets et le vin surtout étaient excellens. Le cuisinier qui tient cette auberge, et qu'on appelle M. Baron (dont la baronnne, soit dit en passant, est une tout aimable méridionale aux yeux noirs), passe pour un virtuose dans la confection des *pâtés de foies de canards et de perdreaux rouges aux truffes*. Mais, par un malheur aussi déplorable pour un homme aussi romantique que gourmand, je suis arrivé à la fois trop tard, et trop tôt, dans cette contrée; trop tard pour visiter les Pyrénées qui commencent à se couvrir de neiges, et trop tôt pour manger des truffes qui ont besoin de neige et de gelée, et dont la saison ne commence qu'en décembre.

Agen n'offre, à ce que je crois, rien de bien remarquable, si ce n'est pourtant une très agréable promenade qui conduit à un ermitage sur un rocher escarpé, et de là ramène, après beaucoup de détours, vers la Garonne, et enfin sur le *Cours*. Ce dernier est une allée de vieux ormes d'une demi-lieue de long, avec un beau pont à l'extrémité; c'est là que se réunit principalement le beau monde d'Agen; de l'ermitage on découvre un paysage aussi vaste que diversifié, et par un temps serein les Pyrénées : aujourd'hui elles se cachaient derrière un épais brouillard que le soleil s'efforçait en vain de pénétrer. On a aussi, dans ce pays, l'abominable coutume (comme en Silésie on le fait pour les moutons) d'ébrancher annuellement les arbres du bas en haut pour faire des fagots; cet usage est absurde!

SUITE.

Tarbes, le 22...

Je fus obligé de partir le lendemain dès le grand matin, mais du moins, après avoir été la veille assez étroitement pressé, je pus aujourd'hui dormir commodément dans la voiture où mon domestique et moi nous formions seuls tout le public.

Je m'éveillai à Lectoure, et comme on arrêta pour relayer, je descendis et pris, à pied, les devans. A quelque distance de là j'aperçus une vieille église dans le cimetière de laquelle s'élevait le monument, en marbre blanc, encore tout neuf, du maréchal Lannes qui est né dans les environs; sa statue, en grand uniforme avec des bottes fortes et des éperons, s'élève sur une terrasse avancée; il semble regarder la vallée fertile du Gers, qui s'étend vers Condoam et Auch et que ferment les Pyrénées, c'est-à-dire, quand on les voit, car ce n'est malheureusement pas le cas aujourd'hui. Ces belles montagnes demeurent opiniâtrément et chastement voilées à mes regards passionnés! Lectoure, vieille et antique cité, offre de la plaine un coup d'œil intéressant; elle s'élève, sur la pente de la montagne, comme une pyramide dont le sommet est formé par la tour gothique du vieux château des comtes d'Armagnac qui faisaient ici leur résidence. Le château est devenu, suivant le goût des métamorphoses de notre temps, une filature de laine. Une excellente chaussée en cailloux conduit dans le vallon où le cocher de la voiture, passablement en retard, me prit une demi-heure après. Il avait ramassé en route un curé de village avec lequel j'eus plaisir à m'entretenir jusqu'à Auch,

et qui me donna plusieurs indications utiles pour
mon excursion dans les montagnes.

Auch, avec sa célèbre cathédrale, est bâtie,
comme Lectoure, sur la pente d'une montagne,
au haut de laquelle se trouve la vieille et antique
église, et au bas, dans la vallée, un édifice moderne plus considérable encore, la caserne où
séjourne dans ce moment le beau régiment du
6e hussards.

La cathédrale serait seule digne d'un voyage
dans cette contrée, car elle contient les plus
merveilleux trésors en vitraux coloriés et en
bois sculpté que possède la France. Les trente
et quelques fenêtres, de la plus excellente exécution et d'une magnificence de couleur incroyable, donnent une haute idée de ce que devait être jadis cette église, et quelle impression
devait causer la seule entrée de ce lieu consacré
à la prière. Il est remarquable que tant et de si
excellens travaux soient dus à un seul et même
artiste, et c'est ce que nous apprend l'inscription
suivante, laquelle, traduite du patois de la province en français, est ainsi conçue : « Le 25 juin
1529 furent achevées les présentes vitres, en
l'honneur de Dieu et de Notre-Dame. Arnauld
de Molles. » Au surplus, par une inconcevable
distraction ou par une idée qui ne se peut expli-

quer, cet artiste a gratifié un grand saint d'un visage couleur vert-pré qui, parmi tous les autres, fait le plus singulier effet du monde.

Depuis long-temps on a très prudemment protégé ces chefs-d'œuvre contre les effets des saisons ou ceux de la malveillance, par un fort grillage en fil de fer placé au dehors; et comme ils ont été jusqu'à présent heureusement épargnés par les révolutions, on peut espérer pour eux encore une longue conservation.

La seconde merveille de cette cathédrale c'est le chœur, qu'on ne peut voir sans éprouver autant de surprise que d'admiration. Il serait à peine possible de couler en métal quelque chose de plus délicat et de plus parfait que ces riches sculptures travaillées en bois de chêne, et qui, depuis plus de trois cents ans, se sont conservées aussi intactes que les peintures sur verre.

On ne sait ce qu'on doit le plus admirer de la féconde et presque inépuisable imagination qui, semblable à la nature elle-même, a su varier à l'infini ces mille et mille ornemens, le goût et la science qui les distinguent et qui en caractérisent la moindre partie, ou la prodigieuse activité qui a su créer cette œuvre, généralement exécutée par un seul et même maître, quand elle n'est pas terminée par des élèves en sous-ordre;

ah!... c'est que les artistes et même les artisans de ces temps-là ne travaillaient guère pour de l'argent, encore moins pour la renommée : l'art ou le travail lui-même, quel qu'il fût, et qu'ils embrassaient avec amour, était leur seul but, la seule jouissance de toute leur vie. Le chœur fut terminé en 1529.

(D'après les anciennes chroniques, le bois employé à la confection de semblables ornemens était désigné sous le nom de *bois d'Irlande;* serait-ce en effet ce bois incorruptible qui se tire des tourbières de cette contrée? Sa durée, égale à celle du fer, le ferait présumer, et peut-être des ouvrages de ce genre que l'on voit encore en Allemagne, et entre autres ceux que j'ai admirés à Bamberg, sont-ils de même matière, laquelle pouvait être, dans le temps, un article de commerce plus répandu que de nos jours)..

Parmi les curiosités qu'offre cette église, on remarque une voûte d'une dimension assez considérable, travaillée à jour comme du filigrane, et dont les pierres sont si exactement jointes qu'on n'aperçoit aucune fente, et que, pendant long-temps, on a cru qu'elle était faite d'un seul morceau; plus loin on admire un escalier tournant de plus de deux cents marches, dont le noyau comme à Chambord, vu d'en haut, ne présente qu'un long tuyau de la grosseur d'un mortier : je fus témoin ici d'une singulière expérience. Le fils du sonneur, enfant de onze ans, se laissa glisser par cette ouverture, et avec une telle rapidité qu'il arriva en bas presque en même temps qu'une châtaigne jetée au même moment; et quoiqu'il semblât qu'il dût se briser les membres en faisant ce trajet périlleux, il n'éprouva pas le moindre mal.

La fondation de cette église est attribuée à Clovis; toutefois, il n'y a plus qu'une partie de l'ancien édifice, comme, par exemple, les deux portails de côté, non terminés, mais tous deux d'un travail extraordinairement précieux. Le reste, et malheureusement la façade, est presque moderne.

Auch était, dès le troisième siècle, le siége d'un évêché qui peut compter des martyrs parmi ses pasteurs. Je ne sais à quelle époque des moines révoltés mirent le feu à l'église et tuèrent à l'autel leur évêque à coups de flèches. Outre les vingt-neuf chanoines dont il se compose, le chapitre actuel avait encore cinq laïcs qui prenaient part au revenu lorsqu'ils fréquentaient le chœur : le ci-devant roi de France, Charles X, était de ce nombre. Dans les temps anciens, les archevêques d'Auch étaient décorés de la pourpre, et ils tiraient de leur diocèse plus de deux cent mille francs annuels qui, aujourd'hui, se trouvent réduits à quinze, perspective peu agréable pour quelques princes de l'église qui ont su conserver jusqu'ici leurs anciennes richesses, je veux parler des prélats anglais, lesquels, tôt ou tard, seront forcés de se soumettre à la règle générale; toutefois, je trouve extrêmement injuste de ne pas laisser jouir ces vieillards, au moins jusqu'à leur mort, du traitement dont ils ont été en possession pendant leur vie.

On conserve, dans le trésor de la cathédrale, des manuscrits extrêmement curieux; un voyageur français fait aussi mention d'une crosse de bois qu'il a vue là, et à cette occasion il cite un quatrain attribué à saint Boniface lui-même :

« Au temps jadis, au siècle d'or,
« Crosses de bois, évêques d'or;
« Maintenant ont changé les lois,
« Crosses d'or, évêques de bois.

Maintenant le tout a changé, *et les crosses comme les évêques sont également de bois*, si ce n'est que par-ci par-là les uns et les autres sont dorés.

Quand je revins pour déjeûner à l'auberge, le nombre de mes compagnons de voyage s'était augmenté, et j'eus pour voisins, dans le coupé, le colonel et le major du régiment de hussards qui est ici en garnison; deux officiers très distingués, qui ont combattu en Espagne, en Russie, en Allemagne, et qui ne parlent qu'avec enthousiasme du grand empereur; toutefois ils n'en sont pas moins fortement attachés au souverain actuel, et rendent justice à ses qualités gouvernementales; il paraît qu'en général toute l'armée est dans le même esprit.

Un de ces officiers me raconta une aventure singulière arrivée ici il y a quelque temps. Madame L***, jeune et jolie veuve ayant deux enfans et une médiocre fortune, se rendait à Paris, pour établir là une maison d'éducation dans l'intérêt de sa propre fille; en chemin, et dans la même diligence où nous nous trouvions alors, elle fit la connaissance d'un Anglais de soixante-dix ans, qui après lui avoir témoigné beaucoup d'intérêt, s'informa avec soin de toutes les circonstances de sa position, et, au bout de deux jours, lui offrit sa main avec une donation de cent mille francs. La veuve, éblouie par ces propositions, abandonna le plan qu'elle avait formé et consentit à suivre le personnage en Angleterre. Arrivés dans une élégante maison de campagne, le mariage eut lieu presque immédiatement; l'aimable vieillard, par des exhortations pleines de douceur, et que semblait dicter un véritable intérêt, sut engager la jeune dame à renoncer à sa religion, en l'assurant qu'à cette seule condition ses enfans pourraient hériter de ses grands biens. Quand il eut obtenu ce point important, il prit un jour congé de sa femme, alléguant qu'une affaire importante le rappelait à Londres et l'y retiendrait quelques jours. Un mois se passa dans une vaine attente; l'époux ne revint pas; la dame prit des informations, et, à sa grande terreur, elle apprit alors que personne ne connaissait son mari : que la maison avait été louée seulement pour six semaines, par un étranger qui, ayant payé d'avance, n'avait pas dit son nom. La pauvre dame courut à Londres à l'adresse que son mari lui avait lui-même indiquée; elle se nomma, personne ne sut ce qu'elle voulait dire; elle produisit son contrat de mariage, et le titre de la donation qu'il lui avait faite; mais comme, malgré toutes les plus actives recherches, le nom du donataire demeura inconnu, on rendit à la dame les papiers devenus inutiles. Au désespoir, la malheureuse, qui se trouvait presque sans ressources, alla réclamer le secours de l'ambassadeur français, et celui-ci, ne pouvant l'aider d'une manière plus efficace, lui procura du moins les moyens de retourner dans son pays. Quel peut avoir été le but de ce vieux pécheur? Son âge mettait certaines suppositions hors de question, et d'ailleurs la veuve assurait qu'il ne lui avait jamais témoigné que des sentimens tout paternels. Il serait curieux que c'eût été seulement l'effet du zèle de l'Église anglicane et du désir d'acquérir à cette dernière une prosélyte! Dans tous les cas, on doit conclure que cet homme était fou.

Nous arrivâmes le soir, très tard, à Tarbes où nous descendîmes à l'hôtel de France.

SUITE.

Le 23...

Le temps s'est tout à coup refroidi; de sombres voiles couvrent les Pyrénées, toujours invisibles; de brusques ondées, accompagnées de coups de vents, n'annoncent rien de bon. Il paraît que, bien que je sois arrivé aux pieds de ces montagnes tant désirées, il me faudra m'écrier avec Louis XIV, *il n'y a plus de Pyrénées!*

C'est jour de foire à Tarbes, et de ma fenêtre

j'aperçois comme un tourbillon rouge s'agiter sur la place, car toutes les femmes portent ici, sur la tête, une grande pièce de drap rouge garance, de la même étoffe dont est fait le pantalon national de toute l'armée; cette coiffure étrange leur descend jusqu'à la moitié du corps; de manière que de loin elles ressemblent à des soldats vus sens dessus dessous.

Après que j'eus passé toute ma journée à écrire, vers le soir, un trompeur rayon du soleil m'attira hors de la maison; mais ce fut en vain que je parcourus toute la ville et les faubourgs pour trouver un endroit d'où l'on puisse apercevoir les montagnes; j'étais tenté de rire de moi-même de me voir chercher ainsi partout les Pyrénées, comme une aiguille perdue, et m'informant avec anxiété, près de chacun, du lieu le plus favorable pour les rencontrer. Malheureusement la foire absorbait tellement l'attention du public, la presse d'hommes, de bœufs et d'ânes était si grande, et ces différentes espèces d'animaux s'occupaient tellement de leurs propres affaires, que je me trouvai plusieurs fois en collision avec les bêtes; et quant aux hommes, dont la plupart ne comprenaient pas très bien ma question, ils y répondaient rarement, ou du moins d'une manière peu satisfaisante. Un d'eux entre autres, auquel je demandais où était le plus beau point de vue de la montagne, me prit par le bras, et, me conduisant vers l'extrémité du marché, me dit : « Tenez l'ami ! sous ces arbres là-bas se trouve le plus beau bétail de la montagne si vous voulez en acheter. »

Enfin, à force de chercher, j'atteignis un endroit assez élevé, d'où l'on pouvait, au-dessus des murs, des toits et des palissades, jeter un coup d'œil dans l'espace, et alors je vis avec un joyeux battement de cœur un immense colosse chargé de neige se découper sur le fond du ciel. Mais dans l'instant survint une horrible bourrasque qui voila de gris et de noir tout l'horizon, me mouilla bravement jusqu'aux os, et me ravit l'espoir, du moins pour ce jour-là, de contempler dans toute sa majesté la reine des montagnes.

Je revins dîner, après m'être bien séché, et je passai une partie de ma soirée à lire un roman de J. Janin. Cet auteur déraisonne avec tant d'esprit, et, tout en se contredisant lui-même, il jette de temps à autre dans l'ame de si vifs éclairs de vérité, qu'on ne peut jamais les oublier; par exemple, quand il compare la France actuelle à ce qu'elle était avant la révolution, il dit :

L'indifférence a changé de place, elle s'est portée du cœur à la tête; mais ne vous y trompez pas! c'est l'indifférence avec les mêmes symptômes. La société que peint Crébillon est une société qui ne demandait que la vie à venir : la société actuelle veut quelque chose de plus, elle veut la vie présente...

Et plus loin il ajoute :

Pour l'honnête homme, coupable d'un crime, il n'y a plus de consolation possible aujourd'hui. D'une part, nulle croyance bienfaisante, voilà pour le monde moral; d'autre part, plus d'abandon et d'amitié parmi ses semblables, voilà pour le monde réel. Que voulez-vous, en effet, que devienne un malheureux au pied d'un autel sans mystères et sans parfums? Quels remèdes ses amis peuvent-ils apporter à son forfait quand chacun de ses amis est un juge, et qu'au fort de ses remords, il reçoit lui-même sa carte de juré pour les assises du lendemain?

Il me semble qu'on pourrait méditer ces paroles tout un jour sans épuiser les réflexions qu'elles font naître, car, bien qu'elles soient plus particulièrement applicables à la France, cependant elles pourraient trouver beaucoup de retentissement parmi nous!

SUITE.

Le 24...

Ce qui me plaît singulièrement dans cette contrée, ce sont les femmes des classes basses et moyennes; jolies pour la plupart, elles sont vives, gaies, originales, et acceptent, sans pruderie, le gant qu'on leur jette; enfin, si elles ne permettent point la liberté du geste, elles ne répriment aucunement celle de la parole. Tout à la fois fines, naïves et crédules, elles offrent un charmant mélange de tout ce qui plaît dans les femmes. De plus, elles ont généralement de beaux yeux noirs, pleins de feu, une belle chevelure, un patois agréablement sonore et un gracieux costume. L'étoffe rouge dont j'ai parlé ne se porte que dehors; à la maison, elles vont la tête nue ou l'entourent avec beaucoup de coquetterie d'un mouchoir aux couleurs vives et tranchées particulières au Béarn, et auquel elles donnent la forme d'un turban. Pour être sincère, il faut pourtant avouer que chez elles la propreté laisse beaucoup à désirer, surtout en ce qui regarde la chaussure, car il n'est pas rare de rencontrer des bas sales et des souliers en pantoufles, même chez les dames encore en négligé. Beaucoup de ces femmes ont, outre des sourcils noirs assez touffus, un petit trait de moustaches sur la lèvre supérieure, ce qui fut de tout temps *ma passion*, comme disent les étudians. En général, les jeunes filles sont agaçantes et causeuses : rien de charmant, lorsqu'on leur fait une question un peu leste, comme de les voir croiser les mains sur la poitrine et s'écrier avec leur doux accent : *Mon Dieu! chets méchante sugiet!...*

J'aurai le temps de me faire bien venir d'elles, car un orage, encore incertain, paraît devoir bientôt se résoudre en une pluie générale, et bon gré mal gré, il faudra que je reste ici jusqu'à ce qu'il plaise au baromètre de remonter.

— Est-ce que cet abominable temps ne cessera pas bientôt, mon enfant? dis-je à la petite Marie qui m'apportait mon déjeuner.

— Ah! il faudrait être le bon Dieu, ou tout au moins la sainte Vierge, pour pouvoir répondre à cela, monsieur! dit-elle en souriant; mais soyez tranquille, le beau temps reviendra, car quand il pleut pendant long-temps et que cela commence à nous ennuyer beaucoup, le temps change.

—En vérité! mais est-ce que cette pluie ne vous ennuie pas déjà?

—Oh! Dieu nous garde! la pluie est très bonne pour nos champs, et il faut qu'il en tombe encore! Ayez seulement patience, monsieur, et demeurez chez nous; nous tâcherons de vous faire paraître le temps moins long... Mais, continua-t-elle en s'approchant de ma table, qu'est-ce que vous écrivez donc toujours comme ça?

—Dans ce moment je parle de toi, ma belle enfant.

—De moi! Ah! vous voulez m'attraper!

—Pas le moins du monde, je t'assure; vois-tu, je fais un livre sur votre pays, que beaucoup de belles dames et de beaux messieurs liront, et d'abord, naturellement je décris les jolies filles de la ville; ainsi je viens d'écrire : « La malicieuse « Marie, aux yeux noirs, la plus jolie fille de « Tarbes, avec ses petites moustaches qui lui « vont si bien... »

—Qu'est-ce que cela veut dire, monsieur! Est-ce que j'ai des moustaches? Et courant se regarder au miroir: Oh! cela n'est pas vrai! effacez cela tout de suite! et puis je ne suis pas de Tarbes, mais d'Auch où les filles sont bien plus jolies qu'ici. *A propos*, avez-vous vu notre cathédrale et ses beaux vitraux? n'est-ce pas que c'est bien autre chose que cette pauvre petite église de Tarbes? Voilà ce qu'il faut que vous écriviez, s'il est vrai toutefois que vous faites un livre, ce que je ne crois pas, parce qu'il n'y a que messieurs les Anglais qui s'amusent à ces choses-là! Mais si en effet vous êtes en état de cela, eh bien, tant mieux! vous passerez l'hiver à Tarbes! oh! ce sera charmant! Vous me regardez? vraiment pendant ce temps vous pourrez apprendre notre patois qui, à ce que vous dites, vous plaît tant!

—Veux-tu me l'apprendre?

—Eh! pourquoi pas?

—Eh bien, je vais louer un appartement en ville et je te prendrai pour chambrière!

—Oh! vous seriez certainement content de moi! j'ai déjà soigné des malades, et il ne faudra pas autant de patience et de soins avec vous, n'est-ce pas? *certanement qu'aven la man mus douças que les homes*, ajouta-t-elle en me frappant légèrement sur l'épaule, et me regardant avec un sourire agaçant et moqueur, qui laissait voir ses jolies dents blanches.

Il était impossible de ne pas un peu profiter de l'occasion.

—*O Dieu!* s'écria-t-elle en se sauvant vers la cheminée, *chest un diable!*

Elle prit le soufflet, s'agenouilla et se mit à attiser le feu jusqu'à ce que la flamme s'élevât en pétillant.

— Quel pauvre feu vous avait fait là votre domestique, continua-t-elle en me regardant tandis que je repaissais mes yeux du gracieux aspect que m'offrait la coquetterie naturelle d'une des plus aimables enfans de la Gascogne. La petite ne le remarqua point sans plaisir; avec un languissant abandon, elle se leva lentement et fixant sur moi ses yeux noirs et pénétrans :— N'est-ce pas, murmura-t-elle, que nous nous entendons mieux que les hommes à allumer le feu?

Dans le fait elle avait raison, et j'allais en convenir, lorsque des coups d'armes à feu se firent entendre dans la rue : « Qu'est-ce que cela? demandai-je un peu surpris.

— Oh rien! c'est une noce de paysans qui passe.

— Et on leur permet de tirer ainsi par la ville.

— Oh! rien qu'à poudre, il n'y a pas de danger! »

Une nouvelle décharge retentit avec fracas et fut bientôt suivie du son des instrumens et des cris joyeux de la noce, et au milieu de ce tapage notre entretien se termina.

SUITE.

Le même au soir.

En dépit de la pluie et de l'orage, j'ai fait une promenade dans les environs qui m'ont paru très fertiles, et pendant laquelle promenade j'ai vu, durant quelques secondes seulement, les montagnes apparaître à travers le brouillard.

Les Pyrénées ont cet avantage sur les Alpes, que, du sein d'une plaine riante couverte de champs cultivés et traversés par un nombre infini de ruisseaux et de haies vives, elles s'élèvent tout à coup à leur colossale hauteur sans aucuns degrés intermédiaires. « *Est-ce là le Pic du Midi ?* demandais-je à un paysan, lorsqu'une pointe se montrait à travers les nuages.

— Non, répondit-il en ôtant son chapeau (car il règne encore ici quelque chose de la politesse de l'ancienne cour), *non, monsieur, ce n'est que le Pic d'Onze-Heures, comme nous l'appelons.* » Je crois réellement que ces gens ont établi leur cadran solaire sur leurs montagnes. Le paysage est ici richement feuillé, et partout, comme en Angleterre, on a planté des arbres dans les haies qui séparent les portions de terre; les saules, les peupliers noirs, les aulnes et les noyers y dominent, et varient avec les chênes, les platanes et les châtaigniers: ceux-ci en plus petit nombre. Souvent on voit aussi, au lieu de haies, les murs des enclos couverts de lierre et de vignes rampantes, ce qui fait un effet très agréable; les maisons sont construites en partie des cailloux arrondis et granitiques de l'Adour, de petite dimension, et qui, mêlés avec des briques, forment une sorte de mosaïque, ce qui donne à ces grossières constructions seulement liées avec de la glaise, un aspect très élégant. Les ruines romaines qu'on rencontre encore dans le pays offrent quelquefois le même genre de bâtisse. Souvent on voit aussi les fenêtres des métairies encadrées de marbre; mais les toits plats à l'italienne cessent peu à peu, et bientôt l'ardoise sombre et luisante prend la place des tuiles creuses et vivement colorées.

LETTRE XI.

L'Eldorado retrouvé. — Bagnères de Bigorre. — Les Pyrénées. — Toits de chaume. — Souvenirs du pays. — Argèles. — Antique château de Lourdes. — Vallon du Gave de Pau. — Bonne chère. — Bains de Saint-Sauveur. — Excursion dans les montagnes. — La duchesse de Berry aux Pyrénées. — Projets de plaisirs manqués. — Les bains de Cauteretz.

A LA PRINCESSE P*** DE M***.

Argèles dans les Pyrénées, le 3 novembre 1834.

Chère Lucie, j'ai trouvé ici le pays où je veux vivre et mourir; c'est ici, lorsque j'aurai encore un peu couru le monde, que nous bâtirons notre paisible et dernière cabane; dans cette contrée qui joint à tous les avantages de la plaine les riches jouissances des montagnes, dont les habitans offrent, avec la bonté de cœur de nos Allemands, la vivacité d'esprit des méridionaux, et chez lesquels se trouve, à un degré éminent, ce naturel et cette simplicité patriarcale que l'on rencontre si rarement aujourd'hui; pays dont le climat est si doux, que l'on gravit des monts de neige à mille pieds de hauteur à travers des champs de maïs et de vignes, où le vert des prairies éclairées par un radieux soleil étincelle dans les sombres groupes d'arbres, comme l'armure chatoyante des scarabées d'or; où, aujourd'hui 3 novembre, époque qui chez nous marque le commencement du rude hiver, je me trouve à déjeûner en plein air, sous l'ombre d'un majestueux châtaignier qu'un rosier en fleurs entoure de ses branches, tandis que sur les murs en ruines du jardin, un figuier étend ses rameaux chargés de fruits; un pays, enfin, plein de souvenirs historiques et de monumens des anciens temps, et où cependant, aujourd'hui, loin de la tumultueuse capitale, règne une inaltérable paix; où l'esprit de parti ne vient point gâter les douces joies de la société; contrée bénie du ciel où l'on vit trois fois à meilleur marché que dans notre pays, à ce point qu'ici le possesseur de dix mille francs de rente peut avoir un équipage, et tenir maison d'une manière prépondérante; terre fortunée où l'on peut se procurer tous les raffinemens du luxe, en même temps que toutes les précieuses délicatesses de la table s'y trouvent; où la Provence, l'Espagne et la mer vous tendent les bras; enfin le pays de Henri IV, le pays aux romantiques beautés, le pays des truffes et du vin de Bordeaux, des cailles et des ortolans, des truites et du poisson de mer, des *terrines de Nérac* et des *pâtés de Toulouse*....

Oh! vers cette contrée courons, ma bien aimée! (1)

En attendant une description plus exacte, voici quelques détails que, ces jours passés, j'ai jetés sur mes tablettes et que je terminai ici.

SUITE.

Bagnères de Bigorre, le 25 octobre.

On n'apprend que dans les montagnes tout ce que vaut un rayon de soleil : après trois jours

(1) Allusion à un vers de Goëthe. (*Le traducteur.*)

d'une abominable pluie qui m'avait déjà retenu à Tarbes, aujourd'hui à mon réveil, un brillant rayon de l'astre du jour, tombant sur mon lit, me parut comme un messager de Dieu, et fut reçu avec un vif sentiment d'action de grâces et de reconnaissance. A l'instant, et comme fortifié par sa présence, je sautai à bas du lit et courus moi-même éveiller tous les gens de la maison, car, en général, ici on est rien moins que matinal. Je m'occupai aussitôt des préparatifs de mon excursion dans les montagnes; pour éviter tout embarras, je laissai ici mon domestique, et ne pris avec moi qu'une valise contenant un peu de linge et quelques objets indispensables; je louai un vieux cabriolet muni d'un assez bon cheval que, suivant la coutume du pays, je dus conduire moi-même, car ici on ne trouve point de cocher; je descendis tout gaiement la longue rue de cette paisible petite ville, et bientôt je me trouvai dans la campagne.

Ce fut alors, et pour la première fois, que la chaîne des Pyrénées m'apparut dans toute sa splendide magnificence. Toutefois, les flancs de ces belles montagnes étaient encore entourés comme d'une ceinture, partie du vêtement que les chastes vierges ne détachent que la dernière; cette ceinture formée d'épais nuages se confondant eux-mêmes avec le brouillard matinal descendait en longues draperies jusque dans la plaine, tandis que les sombres rocs et les cimes éblouissantes des pics du *Midi*, de *Montaigu* et de *Leviste*, et une foule d'autres aiguilles, se dessinaient sur le bleu foncé du ciel; c'était un spectacle enchanteur! On croyait voir devant soi comme une montagne céleste qu'un génie tout puissant aurait élevée pendant la nuit sur la molle base des nuages (1).

La plaine arrosée par le rapide Adour, entourée, au loin, de rangées de collines basses, et parsemée de groupes d'arbres, ressemble à un délicieux jardin qui s'étend, en se jouant, jusqu'au pied de ces monts colossaux. Une excellente chaussée la traverse, et conduit, en pénétrant plus tard dans une gorge formée par l'accroissement de la hauteur des montagnes, jusqu'à Bagnères de Bigorre.

On emploie l'expression *mal du pays* pour peindre ce regret indicible de la patrie; on devrait aussi en trouver une pour rendre la joie qu'on éprouve à retrouver, en pays étranger, les choses qui rappellent le *chez-soi*. Ce fut avec

---

(1) « A peu près, dirait un plaisant, comme le lord chancelier d'Angleterre siége sur le sac de laine. » (*Note de l'auteur.*)

ce sentiment, qu'en entrant dans les montagnes je retrouvai les toits de chaume de ma patrie, les paisibles cabanes ombragées de chênes, et les champs protégés par des haies d'aubépine. Dès ce moment, toute la contrée prend de plus en plus le caractère fertile et riant de l'Allemagne; l'aspect méridional s'efface peu à peu; les hêtres, les chênes, les châtaigniers couvrent les pentes escarpées; et les clochers pointus des villages, les hauts combles en ardoises, en opposition avec la bâtisse tout italienne de la plaine, percent à travers le feuillage.

Bagnères est une jolie petite ville, et les établissemens des bains sont élégamment construits en marbre dont les carrières voisines fournissent abondamment les précieux matériaux. Il y a une espèce de musée pour l'agrément des étrangers qui fréquentent les bains; on y trouve une assez curieuse collection d'objets d'histoire naturelle, tirés des domaines des Pyrénées, et un recueil des vues les plus remarquables de cette contrée. La promenade appelée *Maintenon* est admirable; elle ressemble beaucoup, surtout dans la partie qui conduit aux montagnes, à celle de Carlsbad, à l'exception qu'au lieu de nos tristes sapins, on ne voit ici que des arbres feuillus, et qu'à la place des petits et insignifians rochers de nos contrées, des montagnes de neige enclosent ici la vallée. Aujourd'hui, malgré le soleil, il faisait passablement froid, et un vent aigre nous sifflait au visage quand nous traversâmes le camp de César, sur lequel il y avait encore beaucoup de neige tombée pendant la nuit dernière. Un Anglais s'est bâti là une maison qu'il habite l'été et l'hiver; ces insulaires se nichent partout, et, comme les anciens moines, ils placent toujours admirablement leurs nids.

Il se faisait déjà un peu tard, quand je fis de nouveau atteler mon cheval pour visiter encore, avant la nuit, la vallée de Campan dont un côté, à l'entrée, formé de blocs de rochers nus, domine les bords de l'Adour, tandis que l'autre, s'élevant jusqu'au sommet des montagnes, est tout couvert de prairies, de champs cultivés, de chaumières entourées de jardins, et de bosquets délicieusement diversifiés. Je trouvai le chemin si rempli de gens qui revenaient du marché, que j'avais souvent peine à continuer ma route. La plupart des femmes, dont beaucoup sont extrêmement jolies, montées, comme les hommes, à califourchon, tantôt sur des chevaux, tantôt sur des ânes, gouvernaient assez mal l'une et l'autre de ces montures. Je n'ai jamais vu, y compris les piétons, des gens se déranger si peu que ne le faisaient ceux-ci pour éviter la rencontre d'une voiture, il fallait même les frapper du fouet pour se faire faire place; toutefois, quand il m'arrivait d'en venir là, nul ne se plaignait ni ne murmurait de ce traitement.

Près du village de Campan, il y a une grotte creusée dans les rochers, mais qui n'offre plus guère d'intérêt depuis qu'on en a enlevé et dérobé les stalactites : du reste elle n'est pas à comparer avec celles de l'Allemagne et principalement aux grottes de Muggendorf. En général, cette vallée célèbre me satisfit moins que je ne l'espérais; à la vérité beaucoup de sommets étaient couverts de nuages, le soleil, presque derrière les montagnes, n'éclairait plus le paysage, et le froid commençait à devenir si vif, que je trouvai, au retour, la route un peu longue; déjà je craignais, tout en me l'avouant à peine, de ne remporter de l'excursion projetée, qu'une attente déçue; mais la suite effaça bientôt cette première et fâcheuse impression.

SUITE.

Argèles, le 26...

Plus la nymphe des montagnes s'était opiniâtrément voilée à mes regards, plus elle m'avait rendu sa conquête difficile, et plus elle me laisse maintenant, avec un gracieux abandon, jouir de tous ses charmes! Un ciel radieux, une température chaude et dorée, m'accueillit dès le matin, et la route de Bagnères ici fut pour moi un long enchantement, dont le souvenir formera un des plus riches feuillets du livre imagé de ma vie.

Avant mon voyage, on m'avait souvent donné quelque inquiétude, en m'assurant que j'arriverais trop tard pour voir les Pyrénées dans leur beauté, que la saison serait passée depuis longtemps, que je ne trouverais plus que de la neige, des glaces et des brouillards; mais, par un sort favorable, un si magnifique temps m'ayant toujours accompagné, je crois, au contraire, qu'il n'est guère, dans l'année, de saison plus favorable que celle-ci pour une semblable excursion; car en été à peine deux ou trois cimes dans toute la chaîne des montagnes conservent leurs neiges éternelles, tandis que maintenant presque toutes ont revêtu ce vêtement éblouissant dont quelques-uns leur descendent presque sur les pieds. Quiconque les a vues ainsi sait quel aspect magique elles offrent lorsqu'à travers les arbres on découvre tout à coup ces masses arrondies et d'une éclatante blancheur, qui semblent surgir du sein d'une verte prairie. Je me rappelle encore vivement l'impression que fit sur moi la seule description d'un effet semblable et que je lus dans l'excellente relation du voyageur Ludemann, impression durable encore malgré le laps de temps écoulé depuis lors.

Si dans les montagnes le feuillage est plus vert que dans la plaine, il est aussi plus durable; les arbres encore touffus, malgré la saison avancée, sont colorés seulement, par-ci, par-là, des riches teintes pourpres et or de l'automne, et la fraîcheur des prairies que parcourent cent ruisseaux, surpasse toute description.

La diversité de tant de beautés du premier ordre, qui, dans cette première journée, passèrent devant mes regards, est trop grande pour que je puisse espérer de t'en donner le tableau un peu complet; tu pourras du moins t'en former une idée en lisant ce qui suit, avec l'imagination vive et poétique que je te connais.

La route commode que je pris pour me rendre à Lourdes conduit, pendant les deux tiers du chemin, le long de la grande chaîne des Pyrénées, sur la pente d'une rangée de collines, qui, placées immédiatement au pied des montagnes, la séparent ici de la vaste plaine; de façon que d'un côté on a, tout près de soi, le spectacle sublime et perpétuellement varié des montagnes, tandis que de l'autre, à travers les gorges étroites, d'immenses horizons teintés de bleu se laissent apercevoir : contraste dont l'impression est indescriptible. Figure-toi tout cela éclairé par un soleil d'octobre qui dore tout de sa lumière sans brûler de ses feux; et qui ce jour-là surtout ne souffrait pas le plus petit nuage au ciel. Je puis dire que mon âme se trouvait quelquefois accablée par une volupté trop vive sans pourtant en être rassasiée; oh! c'était, dans toute la vérité du mot, une journée céleste! et lorsque je la comparais, dans ma pensée, à celles que j'ai passées dans les jouissances du grand monde, même à celles où ma vanité a été le plus caressée, que je trouvais ces jouissances pauvres, mesquines et vides de joie véritable, au prix de celles que j'éprouvais maintenant! c'étaient les joies du paradis comparées à celles du purgatoire; car ce que Faust demandait au diable, comme l'impossible, le bon Dieu me l'eût ici donné en vain : quoique rassasié, la faim n'est jamais apaisée !...

Dès la première élévation un peu considérable de la route, on voit, d'un point avancé de la montagne, avec un sentiment qui approche de l'effroi, s'élever toute la chaîne montagneuse dans sa plus grande majesté ; les horizons se succèdent, les cimes s'élèvent perpétuellement les unes derrière les autres, offrant autant d'abîmes entre leurs profondeurs ; plus loin un lieu charmant attire plus particulièrement les regards. A un brusque détour de la route apparaît le petit village de Locroux ; c'est le coin de terre, chère Lucie, que je me suis choisi pour y fixer notre future demeure. Entre deux bosquets de chênes et au pied d'un groupe de beaux châtaigniers dont les fruits mûrs pendent aux rameaux que des petits garçons secouaient dans ce moment, on voit, dans un mélange de vallons ombreux et de prairies éclairées, une foule d'habitations paisibles ; des masses d'arbres diversifiées, semblables à des vagues, s'agitent d'une manière onduleuse ; partout brille le vert des prairies et le cristal des eaux, et, durant tout un jour, ce site enchanteur offrirait à l'œil de nouveaux aspects. Toutefois, quelque précieux que soit ce tableau, le cadre qui l'entoure l'emporte encore en grandeur, en beauté; un demi-cercle régulier de montagnes neigeuses enceint, comme un mur protecteur, tout ce riche paysage au milieu duquel le Pic du Midi s'élève haut et majestueux comme la tour de garde de toute la contrée.

Figure-toi là, en pensée, notre *cottage*, ma bien-aimée! le vois-tu apparaître à travers son gracieux jardin de fleurs, et embelli, par nous, de ce précieux comfort anglais que nous avons adopté! C'est là que nous oublierons les soucis du monde; c'est là que nous saurons être heureux, ma Lucie!...

J'étais si empressé de conserver le souvenir de ce beau point de vue, que je mis pied à terre; je tirai de ma valise plume, encre et papier; et, en face de cet aspect enchanteur, en dépit de la rosée du matin qui mouillait encore le gazon sur lequel je m'établis; j'écrivis ces lignes auxquelles j'ajoutai, plus tard, la fin et le commencement; c'est, je crois, la première fois qu'il m'arrive d'écrire de la sorte, sous l'impression du moment; pendant ce temps, mon cheval, abandonné à lui-même, m'attendait paisiblement sur la route; quelques pâtres et leurs troupeaux errans, quelques femmes, pittoresquement coiffées de leur mouchoir rouge, s'arrêtaient surpris auprès de l'étranger, et regardant tantôt le voyageur, car l'idée d'un littérateur ne leur est pas chose bien concevable, et tantôt son équipage abandonné, ils secouaient la tête d'un air méditatif; ceci est l'ornement du tableau; les femmes surtout, dont la coiffure éclatante anime artistement le paysage : rien de si gracieux que de les voir, dans l'éloignement, montées sur leurs ânes, aller lentement par les chemins des montagnes !

La dernière partie de la route jusqu'à Lourdes, circule gracieusement dans le fond d'un vallon aussi romantique que fertile. A la vérité on prend congé des cimes de neige qui s'élèvent encore de temps à autre au-dessus des monts inférieurs ou qui apparaissent à l'extrémité d'une vallée latérale, comme pour épier le voyageur. On se repose alors du gigantesque, du sublime, par des jouissances plus paisibles et d'un ordre moins élevé; pendant la dernière demi-heure, le vieux château de Lourdes, bâti sur un rocher escarpé et comme encadré entre deux montagnes, offre avec la petite ville qui s'étend à ses pieds, une grave et pittoresque perspective du moyen-âge. Je trouvai, dans mon *Guide aux Pyrénées* (mon unique compagnon), une anecdote sur ce château, lorsqu'il était sous la domination anglaise, et qui, dans sa candide simplicité, m'a singulièrement touché. Afin de ne la point gâter par ma traduction, je vais la transcrire ici dans la langue du vieux chroniqueur.

Belleforêt, au service du comte de Foix, raconte qu'Armand de Béarn fut mandé par le comte à Orthez. « Et quand il dut partir, dit la chronique, il vint à Jehan de Béarn, son frère, et présens les compagnons : *monseigneur le comte de Foix me mande; irai, si veux que ne rendiez le châtel de Lourdes qu'au roi d'Angleterre, mon seigneur naturel, de même que je le tiens; ainsi le jura. Advint que le troisième jour qu'il fut arrivé en Orthez en présence de plusieurs chevaliers, écuyers, le comte de Foix lui fit commandement de remettre le châtel au duc d'Anjou; Armand fut tout ébahi : Voirement, vous dois-je foi et hommage, car suis pauvre chevalier de votre sang et de votre terre, mais le châtel je ne le rendrai jamais! vous m'avez mandé, si pouvez faire de moi ce que voudrez, à personne ne le rendrai-je qu'au roi d'Angleterre...*

Quand le comte de Foix eut entendu ceci, tirant sa dague : Oh! oh traître! as-tu dit que non? et le férit de cinq coups de sa dague, sans que les barons et chevaliers osassent aller au-devant. Le chevalier disait : Oh monseigneur, vous ne faites pas gentillesse... et mourut bientôt après. »

Quels temps et quels hommes! d'un côté, tant de grandeur d'ame et de soumission presque enfantine, et de l'autre, tant de cruauté et de tyrannie! au surplus, j'avoue que la patiente douceur de ce bon chevalier, unie à tant de résolution, me paraît plus héroïque, plus chrétienne en un mot, que l'orgueilleux et intolérant délire de la plupart des martyrs de notre Église.

Je ne demeurai qu'un quart d'heure à Lourdes pour donner à mon bon et fidèle cheval sa pitance de pain et de vin, et me rafraîchir moi-même avec un verre de grog et un cigarre, car l'impatience de voir me poussait invinciblement en avant.

Une chose vraiment remarquable dans cette contrée, c'est la quantité de jolies femmes qu'on y voit, en même temps que je n'y ai pas rencontré un seul homme, ni même un jeune garçon, un peu passable; avant d'entrer en ville, je rencontrai une douzaine de jeunes filles toutes plus jolies les unes que les autres et qui se tenant par le bras formaient une longue chaîne qui barrait la route; au compliment badin que je leur fis sur leur beauté, elles répondirent par de grands éclats de rire avant de me livrer passage; derrière cette troupe folâtre, je remarquai encore trois autres fillettes dont la beauté italienne était si régulière, que j'arrêtai presque involontairement mon cheval; je sautai hors de la voiture pour les examiner de plus près; mais elles s'aperçurent à peine de mon dessein que les trois Grâces champêtres, aux ris moqueurs de leurs compagnes (peut-être un peu jalouses de la préférence de l'étranger), s'enfuirent soudain et allèrent se cacher dans les bosquets voisins, et moi, tout déconcerté, je fus obligé de remonter dans ma cariole.

Ici on commence à pénétrer véritablement au sein des montagnes : la sublime grandeur de ces masses colossales, qu'on admirait de loin, apparaît maintenant doublement imposante. La nature aussi devient plus rude; la culture disparaît, et des roches nues, couvertes çà et là de bruyères, la remplacent; mais ceci n'est qu'une sorte de vestibule, la porte du sanctuaire s'ouvre, on entre dans la vallée du *Gave de Pau*, et frappé de surprise et de ravissement, on se croit transporté dans le séjour des bienheureux. Cette vallée est la plus délicieuse que j'aie jamais vue, elle ne laisse rien à souhaiter : dans un circuit de plusieurs lieues, se développe tout ce qu'un pays de montagnes peut réunir de grandeur et de beauté ; la perspective qui s'offre au voyageur, dès son entrée dans cette vallée, surpasse tout ce que mon imagination avait pu se figurer; et je crains bien, chère Lucie, que notre *cottage* de ce matin ne soit déjà abandonné, et que nous ne l'établissions plutôt ici à Jarref, car c'est ainsi que s'appelle le rocher dont aujourd'hui, fou exalté que je suis ! j'ai baisé le pied, comme celui d'une maîtresse adorée.

Assieds-toi près de moi, ma Lucie! nous voici sur le bord d'une terrasse profondément en pente, au-dessous de laquelle le Gave écumeux court en bouillonnant, formant d'abord une suite de cascades, puis après poursuivant dans des courbes gracieuses sa course lointaine. A droite, deux rochers couverts de genêts dorés interceptent toute perspective, si ce n'est qu'entre l'espace qui les sépare, on aperçoit, dans le lointain, la vieille tour du château de Lourdes; mais, devant toi, quelle splendeur! quel paradis rêvé! des pentes vertes de toutes les formes s'étendent comme d'immenses tapis brodés sur le flanc des montagnes; des terrasses couvertes d'arbres se succèdent agréablement, d'épaisses forêts que de vastes prairies entourent comme de magiques anneaux; au centre de tout ce mouvement, trois monts isolés, colossaux, plantés par la main toute puissante du plus grand compositeur de paysages, dressent vers le ciel leurs cimes anguleuses et impriment, comme la main visible de Dieu, à tout l'ensemble le caractère de la plus sublime grandeur. Entre ces monts isolés circulent, comme des messagers envoyés au loin, de riantes et fraîches rivières entremêlées de jardins; elles s'élèvent peu à peu jusqu'à ce que d'autres monts gigantesques leur ferment le passage.

Ta vue est-elle rassasiée de ce côté? tourne-toi à gauche et suis des yeux le cours sinueux du Gave, dans cette vallée immense sur laquelle, entre les vertes îles d'arbres groupés comme dans nos parcs, apparaissent, çà et là, des rochers isolés, des collines escarpées, en partie couronnées par quelques vieux châteaux en ruines, puis enfin les cimes neigeuses des pics de *Mounné* et de *Delliau* fermant hermétiquement la dernière perspective.

Telle est la froide et mesquine description d'un aspect dont la splendeur me fit, à mon insu, joindre pieusement les mains, qui remplit mes yeux de douces larmes, et, le dirai-je? maintenant la pensée d'une mort prochaine m'assaille fréquemment sans que je puisse l'écarter, ma Lucie!..... Dans l'excès de mon ravissement je m'écriai mentalement: « O mon Dieu! fais-moi mourir dans un semblable moment! car il appartient déjà à demi à la félicité éternelle! il verse de célestes consolations dans l'ame la plus oppressée, consolations que la pauvre langue humaine ne saurait exprimer par aucun mot! »

Le chemin qui conduit à travers cet Éden est hardiment tracé, la plupart du temps en terrasses soutenues par de gros murs, sur le haut desquelles on voit souvent des chèvres noires couchées au soleil, ainsi que les petits pâtres qui les gardent; ce qui me surprit moins agréablement ce fut de voir un cheval nouvellement écorché et dont on laissait pourrir la carcasse au fond d'un ravin, où sans doute l'animal était tombé; mais la police s'exerce à peine dans ces cantons; personne ne me demande plus mon passeport, lequel de Paris jusqu'à Bordeaux a été examiné plus de dix fois. Au lieu de poteaux indicateurs des routes, on trouve de temps à autre une vieille croix (un conseiller provincial prussien aurait ici de la besogne!); comme la contrée est habitée par une quantité d'Anglais, ceux-ci n'ont eu d'autre influence que d'apprendre aux aubergistes à fournir leurs hôtes à table d'une demi-douzaine de couteaux et fourchettes, sans pour cela leur apprendre la vanterie et la hablerie française que j'ai presque vu entièrement disparaître depuis Agen. Je ne sais pas si les habitans de ce pays ressemblent aux Espagnols, mais à coup sûr ils n'ont rien des Français.

Pour ne pas trop me répéter, chère Lucie, je ne te parlerai pas des beautés naturelles du reste du voyage jusqu'à Argèles, quoique j'eusse pour cela l'étoffe en plein; j'arrivai, vers le coucher du soleil, dans cette petite ville où je trouvai la température passablement froide, quoique la vigne croisse encore en abondance dans les environs, et que, dans les endroits abrités, les figuiers passent l'hiver en plein air sans avoir besoin d'être empaillés.

Argèles est une tranquille petite ville bâtie en terrasse, et dans la plus ravissante situation, au pied des hautes montagnes; beaucoup d'étrangers y résident. Après que je me fus assuré d'un logis, et que j'eus commandé le nécessaire, je pris un guide pour aller aux promenades, qui offrent les points de vue les plus curieux. L'individu qui m'accompagnait, espèce de crétin goîtreux, paraissait avoir le cerveau un peu fêlé; la plupart du temps il se parlait à lui-même, sans répondre à mes questions, que du reste il ne comprenait guère plus que le français, et il en résultait que souvent son langage était pour moi presque inintelligible; une fois, pourtant, il me dit en *manière d'explication* en me montrant la chaîne des montagnes : « Monsieu, *c'est lo boun Diou qui a fait tout ça, un homme n'en aurait jamais été capable.* »

J'appris en outre de lui qu'aucune des blanches cimes que nous voyions (et le pic du Midi n'en est pas excepté), près de l'éclat desquelles les plus brillans nuages qui les touchent, paraissent gris et ternes, ne conservent pas en été la moindre parcelle de neige; ce qui doit ôter à la contrée son principal charme, et la rendre presque monotone. Cela m'a d'autant plus confirmé dans l'opinion où je suis, que l'été n'est pas la saison la plus convenable pour visiter les Pyrénées, mais qu'au printemps lorsque la neige n'est pas encore fondue, ou dans l'automne alors qu'elle commence à couvrir les cimes, on voit seulement ces belles montagnes dans toute leur magnificence. D'après ce principe, je crois aussi qu'en été les Pyrénées se peuvent comparer aux Alpes, mais que dans les autres saisons elles les surpassent, parce que, avec l'imposante grandeur de celles-ci, elles réunissent les formes bizarres et fantastiques des montagnes d'Écosse, et le charme septentrional de nos montagnes rhénanes, aussi bien que la sombre majesté des Apennins; toutefois, la nature est si infiniment riche, qu'il n'est presque aucune comparaison valable entre ces diverses merveilles de la création; chacune d'elles a des beautés qui lui sont propres, et celui qui les a faites, *le boun Diou*, comme disait très judicieusement mon guide, pourrait vraisemblablement en varier la composition encore bien autrement que ne le comporte le clavier sur lequel il exécute son œuvre magnifique.

SUITE.

Le 27...

Pour te donner une idée de la bonne chère qu'on fait ici, et comme on y vit à bon marché, je t'envoie la carte de mon dîner d'aujourd'hui avec le compte de mes autres frais d'auberge.

Un consommé aux œufs;
Deux truites, l'une au bleu, l'autre grillée;
Des ortolans en caisse;
Un fricandeau;
Une caille à la crapaudine;
Des pommes de terre à la maître d'hôtel;
Trois grives rôties (lesquelles ici se nourrissent de raisins, ce qui leur donne un goût extrêmement délicat).

Deux pots de crème à la fleur d'orange;
Des gâteaux aux confitures;
Pour dessert: *des noix excellentes, des pommes de Saint-Savin, du beurre très frais et du fromage délicieux du pays; le tout arrosé d'une bouteille de vin de Bordeaux fort passable.*

Plus tard, du thé; et le lendemain, du café pour déjeuner : une chambre très propre, un bon lit, du linge en profusion, enfin y compris la nourriture de mon cheval, tout cela se monte à la somme de dix francs! et il faut encore remarquer que dans les endroits comme ici, où l'on ne compte guère que sur les étrangers, tout est le double plus cher que sur la grande route.

Depuis quelque temps, je me suis fait mon propre valet de chambre; mais, comme partout il se trouve une jeune fille pour m'aider, le service en est d'autant plus complet, et je suis loin de m'en plaindre; du reste, la bonté de cœur de ces gens-ci est vraiment extraordinaire; ils sont, en général, si obligeans, que rien ne saurait lasser leur patience. Tu sais combien je suis exigeant pour mille bagatelles nécessaires à mon service; vingt fois je fais descendre et monter la pauvre fille, naïve et jolie, qui me sert, avant d'être satisfait; remarquant moi-même mon exigence, je lui demandai pardon de lui causer tant de peines : « Oh! monsieur, reprit-elle avec la plus grande aménité, il n'est pas nécessaire d'en parler ; si je pouvais seulement faire à votre gré, je ne regarderais pas à la peine ; mais, pauvre fille que je suis ! je ne m'entends guère à servir un grand seigneur comme vous avez habitude de l'être ? »

Le ciel sait d'où cela vient! mais, quelque modeste que soit ma mise et mon extérieur, j'ai toujours le malheur d'être pris pour un homme riche ou pour un Anglais, ce qui équivaut au même en France pour payer triple, et ici pour obtenir seulement trois fois plus d'attentions et de promptitude dans le service.

Avant d'aller plus loin, j'ai fait encore une promenade matinale au *Balandra*, d'où la vue sur la vallée est particulièrement riante et belle. J'ai rencontré là deux curieuses productions de ce pays béni : l'une était un magnifique chien-loup, et l'autre un très joli petit cheval de race montagnarde, sur lequel un ecclésiastique anglais galopait comme un fou à travers les rochers dans lesquels tout cheval anglais eût bravement fait rompre le cou à son cavalier. Plusieurs familles anglaises sont établies ici, et j'espère, chère Lucie, qu'avant que deux ans soient écoulés, nous en ferons autant, si toutefois nous sommes encore de ce monde. A la volonté de Dieu!

SUITE.

Saint-Sauveur, au soir.

Ma tournée d'aujourd'hui a été de près de vingt milles, en grande partie à pied, et il me semble que j'ai à peine trouvé le temps de penser à la fatigue; cette promenade qui conduit à l'antique abbaye de Saint-Savin, est très remarquable. Imagine cinq vallées qui, de différens côtés, se réunissent en un point. Il en est deux surtout que de hauts rochers entourent et protégent, et que leur fertilité et leur riche culture peuvent faire nommer l'*Éden* des Pyrénées; les trois autres, au contraire, ne sont, à bien dire, que des gorges formées par les plus hautes montagnes de la contrée; de ces gorges, trois rivières, le *Gave-de-Mercadan*, le *Gave-d'Azun* et le *Gave-de-Pau*, s'élancent pour abreuver les plaines fructueuses et s'y jouer avec moins d'impétuosité dans tout le caprice de leur humeur vagabonde. A l'extrémité de ces cinq vallées, suppose un mont gigantesque, à la cime arrondie; et devant ce colosse, sur plusieurs collines qui descendent vers la plaine, une forêt de plusieurs lieues d'étendue; cette forêt n'est qu'un immense verger, elle se compose de vieux châtaigniers et de noyers alternés avec d'autres arbres à fruits; une révolution du globe en a parsemé le sol verdoyant d'une quantité d'éclats de roches; la vigne, partout cultivée, forme à droite et à gauche de charmans festons, et souvent se courbe sur le chemin en longs berceaux. La plus belle, la plus rare qualité de cette forêt, selon moi, c'est que la hache n'y abat jamais d'autres arbres que ceux qui sont morts de vieillesse; la plus sûre garantie de cet usage est, je pense, celle au moyen de laquelle on peut conduire tous les hommes avec un fil d'araignée, *l'intérêt personnel*, car (telle est la fécondité du sol) l'herbe qui croît sous ces arbres peut être, dans les endroits qui ne servent point de pâturage, coupée jusqu'à trois fois, et fournir ainsi d'excellent fourrage, tandis que les arbres, ne servant que pour la récolte des noix et des châtaignes et autres fruits, rapportent, de cette manière, un revenu considérable: aussi plus ces arbres sont vieux, plus grande est leur étendue, plus grand aussi est le profit qu'on en retire.

Maintenant, tu peux facilement imaginer le charme qu'il y a à traverser ces beaux ombrages, tandis que de nouvelles perspectives s'ouvrent sur la vallée et varient à chaque pas. Au bout d'une heure, et après avoir traversé une multitude de petits ruisseaux, on arrive près de grands murs tout couverts de lierre, et l'on s'arrête bientôt devant l'église gothique de l'abbaye consacrée encore, par la commune, au service divin. L'intérieur en est curieux; mais j'aurais pu m'épargner la fatigue de monter les marches étroites et assez endommagées de la tour, car plus loin, sur une des collines de la forêt, mentionnée plus haut, il y a une très ancienne chapelle d'où la vue s'étend sur tous les environs, et qui peut être considérée comme le véritable panorama de cette contrée enchantée.

On remarque dans l'église de Saint-Savin, non loin de l'autel qui est revêtu de marbre d'Italie, deux grands tableaux suspendus à la muraille, et chacun divisé en neuf compartimens sur lesquels de vieilles peintures d'un bon travail, et bien conservées, représentent les actions de saint Savinus; la plus extraordinaire et la plus merveilleuse, est sans doute celle où ce saint se trouvant une fois, pendant la nuit, dans une situation dangereuse, se fait éclairer, lui et ses compagnons, par un ange qui porte la lune devant eux en guise de lanterne.

Cette abbaye, qui appartint pendant la révolution à un médecin, est maintenant à vendre avec ses jardins de vignes, les vergers qui l'entourent, et le magnifique aspect de sa terrasse; l'heureux mortel qui en sera le maître pourra se vanter de posséder l'une des plus belles propriétés du monde. Marguerite de Navarre, la sœur de François Ier, qui se plaisait à fréquenter les bains des Pyrénées, pour échapper, avec quelques amis choisis, à la contrainte des cours, fut assaillie un jour dans ce lieu, ainsi qu'elle le raconte elle-même, par un ouragan effroyable dans lequel les gens de sa suite ayant été dispersés, furent les uns noyés, les autres dévorés par les ours. Ce fut l'abbé de Saint-Savin qui recueillit les pauvres dames égarées et demi-mourantes de fatigue et d'effroi; il leur donna sa propre chambre, et, après les avoir bien séchées, bien reconfortées de toute manière, il leur « *fournit encore de bons chevaux de selle de Lavandau, de bonnes capes de Bearn, et forces pour arriver à Notre-Dame de Sarrance.* »

Après avoir visité la chapelle dont j'ai parlé plus haut, je me remis en route et j'arrivai bientôt à Pierrefitte où je déjeunai. J'appris dans cette circonstance à connaître une nouvelle espèce de combustible, et une nouvelle manière d'accommoder les pommes de terre; le feu qui jetait une flamme brillante dans la cheminée, était alimenté par ce qui reste des cônes de maïs quand on en a ôté le grain; et voici la recette pour les pommes de terre : après les avoir fait cuire à l'eau, on en ôte la peau et on les coupe par tranches; ensuite on fait fondre une bonne quantité de beurre frais, dans une casserole, on y met les pommes de terre avec du persil haché, de l'ognon, du poivre et du sel, et on saute le tout dans le beurre, qu'on laisse ainsi achever de fondre; pendant ce temps on délaye quelques jaunes d'œufs avec du vinaigre, dans une assiette qu'on aura préalablement frottée d'ail, et quand les pommes de terre sont *au point* on y jette la sauce et l'on *sert chaudement.*

Outre ces deux inventions, ajoutées à mes connaissances usuelles, j'ai aussi acquis un beau bâton d'épine presque aussi haut que moi que mon guide m'a cédé pour la faible somme de dix sous; la pointe en est armée d'un pieu de métal, de telle sorte qu'il peut à la fois servir de défense et de support.

Tout près de Pierrefitte, qui semble comme la tête du compas, le chemin, ou plutôt deux profonds ravins s'écartent en deux branches dont l'une conduit à Luz-Saint-Sauveur et Baréges, l'autre à Cauterets, etc. Plus loin, on traverse, l'un après l'autre, sur deux ponts extrêmement pittoresques, les deux torrens de Gave. Jusqu'ici le sublime s'était toujours montré demi-voilé sous le charme d'une parure aimable ; maintenant il s'offre dans sa grandeur toute nue : il était à peine une heure et demie quand j'entrai dans le ravin, et déjà ses parois me cachaient le soleil dont les rayons n'éclairaient plus que la moitié de la montagne, tout le reste était dans l'ombre. Cet effroyable défilé n'a guère plus d'ouverture qu'il n'en faut pour le passage du torrent, et une étroite chaussée soutenue par des murs cotoyant ses bords. Toutefois la végétation de ce sol est si vigoureuse que çà et là s'élèvent, entre les rochers, de grands hêtres, des chênes monstrueux, que le gave embrasse en roulant ses ondes furieuses. Les pentes même les plus escarpées sont couvertes jusqu'au sommet d'épais taillis, et, partout où la nature du terrain le permet, on voit de petites prairies circuler comme des serpens verts entre les masses de rochers. Plus on avance dans la gorge et plus le sol s'élève, jusqu'à ce qu'enfin on n'aperçoit plus la rivière, et qu'un mugissement sourd, grondant au fond d'une vertigieuse profondeur, avertisse seul de sa présence. Dans cette maudite montée j'éprouvai un fâcheux accident, la courroie qui attachait le brancart de gauche au harnais de mon cheval s'était débouclée et perdue avant que je m'en fusse aperçu; le cheval, qui ne tirait qu'inégalement mon cabriolet, assez lourd, céda tout à coup, et la voiture, au lieu d'aller en avant, commença à reculer, tandis que le courageux animal faisait d'incroyables efforts pour la retenir; heureusement que j'eus le temps de diriger la voiture sur quelques roches en saillies qui arrêtèrent soudain l'équipage, sans quoi je faisais une culbute à me rompre cent fois le cou. Je mis aussitôt pied à terre, et comme j'avais oublié de me munir de cordes, je coupai quelques brins d'osier dont je me servis pour essayer de remplacer la courroie; toutefois, ce moyen que j'avais vu jadis employer par quelques paysans me suffit pour arriver jusqu'à mon quartier de nuit. Peu de temps après, le chemin devint moins raide et commença à se replier sur lui-même; on traverse plusieurs fois le gave sur de hardis ponts de pierres, jusqu'à une demi-lieue avant Luz où la vallée s'élargit, les fraîches prairies s'étendent, et tout l'ensemble reprend ce caractère propre aux vallées des Pyrénées qui les fait ressembler à des parcs agréablement plantés. Ici les champs de légumes et autres cultures sont entourés, comme dans le pays de Galles, en guise de haies, par de hautes lames d'ardoises découpées en pointes; mille petites cascades, descendant des montagnes, parcourent, en ruisseaux rapides, les prés et les champs, et donnent encore à ces lieux un aspect plus frais et plus gracieux; une large montagne, surmontée de sept pointes, forme le vallon. Au bord de la blanche ligne de neige, qui la couvre, le brun rouge des plantes alpestres forme comme une large ceinture qui, s'appuyant sur le vert-clair de la zone inférieure, offre ainsi une écharpe tricolore de l'effet le plus grandiose; d'un côté s'élève, comme en pyramide, la petite ville de Luz, flanquée de deux châteaux en ruines, du temps des templiers, et qui, placés sur des rochers isolés, dominent encore au-dessus des maisons de la ville. A deux portées de fusil de là, et sur la droite où un autre ravin, creusé entre les cimes de neige, pénètre plus avant dans les montagnes, on aperçoit Saint-Sauveur avec son pont de marbre jeté sur le gave, les colonnades de la maison des bains et les élégans bâtimens qui la décorent. Ce lieu était le but de ma tournée d'aujourd'hui. A l'entrée je remarquai un haut pilier également en marbre, solidement fixé sur un rocher, et du sommet duquel partait une lourde et forte chaîne qui, traversant la route, allait s'attacher au mur de rochers qui est vis-à-vis. Voilà une singulière barrière pour défendre la ville!

Comme il me restait encore quelques heures de jour, quoique le soleil ne fût pourtant plus visible, j'en profitai pour faire une promenade dans les environs. Celle qu'on appelle *les Jardins anglais* est aussi mal conçue que mal entretenue; toutefois on ne peut gâter cette belle contrée, elle réduirait au désespoir les plus habiles dans l'art des jardins, car elle surpasse tellement en beauté, en richesses, en grandiose, toutes les combinaisons, que les petites taches que voudrait lui imprimer le travail des hommes passent comme inaperçues. Laissant bientôt là une nature artificielle, je m'égarai dans les rochers d'alentour, cherchant moi-même les plus beaux points de vue et jouissant tout seul de mes découvertes. J'eusse volontiers voulu connaître les noms des principaux pics qui s'élevaient de toute part autour de moi, mais outre que ce n'est pas chose aisée de les apprendre d'une manière précise, puisque, dans chaque localité, on leur donne souvent un nom différent, il est souvent encore plus difficile de tirer aucune lumière des paysans, à ce sujet, surtout quand ceux-ci entendent aussi mal le français que nous comprenons peu leur patois.

Afin de pouvoir me vanter d'avoir pris un bain aux eaux des Pyrénées, et surtout ayant besoin de me laver de la poussière de la route, je me plongeai le soir dans la source sulfureuse. Tout ici est bien de marbre, mais aussi tout y est si négligé, si sale, et si plein d'eau, que je ne pus trouver une place sèche pour mettre le pied jusqu'à ce que j'eusse fait apporter quelques planches pour me déshabiller et me rhabiller. Mais alors la vapeur du bain, retombant du plafond, mouilla mes habits, mon linge, et me causa à chaque instant la désagréable sensation d'une douche froide administrée goutte à goutte. Il n'y avait pas seulement deux robinets différens pour l'eau chaude et l'eau froide; impossible d'avoir du linge chaud, c'était une vraie misère! A la vérité le maître des bains m'assura que ceux-ci étaient beaucoup mieux organisés pendant l'été; toutefois je doute que Saint-Sauveur, d'après ce que j'y ai éprouvé, puisse jamais, en aucun temps de l'année, se comparer, pour le comfort, à nos lieux de bains les plus ordinaires.

SUITE.

Le 28...

Il me semble que je suis ici dans le pays des Amazones. Presque tous les hommes ont quitté Saint-Sauveur, et les femmes seules sont restées. Non-seulement mes bottes sont nettoyées par elles, mais ce sont les femmes qui étrillent mon cheval, et chaque jour il reçoit sa ration d'avoine des mains de la beauté. Du reste, rien de plus incommode que le séjour d'un lieu de bains quand la saison est passée.

Dans ma chambre, laquelle a quatre portes toutes déjetées, et deux fenêtres qui ne ferment pas mieux, en dépit d'une immense cheminée toujours allumée, il fait aussi froid que sur l'escalier; et comme on est ici à quelques mille pieds au-dessus du niveau de la mer, et que les plus hautes montagnes vous entourent de tous côtés, la température est des plus sévères; autant il fait beau dans la journée, c'est-à-dire depuis dix heures jusqu'à trois, autant il y gèle le reste du temps.

Je voulus pourtant profiter de la sérénité

d'une belle journée pour monter sur *un des clochers de la paroisse*, et voir un peu le panorama de cette contrée; en conséquence je gravis, partie à cheval, partie à pied, le *pic de Bergonce*, à peu près élevé à six mille pieds au-dessus de la mer.

Cette partie, qui offre peu d'inconvéniens en été, est toujours assez dangereuse dans les autres saisons, à cause des glaces qui s'accumulent souvent dans les passages difficiles. Dans cette circonstance, et m'en rapportant avec la plus grande sécurité à l'instinct de mon petit *grimpe-montagne*, je lui mis la bride sur le cou, et le laissai aller à sa guise par ces chemins sinueux et escarpés, m'occupant seulement d'examiner la contrée que je parcourais. Du reste, il est assez singulier que ces animaux, lorsqu'on les abandonne à eux-mêmes, choisissent toujours de *préférence* l'extrême bord du chemin, tout au-dessus du précipice; de cette manière, la tête et le cou du cheval planent souvent sur l'abîme, et quiconque n'a pas encore fait le voyage des montagnes, peut croire que l'animal va s'y précipiter. Quelque solide qu'était le pied de nos montures, la route ne se fit pas sans quelques faux pas assez inquiétans; et lorsque nous eûmes atteint les châlets des pâturages supérieurs, c'est-à-dire aux trois quarts du chemin, nous nous vîmes obligés d'en faire le reste à pied. Nos guides laissèrent alors les chevaux fumans et baignés de sueur au milieu de la neige, jetèrent une botte de foin devant eux, et, comme dans les romans de chevalerie, leur ôtèrent leur bride et les abandonnèrent à leur propre conduite. Sur l'observation que je fis que, dans cet état, ils pourraient se refroidir si on ne leur jetait une couverture sur le dos, nos guides me répondirent en riant : « Oh que non, monsieur! ils se sécheront bien vite au soleil. » Que dirait un *head groom* anglais d'un semblable traitement? et pourtant ces chevaux paraissent jouir ici d'une robuste santé. Il en pourrait bien être de toutes les méthodes hippiatriques comme des cures médicales, qu'on se trouvât également bien et également mal des unes comme des autres.

Nous continuâmes à gravir lentement et péniblement, à travers la neige et les glaces, et enfin, arrivés sur la crête de la montagne, nous trouvâmes, depuis là jusqu'à la cime, un beau et doux tapis de gazon alpestre, et un radieux et chaud soleil pour nous délasser. C'était le point le plus élevé et le but de notre excursion; nous y fîmes halte. Un quartier de roc nous servit à étaler les provisions dont nous nous étions munis; et nous eûmes le plaisir, tout en déjeunant, de contempler à notre aise la vaste étendue qui se déployait sous nos yeux. Toutefois je ne te dirai pas grand'chose de cet aspect; tu sais que je n'aime pas, jusqu'à un certain point, ces panoramas tant recherchés; je les estime plutôt comme des points propres à s'orienter que pour les effets pittoresques qu'ils présentent: en effet, de cette élévation, l'imposant torrent de la montagne ne paraît plus qu'un filet d'argent; la ravissante vallée n'est plus qu'une sorte de carte géographique, et les superbes forêts sous la couronne ombreuse desquelles j'aimais tant à m'abriter, ne m'apparaissent plus que comme un champ de choux irrégulièrement plantés. Il n'y a rien là de beau ni d'agréable. L'autre versant du bassin me plut davantage; les cimes élevées du *Vigne-Male*, du *Mont-Perdu*, du *Pimené*, du *Marboré*, dont la célèbre cascade ne semble d'ici qu'un faible ruisseau, les sommets du *port d'Espagne*, de *la Brèche de Roland*, et de tant d'autres princes des montagnes, peuvent être comparés à d'antiques chevaliers de haute noblesse, formant la cour d'un souverain; quoique, d'un point de vue moins élevé, ils dussent paraître infiniment plus imposans, de même que les grands du monde apparaissent presque gigantesques à ceux qui se trouvent au-dessous d'eux.

Ce que j'ai remarqué de plus curieux pendant le déjeuner que je fis là, ce fut l'appétit digne d'envie de nos jeunes guides : on avait emporté du village une demi-douzaine de côtelettes de veau, tout un gigot de mouton rôti, au moins six livres de pain, une raisonnable quantité de beurre, et un énorme morceau de fromage, non des Pyrénées mais de Suisse (quel manque de vrai patriotisme!); eh bien! tout cela disparut dans une demi-heure, comme par enchantement, sans que j'en aie distrait plus de deux côtelettes et un petit morceau de pain. Si un joyeux lutin des montagnes n'est pas venu, sans être aperçu, en prendre sa part, il faut bien que l'estomac gigantesque de mes conducteurs ait englouti tout le reste. Voilà comme la bonne nature partage ses dons! elle donne aux uns de quoi manger, et aux autres elle donne l'appétit; il faudrait pouvoir, de temps en temps, échanger ces dons, chacun s'en trouverait peut-être mieux. La descente fut plus rude que la montée, surtout depuis qu'il avait gelé du côté du nord : si je n'eusse pas eu un bâton de montagnard, certainement je roulais en bas dix fois pour une. Ce précieux instrument mériterait presque le nom de troisième jambe; aussi, le soir, je sentis que, de tous mes membres, le bras droit était le plus fatigué.

Nous nous reposâmes quelque temps dans la hutte de berger près de laquelle nos chevaux paissaient encore l'herbe que la neige n'avait pas couverte; en attendant qu'on les eût rebridés, nous vîmes faire le beurre tel qu'il se fabrique dans les montagnes. Un homme, assis devant le feu, tenait entre ses mains les deux extrémités d'une peau de mouton solidement cousue en forme de sac, et qui, toute remplie de crème, n'avait qu'une seule ouverture pour en tirer le contenu; le pâtre agitait, par un mouvement régulier, cette outre de gauche à droite, *et vice versa*, jusqu'à ce que le beurre se soit formé, ce que nous n'attendîmes pas, à la vérité, parce que quelquefois l'opération est assez longue. Ce beurre est aussi bien fait que par les autres méthodes; mais il n'a pas, ainsi que la crème, le goût aromatisé qu'on trouve en Suisse à l'une et l'autre de ces productions patriarcales.

Avant de me remettre en route, je me vêtis plus chaudement, je fis entourer de foin mes étriers, et, quelque mauvais que fût le chemin, je trouvai que la descente était, avec les aspects variés qu'elle m'offrait, la partie la plus agréable du voyage. Je suis même persuadé que le cheval offre au cavalier plus de sûreté et moins de dangers, en descendant qu'en montant; d'abord le cheval dans une descente, à moins qu'il ne soit tout-à-fait courbaturé, tombe rarement en avant, mais d'ordinaire il ploie les reins en arrière, ce qui est peu important pour un bon cavalier; mais alors tombe-t-il en avant, à la plus légère pression du mors les pieds de derrière se cramponnent autant que le comporte la structure de l'animal, et, fût-il même abattu, bientôt l'équilibre se rétablit; ensuite le cheval voit où il tombe, et peut mieux se redresser. En montant, au contraire, la chute en avant, quoique peu dangereuse, peut le devenir si la bête glisse ou trébuche du pied de derrière jusqu'à tomber, car alors le cheval ni le cavalier ne peuvent s'aider ni l'un ni l'autre; tout ce qui reste à faire au dernier est de se jeter hors de selle le plus vite possible et d'abandonner l'animal à son destin. Il m'est arrivé dans ma jeunesse, et beaucoup de gens l'ont vu, de descendre, à cheval, une rampe bâtie en bois, de cent quarante marches, extrêmement rapide, et, pour beaucoup, je ne me fusse pas hasardé à la monter de même.

Je me suis permis cette petite digression avec toi, chère Lucie, parce que la théorie peut t'en être utile lorsque tu voyageras avec moi dans ces montagnes, car il n'est pas encore de moyens plus commodes que le cheval pour parcourir cette contrée, dont, sans cela, on ne pourrait connaître qu'une bien faible partie.

Il nous restait encore assez de jour lorsque nous fûmes arrivés au pied de la montagne, pour profiter de nos chevaux loués et faire une traite jusqu'à Barèges, éloigné seulement de deux lieues de poste; en voyage il ne faut pas perdre un moment. Il nous fallut aller un peu vite pour n'être point surpris par la nuit, et je m'émerveillais en voyant nos petits chevaux montagnards, malgré la tournée fatigante qu'ils venaient de faire, maintenant sur la grande route, fournir un trot allongé ou un temps de galop aussi bravement et avec un pas aussi sûr que lorsqu'ils gravissaient, peu de temps avant, les sentiers rocailleux et escarpés de la montagne. Au surplus la route de Saint-Sauveur à Barèges, qui cotoie un rapide torrent, est elle-même assez montueuse. Barèges n'a d'intéressant que ses sources salutaires, et ni le lieu ni ses environs n'offrent rien de remarquable. Une chose assez singulière, c'est que le même chemin qui, en allant, paraît presque monotone parce qu'aucun objet n'y sert de point de vue, au retour est pittoresque au plus haut degré, et cela uniquement parce qu'en haut les pentes de neiges sur lesquelles Saint-Sauveur est appuyé, et en bas les profondeurs de la riante vallée de Luz, lui servent de perspective.

En chevauchant au pied de la chaîne de Saint-Sauveur, nous aperçûmes à l'heure du crépuscule, sur la cime que nous avions visitée le matin, et à l'endroit même où nous nous étions arrêtés, un petit nuage doré qui glissait doucement, poussé par le vent du soir : on eût dit le char brillant et léger d'une fée ; mais, hélas ! ici il n'y a plus ni fée ni génie des montagnes ! le peuple de ces contrées a oublié jusqu'à leur nom. Le souffle prosaïque de France a depuis long-temps tué ces tendres divinités aériennes qui donnent encore tant de charmes et de poésie aux rochers de l'Irlande et de tant d'autres contrées. Peut-être la nouvelle école française réussira-t-elle à opérer leur résurrection ; peut-être !....

Après la fatigue et le froid éprouvés dans cette journée, qu'un bon poêle allemand, réchauffant toute la chambre, serait agréable à trouver en rentrant chez soi ! mais il ne faut point penser à cela dans mon logis d'été ; je dois même remercier Dieu quand je suis parvenu à allumer dans ma cheminée un feu assez mesquin près duquel, me chauffant du moins un côté, je puis manger un souper qui, aujourd'hui par parenthèse, n'est pas des plus excellens.

SUITE.

Gavarny, le 29.

Au lever du soleil, ce qui veut dire ici, à dix heures du matin, je montai à cheval pour courir au célèbre amphithéâtre de Gavarny. Que la route jusque-là est délicieuse ! Pendant la première demi-heure on côtoie, par une pente doucement ascendante, le gave que l'on entend gronder à une profondeur de six à huit cents pieds au-dessous de soi, et dont les rives rocheuses surplombent au loin ses eaux, de telle sorte qu'elles offrent souvent au-dessus moins d'ouverture qu'au-dessous. Le chemin, qu'aucun parapet ne protége, est si étroit que l'on a peine à éviter la rencontre d'un âne chargé de bois ; d'ordinaire le guide sert lui-même de gardefou vivant au voyageur, en se tenant constamment du côté du précipice: aujourd'hui je pris les deux rôles *du fou, comme du guide,* car dans le sentiment de sécurité que m'inspirait mon bon petit coursier, j'éprouvais un indicible bonheur à trotter à un pied de distance du bord, et à voir, presqu'à pic, le gave, blanc comme lait, bouillonner sous mes yeux, au fond du précipice. L'habitude n'atténue pas seulement la peur du danger, mais encore elle la change en plaisir; toutefois l'imprudence fait aussi bien des victimes. Il y a quelques années qu'un voyageur inattentif l'éprouva d'une manière funeste : en cotoyant trop près du bord, le pied lui manqua, et il tomba à plus de huit cents pieds sur les rochers du gave. Le curé de Gaverny, nommé Cantonel, appelé sur les lieux, donna dans cette occasion un bel exemple de courage évangélique: au péril de sa vie, il se fit descendre dans le gouffre à l'aide de cordes, et trouva le malheureux respirant encore; les consolations de la religion, qu'il lui prodigua, rendirent la mort de l'infortuné moins affreuse. L'orghne de la prévoyance me préserva d'un semblable malheur, car je ne risque jamais rien sans réflexion. Cet organe est certainement très utile, mais il nous prive d'une foule de jouissances agréables. Maudite prévoyance! s'écrie non sans raison le corsaire Trelawney, à quoi sers-tu ? si ce n'est à changer continuellement nos joies en soucis ! Mais tel est notre sort : et tout a son bien et son mal dans le meilleur des mondes!

A mesure que le chemin s'élève, et après avoir traversé des entassemens de rochers où règne la plus vigoureuse végétation, que mille cascades embellissent et qu'un écho très distinct rend plus intéressant encore, les chênes, les hêtres et autres arbres au feuillage annuel, commencent à disparaître, et les rochers, là où la terre tient encore, ne sont plus couverts que de buis et de rhododendrons; plus loin, ces derniers cessent également. Il est vraisemblable que les flots diluviens ont jadis bouleversé la partie haute de ces montagnes colossales, et c'est aussi pourquoi on appelle cet endroit *le chaos;* dénomination qui du reste n'a rien d'exagéré. Je trouvai ici que les Pyrénées avaient une ressemblance frappante avec les pittoresques montagnes du pays de Galles, à peu près dans le même rapport que Saint-Paul de Londres ressemble à Saint-Pierre de Rome, son modèle; c'est-à-dire que les premières l'emportent sur les secondes en grandeur, en majesté, mais c'est le même caractère.

A la sortie du *chaos* on voit les quatre fers du cheval de Roland, imprimés dans quatre blocs de rochers détachés; car ce fut dans ce lieu, assez bien choisi, que le cheval enchanté retomba après le saut prodigieux qu'il fit en partant du fatal vallon de Roncevaux, et qu'après avoir franchi le pic Blanc, il se trouva en France; ce fut alors que Roland, dans son aveugle fureur, frappa, d'un revers de sa fameuse épée, un mur de rocher de trois cents pieds de hauteur, et y fit cette énorme fente qu'on appelle encore aujourd'hui *la Brèche de Roland*.

On oublierait volontiers le monde civilisé, dans ces belles montagnes, si l'on n'était rappelé à ses importuns souvenirs par la vue des lignes de douaniers qui occupent les principaux défilés. Ces hommes, dans leur costume militaire (lequel paraît ici fort déplacé), ont quelque chose d'effrayant, et, malgré leur politesse, on est tenté de les envoyer au diable; en revanche, la rencontre d'une bande d'Espagnols au teint brun, au costume pittoresque, tout l'opposé des douaniers, me plut infiniment; c'étaient des contrebandiers sans doute, gens dont les formes athlétiques et la fière apparence contrastaient avec la douceur de leurs manières. Je me ressouvins d'avoir entendu dire qu'un Espagnol n'estimait rien à l'égal d'un cigarre, et comme j'en avais sur moi d'excellens, j'en offris un au dernier, au plus beau de la troupe; le présent parut, en effet, lui causer un grand plaisir, il me remercia, mais avec la dignité d'un roi.

Ne voulant pas déjeuner à l'auberge, assez mal tenue, de Gavarny, je courus plein d'impatience à une lieue de là pour voir ce qu'on appelle ici *le Cirque*. Toutefois ce lieu tant vanté demeura au-dessous de mon attente; les descriptions qu'on en fait sont exagérées d'une manière incroyable; ici, quelle que soit ma partialité pour les Pyrénées, je dois avouer que la Suisse offre des situations de ce genre infiniment plus remarquables. La cascade même que la nature a changée, il est vrai, au moyen du procédé fort simple par lequel elle change l'eau, non en vin (elle n'est pas assez adroite pour cela), mais en glace, ne pourrait, fût-elle d'un volume dix fois plus considérable, se comparer aux grandes chutes d'eaux de la Suisse; un écrivain français a nommé assez heureusement la cascade de Gavarny, *un tissu de vent*, tandis que le Gascon auteur du *Guide aux Pyrénées*, a l'absurde mauvais goût de la comparer au *Niagara*: c'est le petit Poucet comparé au géant.

Cependant il en coûterait peu pour donner à ce point, de lui-même déjà si imposant, un aspect bien autrement grandiose, si l'on profitait des petites cascades égarées du ruisseau qui tombe du rocher et alimentent le gave, et que l'on disposât de ces eaux pour remplir avec les deux chutes de l'amphithéâtre le bassin de celui-ci, et le transformer en un lac ainsi qu'il était jadis. Il ne faudrait, pour cela, que retenir les eaux au moyen d'une digue là où elles se sont ouvert un passage, chose que les localités rendraient extrêmement facile et qui ne demanderait certainement pas une dépense de plus de quelques milliers de francs; alors on ferait passer le chemin qui, aujourd'hui, traverse une petite plaine insignifiante, nue et couverte de fragmens de rochers, et arrive au beau milieu du *Cirque*, on le ferait passer, dis-je, à droite sous la route des mulets qui conduit en Espagne, et l'on aurait non-seulement une admirable vue de tout l'ensemble (car d'en bas ou d'en haut on a rarement une véritable idée des montagnes, la moitié de leur hauteur est toujours le point le plus favorable pour les voir). Mais les couronnes de neige de tous ces pics, en se mirant dans les eaux transparentes du lac, sembleraient doubler de grandeur, et le cirque de Gavarny acquerrait peut-être ainsi l'effet magique que lui prête seulement la générosité banale des descripteurs de voyages.

Je conseille au préfet de ce département, lequel, à ce que j'ai ouï dire, n'est rien moins que le célèbre auteur de la Campagne de Russie; je conseille à M. le comte de Ségur de prendre cette idée en considération. S'il parvient à la faire mettre à exécution, et à donner ainsi une chose trop rare dans les Pyrénées, je veux dire un lac, il aura fait un second chef-d'œuvre, qui, même ne fût-il point le célèbre Philippe de Ségur, lui assurera la reconnaissance de l'Europe. Bien plus, si toutefois ce n'était pas chose trop hardie de ma part, j'oserais presque appeler sur cet objet l'attention du digne roi des Français, lequel ne regarde jamais comme dénué d'intérêt tout ce qui peut contribuer à l'embellissement comme au bien-être de sa patrie.

Quoique l'ascension jusqu'à la *brèche de Roland* ne soit pas, dans cette saison, sans quelque danger, et ne soit même considérée, dans ce moment, que comme un véritable casse-cou, puisqu'il faut toujours grimper sans chemin tracé sur des rochers couverts de glace, toutefois, à l'aspect de cette pente escarpée, je ne pus vaincre l'irrésistible désir de la gravir. Je réservai pour le lendemain cette excusion. Demain, chère Lucie, c'est mon jour de naissance: quel beau souvenir pour moi d'avoir pu célébrer là cet anniversaire de plus; le temps magnifique d'aujourd'hui me fait espérer la possibilité de jeter, du sommet de la brèche, mes regards avides et curieux sur l'Espagne; faveur que ces montagnes, même en été, ne permettent d'obtenir que bien rarement.

En conséquence, et quoique je n'eusse avec moi pas la moindre chose de ce qui m'était nécessaire, je résolus de passer la nuit à Gavarny, et de tenter, au lever de l'aurore, cette nouvelle aventure. De retour à l'auberge, mon premier soin fut de faire l'essai de ma recette pour accommoder les pommes de terre, et pour la vérité de mon récit, je dois dire que ma tentative culinaire eut un plein succès.

Cependant, avant d'aller plus loin, permets-moi de faire ici une petite digression, chère Lucie, et de te dire à l'avance, que les journaux cette fois, ne manqueront pas de blâmer les nombreuses mentions que je fais de mes repas : dis-leur, je te prie, que ces citations multipliées cachent des vues profondes; je ne suis pas seulement *membre de la société pour la propagation des livres innocens*, mais encore membre secret *de la société des connaissances utiles*, et, comme je manque d'autre instruction, j'ai entrepris de donner à mes compatriotes, sous une forme agréable, comme en passant et sans intention, quelques idées nouvelles sur une nourriture raisonnable, chose en quoi mes chers compatriotes sont encore passablement arriérés, de répandre ces idées, et les rendre générales. De là cette quantité de cartes de dîners, et quelquefois même accompagnées de recettes de cuisine. N'oublie pas, surtout en ta qualité de femme, de répandre ces dernières !

Ainsi, du mouton d'Espagne et quelques truites que l'on fait roussir ici dans du beurre frais, ce qui donne à ce poisson un goût tout différent de celui qui résulte de sa préparation ordinaire en Allemagne, satisfit suffisamment, ce soir-là, les prétentions de ma gourmandise ; celles de mon amour pour la chaleur ne furent pas si bien traitées. Ma chambre en forme de grange, et qui compose tout l'étage supérieur de la maison, était froide comme une cave ; une vieille tenture de France, représentant une chasse ; des ognons et des jambons accrochés aux solives pour sécher, et quatre lits dans les quatre coins de la chambre, te peuvent donner une idée de ce galetas où le vent nocturne sifflait de toutes parts, et, pour comble de disgrace, on ne pouvait, me dit l'hôtesse, faire qu'un tout petit feu dans la cheminée parce qu'elle menaçait ruine.

Il faut, à cette occasion, que je te raconte une scène assez caractéristique. Je m'étais enveloppé dans mon manteau pour écrire; et quelque peu *sans façon*, il est vrai, j'avais pris l'oreiller d'un de ces lits pour mettre sous mes pieds. La fille de mon hôte, belle et quelque peu fière, s'en étant aperçue, s'en vint doucement, une espèce de gros tapis de chanvre sous le bras, tira, sans mot dire, le coussin de dessous mes pieds, entoura ceux-ci de son tapis, puis, s'étant relevée, me dit avec beaucoup de douceur : « *Monsieur, il y a des gens aussi propres que vous qui viennent ici, et qui n'aimeraient pas à reposer leur tête où vous avez mis vos pieds; nous ferons tout pour vous contenter, monsieur; mais il faut être raisonnable.* » Dans le premier moment je montai sur mes hauts chevaux, et, comme l'Anglais qui avait fait mettre la femme grosse, renversée par lui, sur son compte, je voulais aussi faire mettre l'oreiller sur le mien; mais le mot *raisonnable* atteignit ma conscience. « *Vous avez raison, ma bonne,* répliquai-je; *je vous demande pardon, et vous remercie de votre attention.* »

Après que je me fus ainsi modéré, je descendis plus tard dans la cuisine afin de me réchauffer un peu mieux, et je trouvai la mère de ma belle prêcheuse occupée à préparer mon café; je ne pus alors m'empêcher de tirer une petite vengeance de la jeune fille; elle ressemblait d'une manière frappante à sa mère, et je lui demandai, un peu malicieusement, si elles étaient les deux sœurs? La vanité est l'enfant de la nature, aussi bien que celui du beau monde; et la douce jeune fille me répondit aussitôt d'un air piqué, qu'il fallait que j'eusse de bien mauvais yeux pour ne pas voir que celle-ci était sa mère, et qu'elle ne pouvait pas être sa sœur. *Eh bien! ma chère*, repris-je, *c'est une erreur, j'en conviens, mais ne vous fâchez pas! il faut être raisonnable!*

Son petit courroux s'apaisa subitement, et pénétrant mon intention, elle prit en riant la cafetière du feu, en me disant que j'étais un *farceur* qui n'était descendu que pour la taquiner. Elle monta le café dans ma chambre, je la suivis, et lorsque nous eûmes, comme disent les diplomates, dressé les préliminaires, nous conclûmes une paix durable.

« Voulez-vous coucher dans le lit de la duchesse de Berri? me demanda-t-elle ensuite. — Très volontiers! » répondis-je, un peu surpris. Elle m'apprit alors que la duchesse, quelques années auparavant, avait visité les Pyrénées, qu'elle avait couché dans le grand lit placé à droite de la cheminée, et qu'enfin cette princesse, avec la vivacité courageuse qui la caractérise, avait voulu, malgré toutes les représentations possibles, gravir la *brèche de Roland* où quarante guides s'étaient relayés pour la porter. « Ah ça! demain, continua gaiement la jeune fille, prenez bien garde de ne pas glisser sur la glace, entendez-vous! et qu'on ne vienne pas nous annoncer un malheur!

—Oh! je ne m'inquiète pas de cela! pensai-je, mon astre me protége! » Et peu d'instans après j'étendis mes membres fatigués dans le lit assez douillet de la duchesse, mais dont les draps blancs étaient si horriblement froids que j'eus peine à m'endormir.

Le sommeil commençait à me gagner quand la servante du logis, espèce de Maritorne, une grosse et plébéienne santé avec des joues de cuivre rouge, des yeux éraillés et quelques lignes de crasse sur la figure, vint mettre ma patience à une dure épreuve. Cette fille comprenait très peu le français, et pour son usage il fallait qu'elle n'eût appris que les mots oui et non, car elle s'en servait en toute occasion; mais si elle ne parlait pas, en revanche elle chantait toujours, et à peu près avec les modulations d'un chantre au lutrin. Je l'avais appelée parce que je voulais prendre note de quelque chose qui me serait échappé si j'eusse remis au matin à l'inscrire, et le dialogue suivant s'établit entre nous :

« *Apportez-moi une chandelle et une feuille de papier, je vous prie.*

— *Oui, monsiou!*

— *Eh bien, allez donc! m'avez-vous compris? savez-vous ce que c'est que du papier?*

— *Non, monsiou!*

— *Voyez*, dis-je doucement, et m'aidant du geste, *c'est pour écrire; me comprenez-vous maintenant?*

— *Oui, monsiou!*

— *Mais allez donc me le chercher!*

— *Non, monsiou!* »

Ici les trois juremens nationaux m'échappèrent, et j'ajoutai, tout en colère : « *Que mille tonnerres vous écrasent! vous êtes une insupportable créature!*

— *Oui, monsiou!* » Et elle ne bougeait pas de place. Réduit au désespoir, je m'enfonçai dans mon lit; puis tirant la couverture sur ma tête, j'abandonnai le champ de bataille à la Maritorne, et j'éprouvai une véritable satisfaction en l'entendant enfin s'éloigner en gromelant, dans son patois, quelques mots tout-à-fait inintelligibles; mais suivant la mode du pays, en s'en allant, elle laissa la porte toute grande ouverte, et, tout en pestant, je fus encore obligé d'aller la fermer.

Reblotti dans mon lit, je ne pus ni l'échauffer ni m'endormir avant plusieurs heures, et ce ne fut que vers le matin que je goûtai un sommeil pénible et agité par des rêves extravagans. Il me semblait que je vivais en 1750 ou 60, que j'étais un comte de L***, jeune vaurien *qui faisait journellement des siennes* pour lesquelles, et attendu que mes gouverneurs ne pouvaient me maîtriser, on m'avait remis à la garde de trois vieux membres de la famille, qui me tourmentaient à l'envi l'un de l'autre. Le premier, une longue, maigre et chagrine figure, me présentait, à chaque instant, avec ses doigts en forme de pinces de homards, une horrible et dégoûtante médecine, en me répétant sans cesse : « Prends, mon fils ! prends ; autrement tu souffrirais, comme moi, d'une obstruction du bas-ventre ! » Et pendant ce temps-là un domestique lui apportait des huîtres, du caviar, du vin de Champagne qu'il avalait en soupirant, tandis que, plein de rage, il fallait me gorger de ma médecine.

Le second de mes persécuteurs était quelque chose de plus effroyable encore, c'était un hideux apostat qui était secrètement devenu juif; il me fournissait, il est vrai, de l'argent pour toutes mes folies, mais il me forçait, en même temps, à recevoir, comme comptant, toutes sortes de denrées hétérogènes, telles que de vieux portraits de famille, des seringues, des livres de prières, etc., etc.; et quand le court délai qu'il m'avait accordé pour le remboursement était arrivé, alors, par le calcul des intérêts, et l'intérêt de l'intérêt, le change, l'agio (et Dieu sait encore quelles litanies il me chantait!), il faisait monter au double la somme prêtée; et lorsque je ne voulais point payer, il me menaçait sans pitié comme Shylock de me couper un morceau de chair sur les côtes.

Mais le plus furieux et celui qui me martyrisait le plus, c'était le dernier; un dilettante en théologie, avec un long nez, un habit gris de cendre, et des bas noirs; celui-ci, chargé de m'administrer l'instruction religieuse, me faisait répéter avec lui, trois fois par jour, le plus insipide bavardage, me forçait à lire, durant des heures entières, les plus ennuyeux, les plus misérables écrits, et à apprendre par cœur, jusqu'à me rendre fou, de pitoyables rapsodies qu'il appelait poésies religieuses, capables de dégoûter à jamais du christianisme.

Durant toute la nuit, je fus en proie à ces trois fantômes; quand je m'éveillai, une faible lumière me donnait dans les yeux, et la grosse face de la Maritorne m'apparut de nouveau.

« Qu'est-ce qu'il y a donc? m'écriai-je avec effroi, *serait-il déjà temps de partir?*

— *Oui, monsieur, plouviance!*

— *Il faut donc se lever?*

— *Non, monsieur, plouviance!*

— *Que voulez-vous dire avec votre plouviance? est-ce que cela signifierait qu'il pleut?* »

Ici Maritorne fit un ricanement en répétant: *Oui, monsieur, plouviance!...* Je compris alors tout mon malheur! il pleuvait en effet. Tous mes beaux projets étaient anéantis; c'était en vain que j'avais espéré braver chevaleresquement les dangers de cette aventure; en vain je m'étais muni, dans le cabinet de lecture d'Argèles, d'un *Orlando furioso* pour lire le premier chant sur la brèche célèbre; en vain je m'étais flatté du doux espoir de donner un splendide éclat à mon jour de naissance et de pouvoir, du point le plus élevé des Pyrénées, contempler avec un orgueilleux contentement de moi-même les champs de la vaillante et romantique Espagne! Toutes ces espérances s'étaient évanouies sous le brouillard pluvieux qui couvrait le vallon. Bientôt il se résolut en pluie; le ciel en versa des torrens, et tout ce qu'il y a de plus prosaïque menaça d'anéantir le jour qui, tant d'années auparavant, m'avait vu naître à la vie agitée!

SUITE.

Le 30...

Je n'ai jamais commencé mon jour de naissance d'une façon aussi à la Robinson Crusoé, qu'aujourd'hui; pas seulement une brosse pour mes dents, pas d'autre peigne que mes doigts pour ranger mes cheveux; je te fais grâce des autres privations...

Lorsque j'eus renvoyé, avec colère, la Maritorne, je sautai à bas du lit en grelottant, car nulle flamme bienfaisante et amie n'éclairait le foyer; j'avais consommé la veille tout le combustible mis à ma disposition : note bien que ce combustible consistait en trois ou quatre rondins tout mouillés! Je suis persuadé que les gens de ce pays-ci n'ont aucune idée de ce qu'est un bon et véritable feu, comme on en fait chez nous; pétillant, s'élevant en tourbillons et lançant mille joyeuses étincelles: le froid, le grelottement habituel doit être, pour eux, une sorte d'état naturel. Hier lorsqu'on eut allumé à grand peine deux ou trois brins de fagot dans la cheminée, mon hôtesse ne put s'empêcher de s'écrier plusieurs fois et avec extase : Ah! mon Dieu que voilà un bon feu! tandis que moi, dans la mauvaise humeur où j'étais, et n'ayant pas seulement un soufflet pour animer la flamme, je soufflais comme un vieux cheval poussif pour tâcher de le faire flamber.

Mais les extrêmes se touchent, et, au lieu de feu pour me réchauffer, ce matin je me plongeai le visage et les mains dans de l'eau glacée; on supporte tout par l'habitude, et je commençai dès-lors à m'aguerrir. Je continuai donc ma toilette qui, par la manière un peu cynique à laquelle j'étais réduit à la faire, fut terminée en quelques secondes, ce qui me fit légèrement entrevoir que la malpropreté était du moins assez commode; je demandai ensuite mon compte. Nouvelle contrariété! car ici, et certes je ne m'y attendais guère, en raison de ce mauvais gîte et du dénuement de toutes choses que j'y avais éprouvé, je fus, à ma grande surprise, vigoureusement écorché. Croirais-tu que l'on n'eut pas honte de me demander vingt francs? Toutefois il paraît que ces bonnes gens n'étaient pas encore tout-à-fait endurcis dans le péché; car à l'expression de mon indignation ils réduisirent leurs prétentions d'un tiers, et attribuèrent la plus grande partie du reste de la dépense, à la quantité de bois que j'avais brûlé!.

Je jetai un regard plein de tristesse sur mes deux guides qui, assis dans la cuisine, m'attendaient munis de cordes, armés de crampons et de pieux à glace, enfin tout prêts pour l'ascension à laquelle il me fallait renoncer; je les congédiai avec une véritable douleur, et, poussant un soupir, je montai à cheval enveloppé d'un voile de pluie, et repris, à regret, le chemin de Pierrefitte. Ah! si je me fusse confié à mon étoile, homme de peu de foi que je suis! si, en dépit de la pluie et des brouillards, j'eusse poursuivi l'entreprise, avant deux heures le soleil eût paru, le plus beau ciel eût souri à mon audace! Ce fut en effet ce qui arriva; la pluie cessa, les nuages se dissipèrent, et il n'en resta que ce qu'il fallait pour embellir, en se jouant, le front des montagnes.

Cependant, en y réfléchissant bien, quelles affreuses fatigues n'eussé-je pas été obligé d'endurer dans cette course de plus de huit heures, sans compter les dangers réels qui y étaient attachés. Il faut gravir un mur de rocher perpendiculaire de peut-être mille pieds de hauteur, sur une espèce de canelure qui n'a pas un pied de large, et qui, dans ce moment, est couverte de glace du haut en bas; arrivé là, le premier guide fait une entaille dans la glace, y pose le pied, marque un autre degré au-dessus, et ainsi de suite jusqu'à la fin; c'est dans cet escalier scabreux que le voyageur, une corde nouée autour du corps, de peur d'accident, suit l'autre guide qui le tient par la main. Cette même opération se renouvelle plus d'une fois, car il n'y a pas d'autre chemin pour arriver à la brèche; autrement il faut chercher la direction au hasard, gravir les roches aiguës, faire mille détours, et quand la glace vous barre le passage, il faut l'ouvrir de nouveau avec la hache. Ce qu'il y a de pis, c'est que dans cette saison la glace n'est pas encore tout-à-fait cristallisée; elle est molle, peu sûre, et si pendant qu'on y fait une entaille, la masse entière se détache, et c'est ce qui arrive quelquefois, alors on est perdu sans ressources. Voilà, du moins, ce qu'on m'a raconté, si toutefois, pour me consoler, on ne m'a pas exagéré les difficultés de cette entreprise. Ce qui me paraît inconcevable, c'est que les Pyrénées étant aussi fréquentées qu'elles le sont chaque année, on n'ait pas encore imaginé un chemin praticable pour les étrangers. En Suisse cela serait fait depuis longtemps. Je me consolai donc comme une vieille femme en me disant que sans doute le ciel avait envoyé cette pluie matinale, tout exprès pour m'empêcher de me rompre le cou; et enfin je pensai avec raison que le but principal de cette excursion, mon désir de voir l'Espagne, eût été manqué, car il était très problématique que la quantité de nuages qui chargeaient le ciel, malgré sa magnifique apparence, m'eussent permis de satisfaire ce désir. A force de raisonner ainsi, je me trouvai bientôt dans une meilleure disposition d'esprit, et ce fut avec le même plaisir éprouvé la veille, que je fis, éclairé par les rayons bénis d'un beau soleil d'automne, la route jusqu'à Saint-Sauveur. Les environs sont, à mon avis, plus intéressans que tout ce qu'offre le cirque tant vanté, du moins autant que j'ai pu juger de celui-ci, d'en bas et du *pont de neige* sur lequel j'étais placé.

A l'endroit le plus étroit du chemin, justement là où il fait un coude, nous rencontrâmes trois voyageurs à cheval; celui qui était en tête fut obligé de mettre pied à terre, mon guide en fit autant; sans cela il eût été impossible de passer; le cheval de l'étranger fut détourné de la route avec peine et rangé le long du rocher dans un endroit un peu plus large, et ce ne fut pas sans quelque danger que nous parvînmes, les uns et les autres, à nous tirer de là. Ces voyageurs étaient trois marchands espagnols singulièrement enveloppés de manteaux de taffetas cirés, avec des barbes noires et cette physionomie exotique qui les caractérise. Ce groupe, au milieu du lieu appelé le *chaos*, eût fourni un joli sujet fantastique à un peintre.

Quoiqu'il fût près de midi lorsque nous arrivâmes aux *Échelles* (là où périt, comme je te l'ai dit précédemment, ce jeune voyageur qui fut précipité dans l'abîme), le chemin était souvent couvert d'une ombre froide et glacée, attendu que les montagnes, élevées jusqu'aux nues, nous dérobaient entièrement la vue du soleil; et même dans ces terribles profondeurs où le gave roule ses eaux, il y a des endroits qui n'ont jamais reçu un seul de ses rayons, ni la moindre empreinte du pied de l'homme.

Comme on ne peut aller de Saint-Sauveur à Cauterets, par le bas de la montagne, qu'à pied et en courant les plus grands dangers, il faut retourner à Pierrefitte qui fait la pointe du triangle, et de là on prend une autre branche du chemin qui descend dans la gorge de Cauterets où commence le gave de Lactour; si ces deux torrens paraissent frères jumaux, les deux vallées qu'ils arrosent peuvent se nommer sœurs, tant elles sont, à la fois, semblables et pourtant variées d'aspects, et toutes deux d'une si égale beauté, qu'il est presque impossible de décider laquelle mérite la préférence. Les rivages escarpés de l'une des rivières qui sort de la gorge et se rend vers Luz, sont plus grandioses; ici, au contraire, une riche et vigoureuse végétation réjouit la vue; les groupes de vieux noyers, que la route cotoie, l'épais tapis varié de mille couleurs qui couvre la pente des montagnes au sommet desquelles commencent les forêts de sapins, tandis qu'à leur base toutes sortes d'arbres au feuillage annuel, étendent leurs frais et magnifiques ombrages, tout rend ce côté enchanteur. La forme des pics qui entourent la vallée de *Cauterets* est aussi plus singulière, mais le chemin est beaucoup plus pénible, et plus d'une fois, il devenait si raide, si escarpé, que je fus obligé d'en faire à pied une grande partie, quoique j'eusse repris mon cabriolet pour me rendre à Cauterets; au surplus j'ai appris dans cette tournée que l'on peut très bien, avec un lourd cabriolet français, épargner à un cheval la fatigue au moins d'une lieue sur quatre. Cela dépend de la manière dont on s'y tient placé; il faut, dans les descentes, se rejeter, autant que possible, en arrière (comme on le fait en pareil cas quand on monte à cheval), et dans les montées, au contraire, on doit porter tout le poids de son corps en avant.

Les eaux de Cauterets sont les plus énergiques de toutes les eaux des Pyrénées, et en même temps les plus abondantes. César en avait, dit-on, éprouvé l'efficacité; de là vient qu'une de ces sources porte son nom; une autre rappelle le souvenir de la reine Marguerite; une troisième celui d'un roi maure dont je ne me rappelle plus le nom. De quelques-uns de ces bains qui sont placés très haut sur les montagnes, on jouit d'admirables points de vue. Mais quant aux soins et à la propreté, ils sont, à cet égard, aussi peu avancés qu'à Saint-Sauveur.

J'arrivai à Cauterets assez à temps pour faire, suivant ma coutume, une promenade. Une aimable enfant de douze ans, dont le gracieux patois rappelle, à chaque instant, le voisinage de l'Espagne, me servit de guide. Elle s'appelle Léocadie, et la montagne que nous avons gravie ensemble se nomme le *pic di Pighiera*. Quels jolis noms!

Je trouvai ici une très bonne auberge, mais établie seulement pour l'été ; une chambre chaude n'est point à espérer dans ces cantons : aussitôt qu'on demande ici la moindre chose, on vous répond : En été, vous auriez tout cela, mais maintenant!.... Je ne pus seulement me procurer un cahier de papier à lettre, car tout le mien était consommé ; impossible d'avoir une gazette, il n'en venait plus une seule au bourg. Les lieux de bains doivent être en hiver comme des villages abandonnés, ou dont tous les habitans auraient péri ; déjà même en automne, il en est presque ainsi ; c'est par hasard que la maîtresse de cette auberge s'y trouvait encore, mais aussi elle y était seule ; elle sera obligée de louer un valet et une servante pour tout le temps de mon séjour, et ceux-ci quitteront la place aussitôt après mon départ. Les rues sont entièrement désertes, et, quoiqu'on lise partout sur les murs, en lettres longues d'une aune d'après la manière française, *tailleur, libraire, traiteur, remises, chevaux à louer*, etc., on ne voit partout que des boutiques fermées et des portes barricadées, quoique ce soit pourtant encore une espèce de saison de bains, car les paysans, après le départ du beau monde, viennent, à la manière de leur bétail, s'échauder en foule aux sources; mais comme personne ne s'inquiète de ces nouveaux baigneurs, qu'ils n'ont point de médecin pour les soigner, et que, comme je l'ai vu moi-même, ils ne savent pas prendre la moindre précaution contre le refroidissement, ni enfin suivre aucun régime, je suis persuadé que la plupart de ces malheureux meurent plutôt qu'ils ne guérissent. Cette année, surtout, la foule a été grande parce que l'affreux choléra qui ravage, dit-on, l'Espagne s'est montré à quelques lieues d'ici : ces gens, dans leur imbécille crédulité, pensent que leurs eaux doivent guérir toutes les maladies.

Lorsque je fus revenu à mon auberge, que me restait-il à faire pour célébrer enfin dignement mon jour de naissance? Je songeai aussitôt à tout disposer pour une veillée bien conditionnée. (Je m'étais précautionné du bois nécessaire pour cela.) Quand le feu fut allumé, je préparai, suivant une recette anglaise (dont je fais grâce aujourd'hui à nos journalistes), un excellent bowl de punch d'Oxford, je remplis ma boîte à cigarres, posai un cahier de papier devant moi, et le résultat de tous ces préparatifs est sous tes yeux, ma Lucie; car j'ai écrit la plus grande partie de ceci cette nuit-là, jusqu'au chant du coq. Si son contenu ne répond pas à la richesse de la matière, du moins il pourra t'abréger agréablement quelques heures, et, dans tous les cas, te prouver que toujours ton souvenir est mon plus fidèle compagnon.

Hermann.

LETTRE XII.

Le Saut de l'ours. — Course sur la glace. — Le lac de Gaube. — Les amans submergés. — La chapelle de Poncy. — Tel chien, tel maître. — Une troupe de fées. — Description d'un château. — Ruines de Beaucens. — La tour de Vidalos. — Mirage des Pyrénées. — Les nuages. — La mère bien intentionnée. — Donjon de Gaston Phœbus, comte de Foix. — Sage maxime de Jeanne d'Albret.

A LA PRINCESSE P*** DE M***.

Tarbes, le 20 novembre 1834.

J'ai reçu hier avec une grande joie, chère Lucie, et grâce à ta ponctualité exemplaire, ta prompte réponse à ma longue homélie sur les montagnes. Est-ce que réellement tu n'es pas fatiguée de mes descriptions? Tu en exiges encore d'autres impérativement; elles te font, dis-tu, porter avec plus de courage le poids de la vie habituelle? Eh bien! il ne me sera pas difficile de te satisfaire; voici une seconde partie qui ne le cédera guère en étendue à la première; et si l'une t'a si vivement intéressée, j'ose espérer pour l'autre le même succès.

Je reprendrai mon récit où j'en suis resté; mais auparavant, il faut que j'intercale ici quelques réflexions sur le genre descriptif. Plusieurs autorités littéraires en blâment l'usage, et même l'homme qui sent si vivement les beautés de la nature, l'aimable Charles Nodier, s'écrie souvent: *Description, que me veux-tu?* Toutefois des reproches vagues ont peu de valeur, je ne les admets que lorsque l'auteur descriptif se jette dans le pathos, et je conviens que rien n'est plus propre à causer l'effet contraire à celui qu'il se propose. Mais si l'on sait rendre les images de la nature de telle sorte que le lecteur reçoive une impression pareille à celle que le spectateur a ressentie, on n'a plus besoin de s'imposer la règle établie, ou l'on peut s'en faire soi-même une nouvelle.

SUITE DU VOYAGE DANS LES MONTAGNES.

Cauterets, le 31 octobre.

Un genre de beauté propre aux montagnes des Pyrénées, c'est d'être, au printemps et en été, revêtues, en raison de l'extraordinaire richesse de leur sol, d'une profusion de feuillages et de fleurs. Cette vigueur de végétation fait que la plus grande partie de la montagne est en tous temps couverte de rhododendrons, et même je trouvai aujourd'hui sur la pente d'une colline une prairie toute parsemée de belles fleurs en cloches, d'un bleu foncé, dont je fis en me promenant un bouquet délicieux. Je m'étais levé à dix heures (quoique le soleil se lève ici, ou plutôt paraît, une heure plus tôt qu'à Saint-Sauveur), pour aller visiter le *pont d'Espagne* et le *lac de Gaube*. Le temps était encore très beau, si ce n'est que, de temps à autre, le ciel se couvrait de nuages, lesquels me cachaient souvent le soleil, et plus souvent encore me dérobaient la vue de quelques cimes; toutefois le ciel un peu sombre s'accordait peut-être mieux encore avec l'aspect sévère de la vallée de Jeret. Cette affreuse solitude, qui n'est qu'une plaine couverte de pierres amoncelées qui tombent journellement du *Vignemale*, et que l'impétueux gave de Marcadon bouleverse avec fureur, tandis que celui-ci, de cent pas en cent pas, se précipite des rochers, en cascades plus ou moins hautes; cette solitude, dis-je, paraîtrait encore plus horrible, si la nature ne l'avait revêtue de tous côtés comme d'un voile de hauts sapins, de verts mélèses, et enfin de petits arbrisseaux, qui peu à peu s'unissent et se joignent à une épaisse forêt. Les nombreux et élégans établissemens de bains, et qui s'étendent jusqu'à une lieue autour de Cauterets, apparaissent d'une manière très pittoresque et très originale, dans ces lieux qui sont presque le domaine des ours et des isards. Aussi, le contraste est d'autant plus frappant, qu'on ne voit que des mulets ou de petits chevaux de montagnes sur les chemins sinueux qui conduisent à ces demeures de marbre. Ces sources salutaires paraissent devoir être inépuisables; il en est beaucoup, et entre autres la plus abondante de toutes, que j'ai entendue murmurer au loin, et dans laquelle on peut faire cuire un œuf en cinq minutes, qui ne sont pas encore mises en réputation par la mode. J'en visitai quelques-unes qui n'étaient pas encore complétement organisées en bains publics, et j'en trouvai les eaux limpides, abondantes, et tenues d'une manière plus propre que celles de Cauterets et de Saint-Sauveur. Il n'est pas nécessaire de dire que le marbre n'est pas plus épargné dans ces nouveaux établissemens que dans les anciens, car cette précieuse matière est ici aussi commune que l'est chez nous le sable.

Le val de Jeret, enfermé entre les deux chaînes montagneuses du Mounné et du Vignemale qui se rapprochent souvent jusqu'à presque se toucher, est extraordinairement beau par ses aspects divers; ses crêtes de rochers découpées d'une manière bizarre, s'élèvent à une grande hauteur, et dans leurs anfractuosités, les arbres verts plantent leurs racines pour atteindre jusqu'à leurs cimes neigeuses. En face s'avance enfin le haut pic du Vignemale, à dix mille pieds au-dessus de la mer, et dont les glaciers éternels descendent plus loin en pente, jusqu'au lac de Gaube.

Après une demi-heure du chemin le plus difficile, nous arrivâmes à un endroit très pittoresque qu'on a nommé *le Pas de l'ours*, parce qu'il y a quelques années, un ours poursuivi par des chasseurs, monta ici sur un sapin de la cime duquel, par un prodigieux effort, il s'élança de l'autre côté du gave, qui a là plus de quarante pieds de large, et échappa ainsi à la poursuite dont il était l'objet. Une demi-lieue plus loin on rencontre la cascade de *Cerisaie*, une des plus célèbres des Pyrénées, et qui, en grandeur, peut le disputer aux plus belles chutes d'eaux de la Suisse. Elle est à peu près une fois aussi haute et aussi abondante, quoique divisée en deux torrens, que la Kochelfall du Resenbach (en Prusse), mais pour la bien voir, il faut gravir aux deux tiers de sa hauteur. Celui qui ne craint pas le vertige, en se plaçant sur l'esplanade de rochers qui s'avance entre les deux chutes jouira d'un coup d'œil enchanteur : d'abord la vue de la cascade déjà assez curieuse par elle-même, puis celle de ces noirs rochers aux formes bizarres, et de ce vaste entonnoir au foud duquel les eaux se précipitent en bouillonnant; l'aspect non moins pittoresque des environs plantés de vieux sapins, recouverts d'un frais gazon et d'épais lits de mousse ; puis à l'heure de midi le spectateur verra tout à coup une porte transparente, comme un arc de triomphe en pierreries chatoyantes, élevé à l'entrée du palais des fées, se dresser peu à peu un magnifique arc-en-ciel, se courber au-dessus de sa tête et s'appuyer sur les bases latérales du rocher.

On remarque fréquemment de semblables effets auprès des cascades, mais je ne me souviens pas d'avoir vu ce phénomène d'une forme aussi parfaite et enrichi de couleurs aussi décidées que dans cette occasion; l'état particulier du soleil, qui lançait dans ce moment ses rayons à travers deux sombres nuages, contribuait encore à rendre cet effet plus grandiose.

Le chemin devint alors presque impraticable pour les chevaux; en plusieurs endroits il était couvert de glace. Avant que je me fusse aperçu de cette dernière circonstance, mon petit genet glissa et s'abattit; heureusement que ce n'était pas dans un endroit trop dangereux, et qu'avec l'aide de mon bâton de montagnard je fus bientôt remis sur mes pieds. Pour l'animal, il ne bougea pas, et quand je me fus débarrassé de lui, il se laissa relever par mon guide comme une demoiselle. Je résolus dès lors de faire la route à pied. Peu de temps après, nous arrivâmes au pont d'Espagne, passage dangereux où de gros troncs d'arbres sont jetés sans garde-fou au travers du gave, qui dans sa course précipitée forme aussi trois cascades très remarquables. De ce pont, un sentier conduit sur les frontières d'Aragon, et je sentis une extrême tentation de prendre ce chemin. Il m'était presque douloureux que mes autres plans de voyages m'empêchassent de jeter seulement un regard sur cette contrée désirée, autour de laquelle j'errais depuis tant de jours; peut-être même n'aurais-je pas su vaincre cet impérieux désir, si l'on ne m'eût point dit que dans cette saison déjà avancée, on était souvent surpris par les neiges dans les cols étroits des montagnes, et qu'alors ne pouvant ni avancer ni reculer, on était obligé de passer des semaines, et quelquefois des mois, dans une misérable hutte en attendant que le retour du beau temps vienne rouvrir les passages. Cette raison suffit pour refroidir mon envie, et je me résignai à revenir sur mes pas. Après que nous eûmes visité les autres chutes d'eaux, contemplé en détail la contrée sauvage, qui mérite singulièrement bien le nom de *Gorge aux loups* qui lui a été donné, après surtout que j'eus gravis péniblement, et à pied, jusqu'à la plus considérable de ces cascades, alors à moitié glacées, pour conquérir une épée de glace de trois pieds de long que mon guide fut obligé de porter jusqu'à ce qu'elle se fondît, nous dirigeâmes notre course vers le lac. Pendant cette marche j'eus plus d'une occasion de me convaincre combien l'ascension projetée à la brèche de Roland m'eût offert de difficultés; car quoique le sentier que nous suivions ne fût pas très fatigant, et qu'en été il n'offre pas d'autres dangers que ceux d'une montée assez mauvaise, aujourd'hui c'est tout différent; nous trouvâmes tant de passages rendus scabreux par la neige et la glace non encore affermie que ce fut à grand'peine, et avec de grandes précautions, que nous parvînmes à nous tirer de là sans malencontre.

Dans cette circonstance, mon petit *grimpe-montagne* ne fut pas plus habile que moi; nous tombâmes deux fois; et mon guide lui-même, malgré ses *spadillas*, espèce de chaussure en chanvre tressé, avec lesquelles on est moins sujet à glisser qu'avec des souliers et des bottes ordinaires, mon guide se laissa choir plus d'une fois. A cette occasion, il me raconta qu'un jour il avait accompagné quatre Anglais dans cette même excursion, et à la même époque de l'année; ces étrangers étaient, suivant l'expression de mon guide, d'assez passables *grimpeurs*. Mais quand il fallut commencer à descendre, et surtout lorsque la nuit vint, il ne leur fut plus possible de se tenir sur leurs jambes. Dans cette extrémité, le pauvre guide fut obligé de les transporter sur son dos l'un après l'autre jusqu'aux bains de Railhières, non loin de Cauterets; le dernier de ces voyageurs mourut vers minuit, des suites de la fatigue, et surtout du froid qu'il avait enduré en attendant du secours.

En terminant notre excursion sur les glaces, nous passâmes près d'un vénérable sapin d'une structure singulière, car il avait plusieurs tiges, et ses vastes rameaux étendus au loin étaient chargés de guirlandes de mousse verte. Nous en mesurâmes le tronc, et nous lui trouvâmes vingt-trois pieds et quelques pouces de circonférence. Il faut que dans l'origine, plusieurs jeunes arbres ayant crû ainsi tout près les uns des autres, aient fini, par la suite des temps, par ne faire qu'un seul arbre, car le tronc de celui-ci n'est pas rond, mais comme cannelé. Pendant que nous examinions cette singularité, nous entendîmes un coup de fusil, et nous vîmes un isard se précipiter des rochers qui étaient au-dessus de nous : un chasseur montagnard venait de l'abattre. Bientôt nous découvrîmes ce dernier qui se hâtait de poursuivre sa proie; ce fut pour moi un évènement agréable, car jusqu'ici je n'avais pas eu d'occasion de voir cet animal en vie. L'isard est une espèce d'antilope avec deux cornes noires et courbées, et tout à fait semblable à nos chevreuils, seulement plus fort et plus agile encore : mon guide prétend avoir vu un isard poursuivi, faire un saut de plus de trente pieds. Lorsque nous eûmes rejoint le chasseur, je lui achetai pour huit francs un quartier de l'animal (c'est le meilleur morceau rôti), et la dépouille de la tête. Je pris aussi le cœur et le foie pour mon souper de ce soir.

Au bout d'une heure de marche, et déjà passablement fatigués, nous atteignîmes enfin le lac de Gaube, l'un des plus considérables des Pyrénées. La cabane du pêcheur qui se trouve sur ses bords, est maintenant déserte et abandonnée. On ne l'habite que l'été; une grande table dressée devant la porte en plein air, mais protégée par un petit toit, et deux verres cassés, furent toutes les ressources que ce point, indiqué comme celui d'une halte dans les montagnes, put nous offrir.

L'eau de ce lac est si transparente, que bien que sa profondeur au milieu soit estimée à plus de trois cent cinquante pieds, l'œil plonge facilement jusqu'au fond à travers son cristal pur et verdâtre. On y aperçoit un amas confus de pierres et de gros arbres entraînés par les avalanches de la montagne, et entre les branches desquels se jouent de grosses truites, seules habitantes de ces eaux glaciales. Le lac peut avoir à peu près une demi-lieue ou trois quarts de lieue de tour : il est enfermé de tous côtés par de hauts rochers. En face, le pic du Vignemale, avec son glacier azuré, offre un bel aspect. Du reste, la contrée est une des plus abondantes en gibier, et la plus favorable pour la chasse de l'isard, aussi bien que de l'ours et du loup.

Pendant que j'examinais le paysage, mon guide avait ouvert le panier aux provisions, et nous nous mîmes *à table d'hôte*, comme il disait plaisamment en parlant de la table délabrée de la hutte; et comme il n'avait pas, à beaucoup près, un aussi bienheureux appétit que mon jeune guide de Bergonce, il eut le temps, tout en mangeant, de me raconter de son mieux une tragique aventure arrivée l'été dernier sur ce même lac.

M. E*** avait épousé en Angleterre une jeune personne dont il était vivement épris, et qui l'aimait aussi avec une extrême tendresse; après la noce, le voyage de rigueur, ou *le tour*, comme disent les Anglais, fut résolu.

La fortune des deux époux leur permettait d'étendre cette excursion aussi loin que le ciel serait bleu, autant que durerait leur caprice de voyage. Entourés de toutes les recherches du luxe et de l'opulence, goûtant toutes les jouissances que peut procurer l'argent, tous deux jeunes, beaux, aimables, et dans ce doux *mois de miel* d'un heureux mariage, qui n'eût pas envié leur sort! ou plutôt, qui ne se serait pas sincèrement réjoui à l'aspect d'une félicité terrestre aussi rare!

Les jeunes époux, que le charme d'un sentiment partagé rendait inséparables, après un court séjour à Paris, dont la vie bruyante contrariait peut-être leurs tendres et pastorales dispositions, arrivèrent enfin dans les Pyrénées. Déjà les voyageurs avaient goûté dans toute sa plénitude le plaisir de parcourir ces monts *paradisiens*, et celui plus doux encore d'en admirer ensemble les beautés, lorsqu'ils résolurent enfin de terminer leur voyage par le val de Jeret. Hélas! cela devait s'exécuter à la lettre!

Les circonstances qui accompagnèrent cet évènement sont en effet extrêmement singulières, et comme marquées du sceau de la fatalité.

Portés tous deux par quatre montagnards, et précédés d'un guide, ils arrivèrent à l'heure de midi sur les bords du lac de Gaube : après avoir quitté leur palanquin, et s'être quelque temps promenés sur le rivage, la jeune femme témoigna le désir de faire un tour sur le lac avant de déjeuner, pour se rafraîchir. Par le plus fatal hasard, ou par l'effet peut-être d'une mystérieuse destinée! il se trouva que le vieux pêcheur qui habitait la cabane, ayant été le matin même à la ville, et s'étant peut-être trop fatigué, avait été frappé d'apoplexie en rentrant chez lui; peu d'instans auparavant l'arrivée des voyageurs, il avait rendu le dernier soupir. Son bateau cependant, attaché à la rive, se balançait sur les eaux, et semblait inviter les imprudens voyageurs à glisser sur leur surface tranquille que ne troublait pas, dans ce moment, le plus léger souffle de vent.

En effet, on détache la chaîne, M. E*** enlève sa femme, la place en riant dans la fragile nacelle, et, triomphant, s'éloigne avec elle du rivage; tantôt la barque fend légèrement le miroir resplendissant, tantôt, guidée par les rames, elle décrit des courbes gracieuses, jusqu'à ce qu'enfin elle arrive au milieu, à l'endroit le plus profond du lac.

Ce qui se passa alors entre les deux époux n'a jamais pu être éclairci; tout ce qu'on sait, suivant le récit qu'en firent les guides et les porteurs, qui du rivage suivaient des yeux les deux navigateurs, c'est qu'on vit ces derniers commencer en se jouant, et avec de grands éclats de rire, à se jeter de l'eau au visage l'un de l'autre; puis tout à coup M. E*** agita une des rames, et comme s'il eût glissé, tomba à la renverse, la tête la première, dans le lac! A cettevue, tous les assistans poussèrent un cri d'horreur; mais quelle ne fut pas leurstupeur, quand au moment même ils aperçurent la jeune dame tendre les mains avec désespoir vers le ciel, et se précipiter à l'endroit même où son époux venait de disparaître! Etait-ce l'effet d'un subit évanouissement? ou voulut-elle sauver son bien-aimé, ou mourir avec lui? c'est ce qu'on ne peut affirmer. Le flot ramena la barque vide au rivage. Toutefois ce froid tombeau qui les avait engloutis tous deux, ne parut pas vouloir se fermer tout de suite sur ses victimes; car les manches de ses robes ayant vraisemblablement retenu la jeune infortunée au-dessus des eaux, on la vit pendant une longue et terrible demi-heure reparaître à la surface, et durant tout ce temps ses cris de détresse se firent entendre. Enfin sa tête se pencha comme un lys brisé, et le cadavre nagea doucement vers le bord, où il s'arrêta près d'une touffe de saules et de roseaux.

Une chose bien horrible à penser, c'est que de ces cinq hommes qui se tordaient les mains avec désespoir, en contemplant cette lamentable catastrophe, pas un ne savait nager! et que pendant un aussi grand laps de temps que celui qui s'écoula entre la chute et la mort de la jeune femme, ils ne purent lui procurer aucun secours!

On transporta le corps de l'infortunée à Cauterets, où il fut embaumé avec soin; quelques semaines après cet évènement, les parens inconsolables arrivèrent d'Angleterre, et vinrent recueillir ce qui restait de leur fille bien-aimée. On fit alors toutes les recherches imaginables pour retrouver le corps du jeune homme, mais long-temps sans obtenir le moindre succès; on pensa généralement qu'au moment de sa chute, le malheureux avait été engagé dans le labyrinte de branches d'arbres amoncelé au fond du lac; et déjà on voulait cesser toutes investigations comme inutiles, lorsqu'un jour on retrouva le corps inopinément : il était arrêté au même fatal buisson de saules, près duquel, un mois auparavant, le lac avait mystérieusement rejeté la pauvre jeune femme. Le cadavre était peu décomposé, quoique l'humide tombeau d'où il sortait eût donné à la peau une teinte verdâtre. Le jeune étranger était encore reconnaissable : on trouva la bague nuptiale à son doigt; sa bourse, sa montre, et autres menus objets, garnissaient ses poches, et même ses habits n'étaient pas le moins du monde endommagés. On l'embauma immédiatement, et l'ayant enfermé dans un même cercueil avec l'amie de son cœur, on les transporta à Bordeaux pour de là être envoyés en Angleterre par un bâtiment de cette contrée.

C'est ainsi que, dans la vie, la joie et la douleur nous tiennent volontiers par la main; mais hélas! combien souvent à l'improviste nous sentons la fatale pression de l'une, quand nous croyons goûter la douceur de celle de l'autre!

Pendant cette poétique narration, nous fûmes obligés, fort prosaïquement, de rompre notre pain et déchirer notre viande avec nos doigts, attendu qu'on avait oublié de joindre des couteaux et des fourchettes à nos provisions : le contraire eût été pis! En revanche, nous pûmes boire notre vin de Bordeaux avec toute la recherche possible, car non-seulement nous lui fîmes prendre en l'exposant au soleil le degré de température convenable, mais encore nous le bûmes au moyen des deux verres fêlés, dont j'ai parlé, d'une manière bien plus commode que dans la bouteille. Une petite réfection après de telles fatigues est réellement nécessaire pour réparer les forces; celle-ci me réussit aujourd'hui si bien, qu'au retour je ne montai pas une fois à cheval.

En traversant une forêt, je fus frappé de la quantité extraordinaire d'arbres morts, et pour la plupart déjà à demi consommés, qui couvrait le sol; je demandai à mon guide pourquoi les gens du pays, toujours si dénués de bois, ne venaient pas ramasser celui-ci.

— Oh! me répondit mon guide, les gardes forestiers ne le permettraient pas, parce que le bois pourri engraisse le sol pierreux, et protége ainsi la jeune semence; et puis il est juste que celui qui veut avoir quelque chose de la propriété d'autrui, le paye; au surplus, on n'achète guère de ce mauvais bois, on préfère le bois vert.

Ceci est certainement très vrai, et à ce propos les déplorables vues de nos administrateurs touchant l'entretien de nos forêts, me revinrent sur le cœur; ce serait assez le lieu d'en dire ce que j'en pense, d'autant plus que c'est un article que j'ai oublié de mentionner dans mes *Tutti frutti*; mais il n'est pas raisonnable de se laisser poursuivre aussi loin par les pensées soucieuses de la patrie, et surtout de t'ennuyer de mes redites à ce sujet, chère Lucie.

SUITE.

Le 1er novembre.

J'ai quitté brusquement ma plume, saisi par

une violente migraine causée, je crois, par les pensées chagrines à demi exprimées dans mon dernier paragraphe : j'en souffre encore, quoique mon valet de chambre femelle me dorlote avec beaucoup de soin. C'est une belle jeune fille de la taille et de l'air de Junon, qui a refusé, il y a trois mois, d'accompagner comme gouvernante un curé qui va s'établir à Alger. En apprenant que je m'y rendais aussi, la jeune fille me fit beaucoup de questions sur ce pays, et je ne sais si je me flatte, mais je crois que si une bonne cure m'attendait également là bas, elle partirait cette fois volontiers.

Quand ma douleur de tête fut un peu apaisée, je désirai avoir quelque chose à lire. On chercha un livre dans toute la maison, et l'on découvrit enfin un exemplaire un peu endommagé du *Robinson Crusoé*, dont je faisais mention dernièrement à Gavarny. C'est un ouvrage que je n'avais pas relu depuis l'âge de sept ans, où je m'enfermais alors dans un bûcher pour jouer le rôle du héros dans l'île déserte. Aujourd'hui il m'amusa à tel point, que je passai la moitié de la nuit à cette lecture ; certainement cet ouvrage est du petit nombre de ceux qui, avec *don Quichotte*, *Gil-Blas*, *Tom Jones* et *Gargantua*, peuvent prétendre au titre si souvent prodigué de romans originaux, quelle que soit, du reste, l'immense différence de leur mérite respectif.

SUITE.

Argèles, le 2.

Il est incroyable combien la température change promptement lorsqu'on descend de Cauterets vers la vallée d'Argèles, bien que la différence de hauteur de ces deux endroits ne soit pas très grande. Un air doux et caressant me reçut dans ce canton paradisien, et je fus presque surpris en voyant encore le soleil au ciel à cinq heures. C'était une journée du milieu de l'été, on venait de faucher les prés pour la dernière fois; et l'odeur du foin nouveau parfumait agréablement l'atmosphère.

J'étais descendu chez mon précédent hôte, et le soir, me promenant avec lui pour jouir des derniers rayons du soleil couchant, il me fit remarquer auprès de la ville un antique castel tout couvert de lierre, et bâti dans le style du temps d'Henri IV. De hauts châtaigniers le couvrent de leur ombrage, des jardins et une grande vigne l'entourent. On pourrait acquérir ce petit manoir pour la somme de 12 à 15,000 francs. Sa situation offre tous les avantages possibles pour jouir de la beauté de ce vallon ; ainsi, du pied de la colline où le château est assis, on aperçoit une vieille église dont les abords étaient aujourd'hui bigarrés d'une foule de fidèles rassemblés, sans doute, par la fête des morts que l'église catholique célèbre le 2 novembre. Cette église est celle de l'abbaye de Saint-Savin, entourée de ses collines boisées derrière lesquelles on découvre les gorges de Luz, et, dans le lointain, Azun sous de blanches cimes de neige. A droite, une forêt de chênes couvre la montagne sur laquelle Argèles s'élève en amphithéâtre : de sombres rochers, dépouillés de toute verdure, couronnent la forêt. A gauche, s'étend la plaine entremêlée de bosquets que le gave de Pau arrose, et son entourage de montagnes, lesquelles sont, en partie, cultivées jusqu'à leur sommet, et en partie couvertes de rhododendrons. Si l'on songe qu'on jouit ici du climat le plus doux des Pyrénées, qu'on peut prendre de là son vol de tous côtés pour visiter cette curieuse contrée, et cela pendant des années entières sans épuiser la variété des aspects intéressans qu'elle renferme, on conviendra qu'il est difficile de rencontrer une propriété plus avantangeusement située, du moins pour celui qui aurait le goût du poétique et du pittoresque; car du reste la maison est à moitié ruinée, et il ne faudrait compter sur aucun revenu : au contraire, une somme double de celle de l'achat, serait même nécessaire pour remettre ce petit château en état. Mais aussi on pourrait, avec du goût et une direction artistique, en faire un véritable bijou (toujours en raison de son prix médiocre) qui rendrait heureux son possesseur et réjouirait, pendant long-temps, mille autres encore.

J'espère, chère Lucie, que je te donne, par mes récits, le désir de venir toi-même examiner tout cela au printemps prochain. Je cherche çà et là un lieu de repos convenable, mais en dernier lieu le choix t'en restera.

SUITE.

Le 3...

Les charmes de cette ravissante contrée me retiennent encore, quoiqu'au lieu de quatre jours que je voulais consacrer à mon excursion dans les montagnes, en voilà plus de quinze que j'y suis. Après que j'eus, dès le matin, visité de nouveau *notre château*, et que, m'en supposant le maître, j'eus fait, en pensée, le plan de la nouvelle distribution, les augmentations nécessaires, les embellissemens des jardins et de l'extérieur, le tout pour ma propre satisfaction, je louai un cheval et pris un guide pour aller visiter le val d'Azun et la *chapelle de Poncy*.

La promenade à cheval est délicieuse dans ce canton où, pendant trois heures, on voit, pour ainsi dire à chaque minute, un nouveau tableau de paysage se dérouler devant soi comme dans un immense optique.

Le chemin, assez difficile pour les voitures, est, au contraire, très commode à cheval. Il monte, tout de suite en sortant d'Argèles, la pente escarpée de la montagne, ombragée, en grande partie, par les plus monstrueux châtaigniers que j'aie vus de ma vie. De là on jouit d'une foule d'aspects divers qu'offrent tout le riant vallon d'Argèles et la gorge de Luz, et enfin les hautes montagnes qui, s'élevant peu à peu les unes derrière les autres, apparaissent entre les gros arbres qui bordent la route. Arrivé sur la hauteur, à peu près à six cents pieds à pic au-dessus du gave d'Azun (1), on aperçoit alors le pic immense

(1) « J'aurais dû expliquer depuis long-temps qu'on entend

et merveilleusement beau, et maintenant couvert de neige, qui ferme le vallon d'Azun.

Quoique ce pic dût figurer comme l'objet principal dans ce magnifique tableau, cependant telle est l'incroyable variété d'aspects qui s'offrent par les sinuosités du chemin, que souvent on est à peine en état de le reconnaître pour le même géant dont l'aspect vous avait frappé d'abord.

Près du village d'Arras qui doit quelque réputation à la race de ses chevaux, on trouve sous de beaux noyers les ruines considérables d'un ancien château fort dans la cour duquel je vis, avec étonnement, une haute tour ronde, sans porte ni aucune entrée, toute semblable à celle que j'ai décrite en parlant du comté de Wicklow. Peut-être les chevaliers du Temple ont-ils été les fondateurs de ces tours, dans l'une et l'autre contrée. Plus loin, au milieu d'une belle prairie et plantée de groupes d'arbres, comme le plus beau parc anglais, s'élève une métairie; une forêt dont les chênes séculaires montent jusqu'à la moitié des rochers, la défend des vents du nord : cette métairie porte également le caractère de l'antiquité, à demi cachée qu'elle est sous

ici par le mot *gave* tous les courans d'eaux qui descendent des montagnes, et on distingue ceux-ci par le nom des lieux près desquels ils coulent. » (*Note de l'auteur.*)

un réseau de pampres verts; car ici la vigne semble appartenir à la classe des arbres. On attache le sarment, surtout dans ce canton, à des frênes, des cerisiers et d'autres espèces d'arbres, et chaque année on étaie ces arbres autant qu'il est besoin, afin de donner à la vigne, qu'ils soutiennent, le plus d'espace possible, sans pour cela nuire au support vivant : celui-ci finit par devenir un véritable arbre à raisins, et les grappes qui pendent de tous côtés trompent l'œil agréablement.

A cet aspect, le *parcomane* se réveilla en moi de nouveau. Je ne pus m'empêcher de penser quelle magnifique distribution on pourrait faire de tout ceci ; ces ruines féodales, cette vieille métairie, ces prairies, ces bois traversés par mille petits ruisseaux, et puis ce rocher immense et pittoresque sur l'arrière-plan : quels riches matériaux! et, pour compléter le tableau et s'unir à ce grand tout, une demeure agréable est située dans le lieu le plus convenable pour jouir de la vue de toutes ces beautés! Je contredis, il est vrai, ici l'opinion que l'un de mes meilleurs amis a exprimée dans son traité de l'art des jardins, opinion à laquelle j'ai adhéré moi-même; c'est qu'il ne faut pas que l'art vienne gâter la nature, quand celle-ci se rencontre dans des

proportions si gigantesques. Mais il est partout
des exceptions, et le caractère de ce vallon, quoiqu'au milieu des montagnes, n'est pourtant point
celui d'une âpre et sauvage solitude; sa sublimité en rend au contraire la culture plus riante
et fait seulement naître le désir de rehausser encore, par le secours de l'art, une nature déjà si
riche par elle-même, par ces moyens qui n'ôtent
rien à l'harmonie de ses contours, et prêtent
encore à tout l'ensemble un plus haut degré de
splendeur et de beauté.

Le ciel demeura aujourd'hui sans soleil et une
grande partie du temps couvert de nuages qui,
pourtant, se tinrent heureusement fort haut;
toutefois ce voile mélancolique, ce ciel ombré,
depuis le gris le plus clair jusqu'au noir le plus
foncé, n'était pas sans charme. Un effet singulier était celui que faisait, dans le lointain, la
crête d'une montagne, sans arbres, sans verdure,
et qui se détachait en sombre couleur violette
sur les cimes neigeuses qui s'élevaient derrière
elle. Sans doute elle devait cet aspect singulier
autant à la manière dont elle était éclairée alors
qu'à l'épaisse bruyère dont elle est toute couverte, mais un tel effet est très rare sans soleil,
c'est pourquoi je l'ai remarqué.

Avant d'arriver au bourg d'Aucun, il y a encore un site très pittoresque et qui mérite d'être signalé; on descend par un affreux ravin, au fond duquel le gave, à demi caché sous une voûte de feuillage, roule plus sauvage encore que dans tout le reste de la vallée, en grondant sur des quartiers de rocs amoncelés. Sur l'autre bord, où conduit un de ces ponts si pittoresques qu'on ne trouve que dans ces montagnes, s'élève un monticule isolé, mais richement couvert de hauts arbres, lequel, placé juste au milieu du vallon, permet, lorsqu'on arrive par une pente douce à son sommet, de voir dans leur ensemble les nombreuses habitations, les jardins, les champs cultivés qui l'entourent. De là, on aperçoit aussi la chapelle de Poncy entre les croupes des montagnes qui forment la frontière d'Espagne. Ici la vallée s'élargit en un vaste bassin, et son sol, uni et comme passé au rouleau, étale la plus prodigieuse fertilité.

Le beau utile et le beau pittoresque ne vont pas ordinairement de compagnie, toutefois cette alliance est un des caractères distinctifs des vallons des Pyrénées; la culture s'élève sur la montagne aussi loin que la terre peut y produire; les propriétés y sont divisées en petites portions, et l'on trouve là haut abondamment ces roches plates et aiguës qui forment le bord protecteur de ces corbeilles de fruits et de fleurs ; le paysage est animé par de nombreux troupeaux de chevaux, de bœufs, de moutons et de chèvres qui vont paissant sur toutes ces croupes vertes ; les chèvres surtout sont très divertissantes ; et souvent en voyant un vieux bouc tout noir, avec sa longue barbe, derrière un buisson épineux, manger gravement et avec réflexion les baies rouges de l'arbuste, je le prenais, au premier aspect, pour un pieux ermite ou quelque moine mendiant. Attirés par cette abondance de bétail errant dans la montagne, les loups n'y manquent point, à ce que j'ai ouï dire, quoiqu'ils ne soient plus si nombreux dans les Pyrénées que du temps de mon ami Robinson Crusoé, qui, comme je l'ai lu dernièrement à Cauterets, fut assailli ici, lors de son voyage de France en Espagne, par plus de trois cents loups lesquels, organisés militairement et soutenus encore de quelques ours, comme grosse cavalerie, attaquèrent vigoureusement le maître et son fidèle Vendredi.

La chapelle de Poncy a quelque chose de très original. Tout l'intérieur, y compris la voûte, est construit en bois et enrichi de sculptures également en bois du plus beau travail ; je remarquai surtout les colonnes dorées et entourées de pampres et de grappes qui décorent le maître-autel. Tout l'ensemble, dans le goût mauresque, est peint d'une manière bigarrée et fantastique. La voûte, d'un bleu foncé, est semée d'étoiles ; ses nervures sont peintes en or et vert de mer, les pilastres bariolés de rouge, de jaune et d'autres couleurs ; malheureusement, pendant la révolution on a fait une caserne de cette chapelle et l'on a détruit ainsi une grande partie de sa beauté ; maintenant elle est rendue au culte. A l'entrée du village qui s'étend au pied de la chapelle, s'élève une haute et vieille croix de bois comme j'en ai déjà rencontré plusieurs depuis que je suis dans cette contrée ; un coq en couronne l'extrémité, et sur sa traverse sont attachés plusieurs objets, emblématiques sans doute, tels qu'une coupe, un anneau, des tenailles, un poignard, un flambeau, une petite échelle, etc., dont j'ai aussi peu compris la signification que j'ai pu en obtenir l'explication de ceux à qui je l'ai demandée. Il y a là, je crois, quelque chose de maçonnique, et ces usages, qu'on respecte sans en connaître l'origine, sont peut-être un reste de ceux des Templiers.

Arrivé au bureau de la douane, il se trouva, malheureusement pour moi, qu'un brigadier venait y faire l'inspection ; en conséquence les commis redoublèrent de zèle dans l'exercice de leur emploi. On me demanda mon passeport, lequel, ne présumant point ceci, j'avais laissé à Argèles; malgré toutes mes protestations que je n'étais ni don Carlos, ni don Miguel, ni quelque roi suspect que ce fût, on me conduisit devant le maire où je fus retenu plus d'une demi-heure; enfin, après de longs pourparlers, on me laissa la liberté de continuer en paix mon excursion.

Pour la dernière fois je jetai un triste regard sur l'Espagne dont je voyais aujourd'hui la troisième route ouverte devant moi (on dit ici *port*), que je pouvais toucher du doigt pour ainsi dire, et où je n'osais mettre le pied! Je mis mon bidet au grand trot et j'arrivai à Argèles à la nuit tombante; je ne dois pas oublier de mentionner ici que j'ai mangé aujourd'hui, pour la première fois, un morceau rôti de l'isard que j'avais acheté au *pont d'Espagne*. La chair ressemble beaucoup à celle d'un jeune daim de nos forêts, avec quelque chose peut-être de plus fin et de plus aromatique dans le goût; mariné dans de l'huile et du jus de citron (et non du vinaigre), il est plus tendre qu'au naturel; j'ai fait l'essai des deux manières et j'en puis décider en connaissance de cause.

SUITE.

Le 4...

Bien que j'eusse passé une grande partie de ma journée à écrire, j'ai encore trouvé le temps de faire une courte promenade. Ayant, jusqu'à présent, toujours dirigé mes excursions vers les montagnes, je résolus aujourd'hui d'égarer mes pas à travers l'aimable et attrayante plaine qui s'étend autour d'Argèles. Au coucher du soleil, avec une température italienne et un ciel tout couleur de rose, je me mis en route. Plus j'allais en avant, et plus frappant devenait le caractère de la contrée, et des points de vue que j'admirais tous les jours; car la plaine d'Argèles a une étendue considérable, et, de la ville, cette étendue ne paraît médiocre que par la hauteur des montagnes qui l'entourent.

Lorsque je fus enfin parvenu à peu près au centre de ce vallon, la beauté du lieu, la fraîcheur admirable des prairies sur lesquelles le sentier que je suivais était tracé; cet amphithéâtre de montagnes qui forme tout autour, à la même distance, un cirque non interrompu, et l'enferme de tous côtés, m'offrit une si riante image du bonheur, du repos attaché à une vie cachée, que je me livrai, avec délice, à sa bienfaisante influence. Des paysans me saluaient amicalement en passant près de moi, car il y avait eu marché à Argèles ce jour-là, et ces bonnes gens regagnaient leurs demeures où, vraisemblablement, se préparait leur souper, car des tourbillons de fumée sortaient gaiement des cheminées. Dans cet instant j'enviai, comme cela m'arrive souvent, le sort des heureux possesseurs de ces paisibles chaumières, quoique je sache fort bien que si j'étais réellement à la place des premiers, je ne m'y plairais pas longtemps; mais cette faculté de me supposer momentanément dans le bien de chaque état, depuis celui du roi jusqu'à celui du mendiant, n'est-elle pas un des plus précieux dons du Créateur ? puisque cette faculté me permet, jusqu'à un certain point, de goûter, ne fût-ce que par la puissance de l'imagination, à tout ce qu'il y a de plus délicat dans les joies de la vie.

A la douce clarté de la lune, de l'étoile du soir et ensuite de toute l'armée céleste qui se répandit bientôt sur le firmament, je me mis en route pour le retour; le fond du vallon s'était rempli de vapeurs et d'obscurité, mais la crête des montagnes se découpait en haut d'une manière aiguë sur le bleu foncé du ciel; tandis qu'à la lueur du crépuscule ces pentes escarpées paraissaient doublées de grandeur.

Le cœur plein de joie et de reconnaissance, et rendant grâce à Dieu de toutes choses, je parcourus gaiement les champs jusqu'à ce que je vis les fenêtres éclairées de la ville briller à travers les grands châtaigniers dont elle est entourée; ce ne fut pas sans une secrète satisfaction que j'atteignis enfin la demeure hospitalière de mon hôte, M. Blondin, où l'autre quartier de mon isard, ainsi qu'une grosse truite du lac, m'attendaient (ou moi je les attendais avec impatience, ce qui, pour mon aimable lectrice, revient au même).

Un très aimable orientaliste, que tu connais, me disait un jour que j'étais le plus grand artiste dans la science de la vie, qu'il eût jamais rencontré. S'il veut dire par là que je cherche partout des jouissances, que je sais aussi les découvrir là où elles se trouvent, que je n'en laisse échapper aucune sans en apprécier la valeur, il a parfaitement raison; mais il n'a pas vu le revers de la médaille!... Et, s'il n'était pas ridicule de devenir sentimental à propos d'une truite et d'un rôti d'isard, je pourrais ici entonner une

complainte à attendrir les plus durs rochers!...
Mais à quoi bon! le monde est sans pitié; et c'est
avec une joie maligne qu'il écoute celui qui se
plaint; mais, le fît-il avec amour; que m'importe!
qui est-ce qui me connaît? toi seule, mon autre
moi-même;... et encore n'est-ce qu'à moitié! qui
est-ce qui me comprend? Dieu seul, car pour
moi, je ne me comprends pas.

SUITE.

Le 5... *novembre*

A ce que je vois, j'ai terminé hier ma lettre
presque à la lord Byron; mais, ma Lucie! tu
connais mes lubies! et le ciel sait aussi quel accès de folie triste m'avait saisi avant de me mettre
à table.

Vers la fin de mon dîner, un magnifique chien
courant, de race anglaise, entra dans ma chambre, et s'approcha, d'un air de convoitise, de
ma table bien garnie; Marie, la fille de l'aubergiste, qui le suivait, m'apprit que ce bel animal appartenait à un Anglais arrivé pendant
mon absence et qui logeait tout près de moi;
en examinant le chien, je découvris bientôt à la

manière de Jadzig, que son maître devait être un avare fieffé, car la pauvre bête était extraordinairement maigre, et portait un misérable colier tout rongé ; d'autres signes plus certains encore suivirent ceux-ci ; car après que je lui eus donné la moitié de mon rôti qu'il engloutit avidement, il dévora également, jusqu'à la dernière miette, un pain appelé ici un *pistolet* : sa faim ardente ne paraissait pas, le moins du monde, apaisée, quand il entendit son maître siffler dans la chambre voisine ; dans ce moment il me donna un bel exemple à imiter ; la fidélité et l'obéissance luttaient contre l'égoïsme (chose qui n'est guère usitée aujourd'hui que chez les chiens), et, résistant vertueusement à toutes les séductions que j'employais traîtreusement pour le faire manquer à son devoir, il prit la fuite... moyen toujours le meilleur et l'unique peut-être pour échapper à la tentation.

Si les chiens ne sont pas un jour récompensés de leurs vertus sur la terre, pensai-je avec étonnement, certes le bon Dieu sera un peu injuste. Ils auront peut-être là-bas leur paradis de rôtis et de fricassées comme les musulmans en ont un de belles filles et de toutes sortes de délices ; à chacun ce qui lui plaît, et les goûts doivent être différens au ciel comme sur la terre.

Le lendemain, après avoir très bien dormi, je m'avisai que la promenade d'hier m'avait donné un grand goût pour le vallon, et je résolus de le visiter plus complètement encore avant de quitter cette contrée. Je consacrai donc ma journée à explorer l'autre côté de la plaine, qui m'était encore inconnu, où je pourrais avoir l'occasion de voir plusieurs châteaux délicieusement situés et qui sont à vendre.

Le temps était non-seulement beau, mais la chaleur était accablante comme au mois d'août. Aussi, en traversant à gué le gave qui, depuis peu, a renversé son pont, je vis deux beaux papillons d'été voltiger sur les roseaux, et, tout de suite après, je rencontrai, sous un bosquet de chêne, un de ces Italiens colporteurs de figurines en plâtre, lequel ayant ôté son habit, dormait paisiblement à l'ombre des arbres. Il avait posé près de lui sur le gazon la grande planche couverte de ses plâtres blancs et colorés; en voyant d'abord ces petites bonnes gens s'élever du sein de l'herbe touffue, j'éprouvai une sorte d'effroi, tant elles ressemblaient, de loin, à quelque groupe de fées et de lutins qui tenaient table dans ces hautes fougères, ou qui y célébraient quelque mystérieuse fête.

Je m'approchai doucement, et je me gardai

bien d'éveiller le dormeur, de peur d'effaroucher ses songes. J'examinai alors à loisir les figures du petit marchand. Bon Dieu! quelle étrange société, je trouvai là rassemblés : Vénus, et la Vierge Marie, Rossini et un perroquet vert, Notre-Seigneur Jésus-Christ sur la croix et le Gladiateur mourant, Sa Sainteté le pape Pie VII et le bouffe Lablache; ces principaux personnages étaient entourés d'animaux et d'une collection des caricatures des personnages de la comédie italienne, barbouillés de couleurs éclatantes; j'aurais volontiers acheté ceux-ci, si j'avais su comment les emporter. Le possesseur de toute cette illustre compagnie paraissait plongé dans un sommeil magique, je voulus avoir du moins le plaisir de jouer, près de lui, le rôle de la fortune, je plaçai une pièce de cinq francs en guise d'auréole sur la tête du saint-père, et, bien sûr d'être béni par lui au réveil, je m'éloignai.

Je courrais le risque de me répéter, si je voulais te décrire quels trésors de beautés pittoresques cette contrée m'a offert aujourd'hui. Il est inconcevable combien, dans les pays de montagnes, le moindre changement de lieu, un seul détour, change, comme par magie, à l'instant même, toute la perspective, et vous découvre un monde tout nouveau.

Ce que je remarquai aussi, mais avec moins de plaisir, c'est que dans ce pays, où la nature étale tant de grandeur et de beauté, l'esprit des hommes qui l'habitent soit demeuré tout-à-fait fermé au sentiment du poétique et du beau, et que, quelle que soit la bonté de leur cœur, ils ne soient émus, intéressés, que par l'utile ou ce qui fait profit. La nature de leur sol ne serait pas aussi prodigieusement féconde qu'ils sauraient encore la gâter péniblement; et dans l'intérêt de l'art du paysage, c'est un véritable bonheur que les châtaigniers, les noyers et les chênes soient cultivés à cause de leurs rapports, sans quoi la principale beauté des Pyrénées serait perdue; car alors, je n'en doute pas, tous les arbres, sans exception, seraient, chaque année, impitoyablement dépouillés de leur feuillage, comme on le fait en Silésie, dans la Marche, etc., pour la nourriture des bestiaux.

On donne en France, très libéralement, le nom de château à ce qui ne le mérite guère; toute maison de campagne devient ici un château, et la hutte d'un paysan est baptisée du nom de *maison de particulier*. Les châteaux que j'ai vus aujourd'hui pourraient, en raison de leur étendue, prétendre à ce titre; mais leur intérieur et le peu d'apparence de leurs possesseurs en donneraient difficilement l'idée à mes compatriotes; en un mot, ce sont de véritables étables à porcs, et leurs habitans, rebutans de malpropreté, habituellement dans le plus horrible négligé, sont tout-à-fait en rapport avec leurs demeures; sur le pavé des chambres l'herbe, avec un peu de culture, viendrait mieux que sur un boulingrin de Potsdam; quant aux plafonds, on n'en trouve nulle part, à moins qu'on ne regarde comme tels les épaisses toiles d'araignées qui en tapissent les solives enfumées; un mobilier dont un mendiant se contenterait à peine; des poules, des pigeons et même des cochons et leurs petits font société avec la famille; enfin, près de la porte, et à ciel découvert, le réceptacle de toutes les immondices... Non vraiment cela est au-dessus de toute description!

Il résulte de ces mesquines dispositions qu'on ne découvre ici pas la moindre trace de comfort. Nul endroit destiné à jouir plus commodément de ce paradis; pas un berceau, pas un arbre avec un banc, et, à l'exception du potager et du verger, on ne voit pas la plus petite place qui puisse faire soupçonner que la pensée d'une amélioration ou d'une jouissance de la vie soit jamais entrée dans la tête du propriétaire; et pourtant ceux-ci ne sont ni de pauvres gens, ni même des paysans. Non certes! la plupart sont des hommes distingués par leur éducation et leur fortune, avec toutes les formes de la bonne compagnie, des gens qui possèdent souvent plus de 100,000 francs, que tu pourrais rencontrer dans la bonne société à Paris, ou à quelques soirées chez le sous-préfet, et dont les femmes te le céderaient à peine en élégance, ma Lucie; mais, rentrés dans leurs taudis, ils redeviennent cyniques et plus sales que le fumier qui engraisse leurs champs; et cela dans toute la force du terme; bref, ces gens-là, bien loin d'avoir aucune vue esthétique, n'ont pas même l'idée de ce que nous regardons comme indispensable : ils sont, sous ce rapport, bien au-dessous des derniers de nos paysans. Quel contraste offrent à cet égard les Anglais et les Francais! le jour et la nuit ne diffèrent pas davantage! Que ne ferait-on pas de ce vallon d'Argèles s'il était en Angleterre! il y aurait de quoi surpasser les rêves de l'artiste le plus hardi dans la science *as far as improvement goes*. Avec cela il n'y a rien de plus divertissant que la manière emphatique avec laquelle les possesseurs de ces châteaux, vous font la description et l'apologie de leur manoir. *Voilà*, disait l'un, *une belle enfilade de pièces au premier; mais prenez garde! n'avancez pas jusqu'à la fenêtre, le plancher n'est pas tout-à-fait solide de ce côté-là!* En effet la moitié de l'appartement était parquetée de planches non rabotées, et qui, se balançant sur les solives, laissaient partout apercevoir, au-dessous, le rez-de-chaussée. *Ceci, Monsieur,* continuait le maître, *servirait fort bien de salle de bal.* Note bien que la fumée en a noirci les murailles nues et dépouillées de tout ornement, et qu'au milieu de ce soi-disant salon, s'élevait un monceau de paille de maïs sur laquelle trois petits cochons et madame leur mère s'étalaient *en attendant le bal. Remarquez, Monsieur,* me disait ensuite le propriétaire, *la commodité de cette salle à manger! vous voyez! la cave et le garde-manger sont à côté!* Un papier crasseux pendait des murs par lambeaux, et sur la table était un baquet plein d'eau sale et dans laquelle trempaient des torchons gras; quelques poules nichaient dans le garde-manger, et à en juger par l'odeur de croupis qui s'exhalait de la cave, je n'eus pas du tout envie de la visiter. « *N'est-ce pas, Monsieur,* disait encore le maître d'un air enchanté, *n'est-ce pas que c'est un bel établissement?*

— *Monsieur, c'est magnifique,* répondis-je; *seulement un peu négligé, à ce qu'il me semble.*

— *Ah! que voulez-vous? nous ne l'habitons*

guère; c'est bien aussi l'unique raison qui nous porte à le vendre. Vous sentez bien que ce n'est pas là le moment d'y faire de grandes dépenses. »

Du reste il n'y avait pas un mot de vrai dans cela; car depuis plus de vingt-ans, à ce que j'ai ouï dire, cet homme n'a pas d'autre habitation que cette baraque délabrée.

J'avais réservé, jusqu'à présent, le plaisir de voir, en dernier lieu, les ruines de Beauceur, vieux château fort qui appartenait à la branche des Rohan, laquelle exerçait jadis des droits de suzeraineté sur toute cette contrée, et qu'elle possédait sous le titre du marquisat de Lavedan. Ces magnifiques débris des temps passés, qui couvrent tout le sommet d'un roc isolé, lequel, baigné par le gave, s'élève au pied de la grande chaîne des Pyrénées, furent achetées, il y a peu d'années, par un paysan, pour ce qu'on appelle *un morceau de pain;* ce rustre en vendit en détail les portiques, les piliers et autres pierres d'ornemens. Cependant, tel qu'il est, ce vieux manoir est encore une des plus belles et plus curieuses ruines de France, surtout par sa position, la vue enchanteresse qu'il domine, et la richesse des bois ombreux qui l'entourent. Je prendrai là-dessus de plus amples informations; j'ai même grande envie de retirer cette propriété des mains de son indigne possesseur, et de conserver ainsi au pays une de ses plus grandes beautés, en même temps que, par là, je me préparerai une foule de jouissances pour l'avenir, dont je ne puis maintenant mesurer toute l'étendue; j'ai hâte d'avoir enfin pris poste dans ces montagnes, car la possession nous attache doublement; et je veux conserver, aussi doux que possible, le souvenir du coin de terre où j'ai vécu de si heureux jours; mais, à cet égard, *l'embarras des richesses* me rend encore le choix difficile.

SUITE.

Pau, le 9.

Une violente migraine et trois jours de pluie m'ont donné le temps d'écrire et de me reposer. Ce matin de bonne heure je me suis décidé à reprendre mon bâton de pélerin.

Vraiment c'est une chose ravissante que de voyager dans ce pays! quelque direction que l'on prenne, on trouve toujours, dans ces promenades charmantes, quelque chose de neuf et d'inattendu. Un jour passé ici contient les souvenirs de tout un mois, et souvent dans le chemin je me surprends à parler tout haut avec moi-même, tant le plaisir, le ravissement, agitent tout mon cœur.

Je quittai Argèles vers les neuf heures, avec un temps encore chaud, mais un peu couvert ; après une demi-heure de marche, je remarquai une ruine appelée ici la *tour de Vidalos* : et que je n'avais fait qu'entrevoir en venant de Lourdes ; je n'avais pas eu le temps alors de la visiter ; aujourd'hui je gravis la colline isolée sur laquelle s'élève cette ruine imposante, et je fus surpris de la vue dont on jouit, car cette vue surpasse encore celles de Beauceur et de Remiremont. La tour qui est demeurée debout, d'un travail romain, est encore si solide, que les tentatives faites pour la détruire et en employer ailleurs les pierres, vandalisme dont on voit des traces, ces tentatives sont demeurées sans effet ; et, malgré ces dégradations partielles, le vieux monument est encore inébranlable. Des vignes s'étendent sur un des flancs de la colline ; un bois de noyers et de grands châtaigniers couvre le reste. La position est magnifique ; mais la ruine, comparée à celle de Beauceur, est peu importante par elle-même.

Comme je t'ai déjà donné la description de la

contrée qui s'étend entre Lourdes et Argèles, je la passe sous silence. Toutefois la connaissance préalable de ces lieux me donna d'autres jouissances que celles de la surprise; et la beauté de cette contrée, mieux sentie, mieux goûtée par la réflexion, avait encore pour moi un charme tout nouveau.

Lorsqu'on a dépassé Lourdes, on découvre, sur une hauteur derrière la ville, un point de vue dont l'enchantement est tel qu'il est difficile de s'en arracher; imagine le château de Lourdes, avec ses fortifications, s'élevant au centre; le demi-cercle des montagnes en amphithéâtre et qui l'entourent pour la dernière fois, tandis qu'à droite et à gauche s'étendent, à perte de vue, deux vallées couvertes de la plus riche culture; en descendant par celle de droite, qui conduit à Pau, tu passes près d'une délicieuse villa d'un genre tout-à-fait neuf; tu te trouves alors dans des prairies qu'arrose le gave, non plus ce torrent impétueux, sauvage, descendant à grand bruit des montagnes, mais une rivière d'un beau vert bleuâtre, et coulant tranquillement dans un lit profond et régulier; une forêt de chênes borde ses deux rives pendant l'espace de plusieurs lieues, interrompue seulement, d'un côté, par des champs cultivés et des pâturages;

tandis que de l'autre cette forêt s'élève en terrasse à la hauteur de six cents pieds, sur une chaîne de collines dont les formes, pourtant, sont moins sévères et n'offrent plus ces lignes anguleuses et brusquées du reste des montagnes. Le jeu de couleurs qu'offraient ces collines, élevant leurs têtes arrondies au-dessus de la forêt, est une chose unique; la plus haute, et je ne sais de quels buissons elle était couverte, paraissait d'un rouge foncé, une autre bleu noir, celle-ci d'une teinte jaune de genêts, celle-là d'un vert tendre, et couverte, jusqu'au sommet, de troupeaux. Pendant long-temps, nulle habitation ne se montrait, et rien ne troublait la magnificence de cette solitude, si ce n'est, de temps à autre, un cavalier qui, en descendant les terrasses de la forêt, apparaissait de loin ou disparaissait entre les arbres, ou bien quelques mulets avec leurs conducteurs, ceux-ci enveloppés dans leur brune cape de Béarn, suivant lentement la grande route. Enfin on atteint l'antique bourg de Saint-Pé, derrière lequel la route tourne brusquement dans la direction de Pau. La chaîne des Pyrénées, continuant à courir sur la droite, échappe peu à peu à la vue; la forêt cesse, et des coteaux, richement couverts de villages, enferment de droite et de gauche le gave et la route. Toutefois la vue en est d'autant plus libre en avant, et à l'abaissement des collines, aussi bien qu'à celui du ciel qui commence à se confondre avec l'horizon, on pressent que l'on descend vers la plaine. Cet effet me surprit aujourd'hui, et excita en moi un sentiment qui peut-être ressemble à celui qu'éprouve le cœur du voyageur lorsque, fatigué des tempêtes et des amertumes de la vie, il revient dans sa patrie, et trouve, au bout de son rude sentier, le paisible foyer domestique qui, de loin, le convie au repos; mais hélas! bientôt lassé et après une courte halte, l'imprudent quitte de nouveau cet asile, car la vie veut le changement.

Un vieux couvent, aujourd'hui à moitié en ruine, et jadis splendide demeure de pieux cénobites, avec un pont des plus pittoresques, une mauvaise statue de la Vierge, et la façade de l'église en marbre poli, est la dernière station en quittant les montagnes. Ici se trouve également un mont du calvaire dont les idoles faisaient naguère autant de miracles qu'il s'en fait encore journellement, dit-on, au pélerinage de Notre-Dame. A quelques centaines de pas de là est la petite ville d'Estelle; je m'y arrêtai pour faire reposer ma jument, qui avait fait aujourd'hui une longue traite; et j'achetai au couvent un rosaire dont les grains sont faits du petit noyau d'une sorte de prunelle sauvage très délicatement travaillé. Dans l'auberge j'eus le plaisir de me trouver avec un commis-voyageur dont la rencontre dans les Pyrénées, où il n'y a pas grande occasion de trafic pour ses pareils, me parut quelque chose d'extraordinaire. Nous nous entretînmes du choléra qui s'avance, dit-on, jusqu'aux environs de Pau. C'est pour moi une chose inconcevable que partout, à l'apparition de ce redoutable fléau, les mêmes préjugés d'empoisonnement se présentent au peuple, comme l'idée la plus naturelle. Je combattis de toutes mes forces cette opinion dont le voyageur en question me paraissait fort imbu, et j'affirmai que, d'après ce que j'avais vu du choléra, je ne pouvais lui reconnaître de principe que dans des colonnes d'air chargées d'exhalaisons méphitiques, lesquelles se dirigeant, tantôt ici, tantôt là, portaient la mort avec elles.

« *Eh bien!* me dit le commis en me regardant d'un air moitié railleur moitié confiant, *dites-moi, en conscience, Monsieur, croyez-vous que ce soit la Providence ou des scélérats parmi les hommes qui empoisonnent les colonnes d'air dont vous parlez.* »

Je crus d'abord qu'il me faisait une plaisanterie; mais pas du tout! c'était bien sérieusement qu'il parlait ainsi. Je répondis en riant que la puissance humaine n'allait point encore jusque-là; et que le bon Dieu s'était réservé pour lui tout seul le monopole des tempêtes, des tremblemens de terre et de la peste.

« *Ah! que dites-vous?* s'écria mon homme; *on a bien empoisonné des fruits, des fleurs et des lettres, pourquoi n'empoisonnerait-on pas aussi bien l'atmosphère?* »

J'étais *au bout de mon latin*.

La route d'Estelle à Pau est richement parsemée de villages, de bourgs et de maisons de campagne dont la bâtisse a quelque chose de tout-à-fait pittoresque, en même temps que leur extérieur est d'un aspect plus propre, infiniment moins négligé et surtout délabré faute de réparations, comme il est ordinaire de le rencontrer dans le reste de la France. Quelques maisons, d'après la mode de Tarbes, sont construites en gros cailloux ronds de diverses couleurs, d'autres sont blanchies à la chaux d'une manière variée, c'est-à-dire avec des parties mates et d'autres polies, il en est même qui sont peintes; parmi celles-ci je remarquai, sur une haute et blanche cheminée, un énorme chat bigarré, et tenant une grosse souris noire entre ses griffes; le tout était entouré d'un encadrement d'arabesques des plus curieux. Le chat, posé à la manière du sphinx, était dans un style si égyptien, il avait l'air si majestueux, et la souris noire avait quelque chose de si hiéroglyphique que le contraste de cette image symbolique, avec l'extérieur tout bourgeois de l'ensemble, me parut souverainement risible. Je me rappelle encore une autre représentation de ce genre et qui produisit sur moi le même effet comique : c'était l'enseigne d'une auberge de Saxe, représentant l'empereur Alexandre dessiné avec du charbon, au moment où il embrassait le digne Frédéric-Auguste.

Je vis aussi dans ce canton ce que je n'avais pas aperçu depuis que j'avais quitté Paris et ses environs, ce qu'on pouvait appeler, en toute conscience, un parc, un château, enfin quelque chose qui ressemble à la demeure d'un homme comme il faut. C'était un grand bâtiment carré, élevé sur la pente d'une colline, avec de vastes jardins à l'entour et adossé à une belle forêt de chênes; au devant, s'étendait la plaine la plus riante et la plus fertile de la terre, agréablement entrecoupée de plusieurs rangées de collines et que rafraîchissent les deux bras d'un fleuve rapide; tandis que, dans le lointain, tout l'horizon était formé de l'ouest à l'est par la longue chaîne des Pyrénées. Il faut avouer que tout cela est d'un grand genre. Un M. Forcade, de Paris, le possesseur de ce château, appartient, je crois, à l'aristocratie du jour, c'est-à-dire qu'il est entrepreneur, agent de change ou banquier.

La nuit me surprit, et comme j'arrivais à Pau, de noires montagnes de nuages s'étaient amoncelées au-dessus du château d'Henri IV; par leur masse, leur forme et leur hauteur, elles rappelaient d'une manière si frappante les Pyrénées que je venais de quitter tout à l'heure que, sans la ferme conviction où j'étais de les avoir laissées derrière moi, j'aurais juré que je me retrouvais à leur pied. Tu sais que j'ai la manie de croire que la nature récompense quelquefois le grand amour que je lui porte, par des spectacles extraordinaires. Celui-ci en était un ! C'était un parfait mirage, un reflet dans les airs à la façon *della fata Morgana*, des montagnes qui se trouvaient vis-à-vis, mais terminé d'une manière si nette, si pure, sur le fond bleu du ciel, enfin avec des apparences tellement corporelles, si je puis m'exprimer ainsi, que je finis par douter de mes yeux, et à supposer qu'un bras de ces montagnes s'avançait sans doute dans cette direction, car ces masses gigantesques ne pouvaient être seulement des nuages. J'eus même

besoin du témoignage de quelques passans que
j'interrogeai à ce sujet pour être assuré du contraire, et dès lors je pus me livrer, tout entier,
au plaisir, tout particulier, que m'offrait une
illusion bien sentie.

SUITE.

Le 16...

Les environs de Pau, que couvrait un épais
brouillard, et que les rayons de la lune à demi
obscurcie n'éclairaient qu'imparfaitement, me
surprirent doublement ce matin, quand je les
vis au grand jour. Après être revenu de mon
erreur au sujet des montagnes de nuages, j'avais
cru hier me trouver dans une plaine unie, et je
voyais maintenant devant moi deux à trois rangées de collines irrégulières, avec une vallée enchanteresse, sur laquelle le gave et la Lousse, qui
forment ici une sorte de delta, jettent comme un
réseau de flots argentés. Cette vallée, ces collines,
sont tout parsemées de châteaux, de jardins,
de villas, de cottages, la plupart habités par des
étrangers. On compte, en ce moment à Pau,
huit cents Espagnols et trois cents Anglais qui

viennent y passer leur hiver; je suis descendu à l'*Hôtel de France*, tout près de la promenade royale où, sous de beaux platanes et quelques vénérables ormes plantés du temps de Henri IV, on jouit de cette magnifique vue dans toute son étendue.

Mais comme je t'ai peut-être rassasiée de mes descriptions, chère Lucie, si tu voulais te contenter aujourd'hui de celle-ci qui me tombe sous la main? elle est tirée d'un ouvrage français qui traite des lieux que je viens de parcourir, et voici la traduction fidèle de ce morceau :

« En quittant Pau on traverse la Lousse. Le gave et ses mille détours égaient l'imagination ; près de Bessing, ces deux rivières forment une fourche, et cent courbes dans le lointain; à Mirepoix, nouveaux jeux de ces eaux vagabondes! On traverse Estelle, joli, élégant et populeux village. Tout près de là on aperçoit, à travers des buissons d'un vert sombre, l'église de Betharam, lieu de pélerinage : on est dans les Pyrénées. »

Je pense que nous ferons bien de laisser là l'auteur auquel on ne peut, du moins, reprocher aucune exagération dans son très succinct récit, ni lui crier, avec Charles Nodier : *Description, que me veux-tu ?*

En face de mon hôtel se trouve un café dans lequel, aussi bien que dans toutes les auberges de ce pays-ci, on n'est servi que par des femmes. Il m'est arrivé, hier soir, dans ce café quelque chose de tragi-comique qui contredit un peu cette obligeance et cette bonhomie polie que, jusqu'à présent, je m'étais plu à signaler dans les habitans de cette contrée. J'étais entré assez tard dans ce café pour lire la gazette; et, lorsque j'eus terminé ma lecture, trouvant que tout le reste de la société était parti, je voulus commencer une partie de billard avec le plus jeune fils de la maison; mais voilà que tout d'un coup sa mère, une horrible mégère! se précipite dans la salle, s'élance en fureur vers le billard, disperse les billes, et menaçant son fils de la queue dont elle s'était saisie, en s'écriant : *Est-il convenable de jouer au billard quand il est minuit passé? polisson que tu es! Va te coucher tout de suite, mauvais garnement, ou.....* En disant cela, et sans faire la moindre attention à moi, elle éteignit les lumières et me laissa dans les ténèbres trouver, comme je le pourrais, mon chemin pour sortir, et regagner mon gîte. Il y aurait de l'injustice à attribuer une semblable grossièreté aux mœurs du pays, car une exception dans ce cas ne doit pas faire règle; cela prouverait seulement que l'on ne veille pas fort tard volontiers, et qu'il y a des Xantippe à Pau, comme il y en avait à Athènes.

Ma première course fut, comme de raison, vers le château où Henri IV vit le jour, l'ancienne résidence des comtes de Foix et des rois de Navarre. Le château, tout-à-fait irrégulier, est, pour ainsi dire, un composé de maisons et de tours qui, réunies en différens temps, ont fini par prendre la forme d'un grand triangle. Pour une résidence royale, il a peu d'étendue; pourtant il offre, dans son ensemble, quelque chose de très convenable et surtout une fidèle image des temps passés.

La première chose qui attire d'abord les regards, c'est le donjon bâti par Gaston Phœbus, comte de Foix. Ce vieux bâtiment, dont les murs ont douze pieds d'épaisseur, contient un petit nombre de chambres dont les unes servaient de prisons, les autres d'habitations aux rois de ces temps guerriers : les unes et les autres devaient être, dans tous les cas, une triste demeure. Un escalier tournant, très étroit, est le seul moyen de communication dans l'intérieur de la tour; il conduit sur la plate-forme où, jadis, devait se trouver une bonne guérite ou échauguette, propre à épier l'ennemi, et d'où, aujourd'hui, on jouit de l'admirable panorama qu'offrent les environs de Pau jusqu'à Bayonne.

En quittant le donjon, on arrive par une large porte voûtée dans la cour triangulaire du château dont l'aspect est d'une singularité extrêmement remarquable. Ici, nulle trace de symétrie; les besoins de l'intérieur paraissent avoir seuls déterminé le percement des portes et des fenêtres; celles-ci, disposées sans ordre, sont tantôt hautes, tantôt basses, ici grandes, là petites, quelquefois très larges, plus souvent fort étroites, mais partout riches, et décorées avec infiniment d'art, de soin et de goût. Il y a telle lucarne à demi cachée dont l'élégant pignon est orné d'une profusion de sculptures d'un travail précieux représentant des têtes de lions et de béliers. On voit, dans d'autres lieux, des médaillons contenant les portraits et les chiffres des anciens princes de Béarn. Dans tout cet immense édifice il n'est pas un coin de négligé; partout on retrouve le même sentiment de perfection et de magnificence; malheureusement aussi le maudit esprit de notre temps s'y est introduit, et n'a pas manqué de restaurer tout ceci à sa manière; il n'a pas manqué d'ôter, à la plupart des fenêtres, ces larges croix de pierre qui les divisaient en compartimens, et de remplacer ces vieux chassis à vitraux coloriés ou enchassés dans le plomb, par de beaux panneaux peints en blanc, à l'huile, et même d'affubler ces antiques fenêtres de jalousies vertes! Pour ne pas détruire toute mon illusion, je me plus à supposer que c'était là que demeurait le fou de la cour; mais non, c'était le commandant!

Au pied du grand escalier qui conduit dans les appartemens royaux, on voit, dans le vestibule, une excellente statue de Henri IV, la seule qui ait été faite de ce prince de son vivant, et qui, sous le rapport de l'expression des traits, et de la contenance, caractérise bien mieux, suivant moi, ce monarque que toutes les images que j'en avais vues jusqu'alors. Je m'étais persuadé de leur constante ressemblance, parce que ces images ont généralement quelque chose de caricatural et de singulièrement inanimé : il en est de même de la plupart des portraits du grand Frédéric. Mais les traits de cette statue ont tant de vie, et en même temps ce je ne sais quoi de particulier, que l'extraordinaire popularité de Henri IV explique au premier regard, qu'on se sent involontairement attiré par la bonhomie tout à la fois joviale et grave de ses traits, bien que taillés dans la pierre; ils n'imposent pas comme ceux de Napoléon ou de Frédéric, mais ils captivent. On se jetterait dans les flammes pour un tel homme; on serait porté à l'aimer de cœur: C'est peut-être un des plus beaux dons de la Divinité, que celui qui rend heureux l'individu qui le possède, et en même temps répand le bonheur autour de lui. Quand de grands talens se joignent encore à cet avantage, et que les occasions servent celui qui en est pourvu, car sans celles-ci Alexandre n'eût été qu'un perruquier et César un commis de l'octroi, il doit résulter de cette réunion un grand homme.

Cette statue n'est placée là que provisoirement, à ce que j'ai ouï dire, et il a déjà été question plus d'une fois d'en gratifier quelque musée. Il faut espérer que le roi des Français, avec le vif sentiment qu'il porte aux antiquités de la France, ne permettra point qu'on dépouille le berceau de Henri IV de son plus précieux ornement; et d'ailleurs où pourrait-on trouver une place plus convenable que celle-ci? A ce propos, il faut que je rappelle ici un joli trait des bourgeois de cette ville. Sous le règne de Louis XIV, ils avaient demandé à celui-ci la permission de placer la statue de Henri IV sur leur place publique. L'orgueilleux monarque, pour toute réponse, leur envoya la sienne. Il fallut obéir, mais les bourgeois écrivirent sur le piédestal ces mots qui s'y lisent encore aujourd'hui : *Celui-ci est le petit-fils de notre bon Henri.*

Le grand escalier, quoique en ruine, est encore un digne monument de la science, de l'habileté et du solide éclat de cette époque. La plupart des ornemens ciselés avec un incroyable travail dans la pierre, et qui remplissent les caissons du plafond, étaient jadis peints ou dorés; quelques-uns de ces caissons offrent le chiffre de Henri, et des guirlandes de marguerites; d'autres contiennent d'intéressans portraits. Parmi ceux-ci, je me sentis singulièrement attiré par les traits spirituels et la physionomie ouverte de Jeanne d'Albret, la mère de Henri IV. C'était, de son temps, une femme philosophe et sincèrement attachée à la religion protestante; lorsqu'à son lit de mort on voulut la convertir, elle fit cette sage réponse : « Il m'est impossible de me soumettre à une religion d'après les principes de laquelle il faudrait que je crusse que mon père et ma mère sont damnés pour jamais. »

Les rampes de l'escalier, et celle qui court le long du mur, sont, comme tout le reste, en pierre ; on leur a donné la forme de roseaux artistement entrelacés, ce qui est d'un très agréable effet; malheureusement ils sont brisés en plusieurs endroits. Après avoir traversé un petit vestibule, on entre dans la *salle des gardes*, pièce d'une étendue considérable, avec les deux hautes cheminées obligées, à chaque bout, et, pour plafond, une belle charpente encore très bien conservée, quoiqu'on voie le jour au travers; car dans toute l'étendue du toit il n'y a plus une seule tuile. En traversant la salle je remarquai, avec déplaisir, une de ces nouvelles fenêtres, et, vis-à-vis moi tout près de l'une des cheminée, une porte toute moderne; mais je manquai tomber à la renverse entre les bras de mon laquais de place, lorsque le concierge en ouvrant cette porte, mes regards, plongeant dans l'intérieur, aperçurent une tenture en papier bleu, des meubles d'acajou, pendule sur la cheminée, enfin une véritable *chambre garnie* dans le milieu de laquelle était dressé le berceau de Henri IV (on sait que ce berceau était une écaille de tortue), et placé sous un ridicule amas de lances en bois doré, avec des chiffons garnis de franges à demi noircies, et dignes tout au plus de figurer dans une friperie de carnaval. Tout le reste de cette partie du château, *horribile dictu!* a été profané honteusement de cette manière. On voit, par là, combien les meilleures intentions des souverains courent risque d'être mal remplies, quand ils ne *voient pas,* comme Napoléon par exemple, *tout par leurs yeux.*

Le château de Navarre a servi successivement, pendant plus de vingt ans, de caserne, de magasin et je crois même d'hôpital, et, quoique l'ensemble en soit demeuré intact, l'intérieur en a été dévasté d'une manière déplorable. Louis XVIII, plein de respect pour son grand aïeul, donna des ordres pour que le château de Pau fût déblayé, et remis en état aussi promptement que possible; et il assigna, pour cela, les fonds nécessaires. Ce fut lui aussi qui décida que la statue en question, et qui se trouvait au musée des Petits-Augustins, fût renvoyée au lieu de sa destination. Qu'arriva-t-il! un vandale d'architecte, que l'ombre de Henri IV devrait éveiller chaque matin par une paire de soufflets, reçut la mission du roi et se mit en devoir de l'effectuer: conformément à l'usage des gens de métier, il crut ne pouvoir rien faire de mieux que de rendre le château du *bon Henri* aussi semblable que possible à son propre logis, c'est-à-dire à lui donner, autant que la chose était faisable, l'apparence d'une maison bourgeoise; il se mit à l'œuvre. Les encadremens des fenêtres, les vieilles et précieuses sculptures, tant en pierre qu'en bois, peintures, vitraux, et généralement tout ce que l'esprit ingénieux de ces temps artistes avait inventé pour décorer ce manoir, fut détruit péniblement et à grands frais : les plafonds, aux solives peintes et dorées, furent replâtrés, les murs couverts de l'ignoble papier peint; bref on fit de la demeure d'un roi, de vulgaires chambres d'auberge. Plus tard la ville se plaignit de cette barbarie, et fit faire, à ce sujet, des représentations au roi, celui-ci ordonna de cesser sur-le-champ toutes ces dévastations d'un nouveau genre, mais le mal était fait. L'escalier, la salle des gardes et les murailles nues de la chambre à coucher de la reine, celle où Henri IV est né, furent seuls épargnés. C'est vraiment une chose déplorable qu'en France on soit, en général, si peu soigneux des monumens historiques lesquels, sans cela, pourraient égaler, là où ils ne les surpassent point, ceux de l'Angleterre, qui conserve les siens avec un soin presque religieux.

Peu de résidences possèdent une vue aussi magnifique que celle dont on jouit du grand balcon du château de Pau; et sous ce rapport le petit roi de Navarre eut un grand avantage sur le grand monarque de France. Si jamais le diable avait de nouveau l'envie d'offrir l'empire du monde à quelqu'un, ce serait ici le point le plus favorable pour que la tentation fût irrésistible; mais la magnificence de cette royale demeure s'accroît encore lorsqu'on parcourt le parc dont elle est entourée; ces beaux lieux, où jadis Henri se plaisait à chasser, servent aujourd'hui de promenade publique; elle règne sur la pente d'une colline et conduit, sous l'ombre de vieux et vénérables hêtres, le long de la vallée de Jurançon. Il n'y a point d'exagération à te dire que l'inimitable tableau qui se déroule ici dans toute sa splendeur éblouit, en quelque sorte, les regards; il est impossible d'en exprimer autrement l'effet.

Je termine ici, chère Lucie, cette longue lettre sur les Pyrénées. Peut-être que la première sera datée des Pyramides; mais que les noms comme les lieux changent, dans quelque partie du monde que je me trouve, je demeurerai toujours ton plus fidèle ami,

Hermann.

LETTRE XIII.

Le haras royal. — Expédition du sieur Desportes. — Grâce du coursier arabe. — M. Pompier. — Le haras de Tarbes. — Les prophéties de Mahomet. — Le mauvais œil. — Noms des étalons arabes. — Un camp arabe. — Quatre femmes dans un coffre. — Toilette. — Une beauté aux lèvres bleues.

AU COMTE DE F***.

Tarbes, le 15 novembre 1834.

Mon digne et hippologiste ami,

Quoique vous n'ayez pas répondu, mon cher patron, à la longue lettre que je vous ai envoyée par l'entremise du duc A***, je veux rendre le bien pour le mal, et vous communiquer, ici, quelques détails qui, je m'en flatte du moins, sauront vous intéresser.

J'avais entendu dire que, dans les environs de Pau, il se trouvait un haras royal, et que cet établissement était tenu avec beaucoup de soin. Je m'entends peu en science *hippologistique;* cependant votre excellent ouvrage sur cette matière, auquel nul autre pour la clarté, la finesse d'observation et la polémique pleine de dignité, ne peut être comparé, m'ayant donné pour cette science toute la passion d'un dilettante, je résolus d'employer le dernier jour de mon court séjour à Pau à visiter le haras en question.

Il faut encore que je vous rappelle en mémoire que l'an passé, à Berlin, vous eûtes la bonté de me prêter l'intéressante relation du voyage que Damoiseau fit en Syrie à la suite du sieur Desportes; écrit dans lequel se trouve, avec une foule de notes importantes, presque l'intérêt d'un roman. Vous m'assurâtes alors que vous souhaitiez vivement connaître le sort des chevaux importés en France par Damoiseau et avoir quelques renseignemens exacts sur les résultats de cette importation.

Si depuis cette époque je n'ai pas trouvé l'occasion de satisfaire ce désir, je suis maintenant en état de le faire, du moins autant qu'il est possible à un aussi pauvre connaisseur en chevaux que je le suis.

Je trouvai l'établissement en question, lequel, situé dans une ravissante contrée, est bâti sur les bords du gave, comme désert. Aucun des employés supérieurs n'était présent; après avoir sonné, frappé et crié long-temps à la porte, une servante vint ouvrir, et m'ayant introduit dans la cour, me désigna du doigt l'écurie où étaient les étalons, et retourna ensuite à ses occupations. C'est un beau bâtiment pouvant contenir cinquante à soixante chevaux, lesquels se trouvent placés les uns dans de larges barres, et les autres attachés au piquet. Tout dans l'intérieur est tenu avec beaucoup d'ordre et une grande propreté; même la litière est contenue, à la manière anglaise, par une bande élégamment tressée.

Presque en entrant, je remarquai à droite un cheval reconnaissable, au premier coup d'œil, pour un noble arabe; deux palefreniers étaient en ce moment occupés à le panser. Jugez de ma joie, lorsqu'à ma première question sur l'origine de ce bel animal, j'appris que c'était l'*Abou-Arkoup*, un des chevaux ramenés de Mésopotamie par MM. Desportes et Damoiseau; c'est le cheval avec lequel le séliktar du pacha d'Alep, un homme du poids de trois cents livres, lançait le djerid, et ce beau coursier portait ce colosse comme une plume, quoiqu'il ait à peine, lui, cinq pieds de haut et qu'il soit d'une assez délicate construction. Toutefois ce n'est pas à tort qu'on l'a nommé *Abou-Arkoup*, ce qui, en arabe, signifie *le père du jarret;* car bien qu'il compte aujourd'hui près de vingt ans, il se meut encore comme par des ressorts d'acier; je n'ai jamais vu d'articulations plus souples; ses chevilles excellemment conformées étaient nettes comme l'or, pas le plus petit capelet (1); tout était sec, pur et comme sculpté dans du marbre. Il était, pour un cheval arabe, attaché assez court, aussi le cou et même la tête n'étaient pas ce qu'il y avait de plus beau en lui.

Pendant ce temps, le vétérinaire en chef de l'établissement, M. Pompier, homme d'une haute instruction et d'une grande obligeance, était arrivé; il eut la bonté de faire passer devant moi plusieurs des chevaux les plus distingués, et je dois à sa complaisance tous les renseignemens que j'ai encore à vous communiquer. Au surplus ce connaisseur expérimenté n'est rien moins

(1) Enflure qui vient au jarret des chevaux.

qu'aveugle sur les défauts de la science hippiatrique française, et il s'en plaint avec amertume.

De tous les chevaux de l'expédition de M. Desportes, ceux qui restent encore vivans se trouvent à Pau et à Tarbes. *Abou-Farr*, le coursier merveilleux, quoiqu'il ne soit que *nedgid* et non *kenheylan*, mourut, il y a trois ans, d'une maladie nerveuse et parut avoir été assez mal traité, et entre autres choses, on l'a laissé pendant plusieurs années dans un dépôt secondaire où son noble sang, mêlé seulement à celui des plus vulgaires jumens du pays, n'a produit aucun sujet remarquable. Il ne se pouvait pas que cela fût autrement, car loin de ménager ces précieux étalons (et il y en a un encore, parmi ceux-ci, qui vous transporterait d'admiration, vous, connaisseur par excellence : c'est un superbe animal auquel Desportes assignait lui-même le premier rang, même sur le fameux *Abou-Farr*); loin de les ménager, dis-je, on n'a jamais songé à pourvoir ces précieux étalons de jumens de pur sang, si ce n'est quand, par hasard, un particulier en amenait une. Partout on employait, pour la monte ordinaire, les jumens telles que les fournissait la province où se trouvaient les étalons. Il ne faut donc pas songer à retrouver une descendance véritable de cette race.

Toutefois ce que le sang arabe, contre la théorie en faveur chez nous, a produit ici dès sa première génération et par croisemens imparfaits, est singulièrement remarquable. La plupart des étalons actuels provenant de ces petits coursiers arabes et de jumens navarraises presque aussi petites, sont non-seulement extrêmement beaux, mais encore de très forts chevaux bien proportionnés de neuf à dix pieds et demi de hauteur; ils ressemblent aux chevaux de chasse anglais de demi-sang, ayant presque tous beaucoup de feu, une belle queue qu'ils portent haut, un pas élastique, des jambes effilées; il y en a parmi pour lesquels j'aurais volontiers donné 100 et même 200 louis.

On peut juger d'après cela, quels importans résultats on aurait pu obtenir en choisissant des femelles de pur sang de la forte race anglaise. Je demandai quelle était la rapidité connue de ces chevaux, on me répondit qu'on ne l'avait jamais éprouvée.

Le second arabe se nomme *Nasser* (*nedgdi* de la race *Rene-Saker*); c'est un coursier bai-brun, sans aucune tache, et aussi doux que Abou-Farr était, à ce qu'on prétend, méchant et dangereux, ce qui provint sans doute de quelques mauvais traitemens éprouvés par ce fier animal; du reste ce coursier, Nasser, qui ne paraît pas très bien portant, n'est pas des plus distingués. Je lui préfère de beaucoup *Haleby*, quoique âgé de plus de vingt-quatre ans, beau coursier, haut de sept pieds trois pouces, d'un blanc de neige, *nedgdi seklawé kenheylan*, de la race de *Foedan-Anazée*: cet animal, en dépit de son âge et de beaucoup de négligence, est encore l'idéal le plus complet que j'aie jamais vu du coursier du désert, et tel qu'il devait bondir dans les campagnes de l'Éden. Les formes de ces animaux l'emportent tellement sur celles des autres chevaux, qu'on serait tenté de croire qu'ils appartiennent à une tout autre création. Les coursiers anglais peuvent courir plus vite et sont en état de faire de plus prodigieux sauts, mais ils n'approcheront jamais de cette grâce indescriptible, de cette amabilité qu'on pourrait presque nommer de la coquetterie; de cet amour pour leur cavalier avec lequel ils s'identifient si parfaitement que celui-ci, assis sur leur dos élastique, croit être emporté par un oiseau; jamais enfin la tête des chevaux anglais, quelque belle qu'elle soit, n'offrira ce jeu étonnant de physionomie qui rend la face des chevaux arabes comparables, pour l'expression, à celle de l'homme.

Quant à ce qui concerne notre Haleby, on

pourrait peut-être, en consultant les règles établies, trouver en lui quelque chose péchant contre ces règles : ainsi on pourrait dire qu'il a le garot, c'est-à-dire la partie antérieure trop haute et trop maigre, tandis que sa croupe a trop de rondeur; le premier de ces prétendus défauts est le signe ordinaire d'une bonne race, et quant à moi, ceci ne me paraît pas le moins du monde défectueux; le second n'annonce qu'un plus grand degré de force, sans que cela puisse jamais être regardé comme un inconvénient, surtout dans les chevaux de race arabe, lesquels, au moindre mouvement, lèvent la queue en manière d'étendart. Les épaules, le corps, les jambes sont irréprochables, mais le cou et la tête sont d'une si extraordinaire sublimité que je manque d'expressions pour la décrire. Il y a dans la beauté, fût-ce celle des animaux et même celle de la nature morte, lorsque cette beauté atteint son plus haut degré, quelque chose de divin, qui ressemble à l'amour et qui s'empare du cœur de quiconque en a le sentiment. Vous rirez peut-être de cet enthousiasme, mais pendant tout un jour j'aurais pu admirer ce noble et bel animal; et' je sentis comme une sorte de douleur quand il fallut m'en séparer. Lorsqu'il fut amené devant moi, et qu'il aperçut la jument sur laquelle j'étais arrivé, il y avait de quoi s'émerveiller de sa contenance; quoique ses yeux fussent naturellement doux et malins ils étincelèrent subitement comme le feu, et ses naseaux se dilatèrent de telle sorte que le poing fermé eût pu y entrer; toutefois il n'y avait rien dans ses mouvemens de la brutalité animale avec laquelle ses semblables manifestent, d'ordinaire, leurs désirs naturels; c'était juste la même différence qu'il y eût eu entre Alcibiade et Diogène placés dans de semblables circonstances, passez-moi la comparaison. Toutefois Haleby témoigna vivement le déplaisir qu'il éprouvait d'un espoir trompé, car lorsqu'on voulut le ramener, d'un bond rapide et léger il nous tourna le dos et rentra dans sa loge.

Outre cette perle du haras, il y avait encore là un autre très précieux coursier blanc, pourtant d'une race un peu moins noble que celle d'Haleby, et qui a été acheté à M. Polani, le médecin de lady Stanhope; il ne porte que cinq pouces et demi de haut, mais c'est, de tous les chevaux arabes qui sont ici, le plus fortement constitué; comme il est entravé et attaché très court, la tête et le cou ont quelque chose d'un peu cosaque. Pour la course, à la chasse, à la guerre, ce doit être un cheval à souhaits; pour la monte peut-être son sang n'est-il pas assez pur.

Je remarquai encore que si l'on blâmait dans le défunt Abou-Farr le trop de longueur du paturon, cette légère imperfection, qui ne lui portait pourtant aucun préjudice, était devenue, chez ses enfans, un véritable défaut; les deux descendans de cet admirable arabe, nés, il est vrai, l'un d'une jument limousine, et l'autre d'une normande, étaient peu différens des sujets provenant des autres chevaux. Abou-Farr portait huit pouces pleins, ce qui, pour un cheval arabe, est une rare hauteur. M. Pompier, que ma passion bien prononcée pour les chevaux intéressait singulièrement, me dit alors qu'il possédait un manuscrit très précieux que lui avait donné M. Desportes, et dont le contenu n'avait jamais été publié.

C'était une instruction officielle sur la bonne ou mauvaise signification des différentes marques des chevaux d'après les décisions du Prophète; instruction qui, outre son intérêt historique, était très utile à quiconque voulait acheter des chevaux en Orient, parce que, profitant des superstitions régnantes, à l'égard de ces marques ou signes, souvent on pouvait acquérir des bêtes de premier choix pour un prix fort médiocre.

Ce manuscrit contenait aussi des observations et des notes fort intéressantes sur les races des chevaux arabes et sur l'art de les traiter dans leurs maladies. M. Pompier m'offrit de me communiquer ce document; vous pensez, cher comte, avec quel empressement j'ai accepté la proposition, et j'ose espérer que la traduction de ce morceau, que je joins à ma lettre, sera accueillie par vous avec plaisir; toutefois, avant de vous en occuper, permettez-moi de compléter mon rapport par le compte rendu de ma visite au haras de Tarbes.

L'établissement de cette dernière ville, plus considérable encore que celui de Pau, est tenu avec un soin également digne de louanges; toutefois ici les plus nobles chevaux sont, en quelque sorte, du bien perdu. Le gouvernement ne possédant pas une seule jument de pur sang, on fait acheter dans les environs et parmi les poulains mâles provenant des coursiers arabes, ceux qui paraissent les meilleurs, l'on s'en sert au haras royal comme d'étalons arabes. Il s'ensuit de là qu'à la troisième génération ce précieux sang est déjà fort altéré, et qu'à la quatrième il est complètement perdu. Le prix de la monte varie depuis cinq francs jusqu'à quinze francs; de sorte qu'un particulier qui aurait de bonnes jumens de pur sang, et qui voudrait profiter des étalons arabes qui se trouvent ici, pourrait faire d'excellentes affaires. Il paraît, d'après ce que m'a dit M. Parant, le surveillant du haras, que cette contrée convient spécialement aux chevaux arabes, car nulle part, malgré les inconvéniens ci-dessus mentionnés, ils ne prospèrent aussi bien qu'au pied des Pyrénées ; je crois qu'il faudra partout prendre le climat en considération avant de pouvoir se prononcer pour ou contre l'introduction de la race arabe.

Le haras de Tarbes possède cinq ou six étalons de pur sang, dont deux, *Massoud* et *Ourfaly*, proviennent de l'expédition de Desportes. *Massoud*, bai doré avec les quatre pieds blancs! *Saklawé kenheylan*, *nedgdi* de la race de *Foedan-Anazée*, sept pouces de hauteur, peut être regardé comme un cheval parfaitement bien bâti, et si sa tête n'atteint point le beau *superterrestre* de celle d'Haleby, en revanche sa groupe est plus belle, et il peut, dans tous les cas, être mis au premier rang avec ce cheval d'élite. Le choix même entre eux serait douteux; car, bien que Massoud ait également vingt-quatre ans, il a encore tout l'extérieur de la jeunesse; on le laisse errer en liberté dans une prairie entourée de haies, où il bondit fier et joyeux comme les jeune poulains qui l'entourent; ce bel animal est extrêmement doux, il aime les hommes, et à la voix de son gardien il obéit comme un chien. Si je ne me trompe, ce cheval est celui-là même dont Damoiseau raconte qu'au passage d'un canal, et s'effrayant du bateau qui devait le transporter de l'autre côté, l'animal d'un prodigieux élan transporta son cavalier épouvanté à l'autre bord; le Turc, plein d'enthousiasme, se précipita devant le noble animal et lui baisa les pieds. *Massoud* paraîtrait, encore aujourd'hui, capable d'un même trait de vigueur et d'audace.

Ourfaly est un cheval moucheté, présumé *kenheylan* de Mésopotamie, de la race de *Barak*; il est cité aussi par Damoiseau pour avoir jeté, une fois, son cavalier par terre afin de commencer un combat à outrance avec un autre cheval. Il a encore ce même défaut, et quand il ne trouve point de camarade pour passer son humeur fougueuse, il attaque son cavalier; à l'écurie il est très calme, c'est seulement lorsqu'il est en liberté que cette fougue sauvage le saisit. Lorsqu'il est monté, le cavalier s'exposerait aux plus grands dangers s'il tentait de mettre pied à terre en route; moi-même, ajouta M. Parant, je l'ai souvent monté, car il n'y a pas de plus grand plaisir que de se sentir emporté par ce léger et vigoureux animal, mais quand une bourse pleine de diamans serait sur la grande route je ne me risquerais pas à quitter la selle un seul instant pour la ramasser. Du reste ce cheval ne me paraît pas d'un sang très pur, quoiqu'on soit assez satisfait de sa postérité; en récompense il se trouve encore ici un autre cheval très noble et très remarquable, nommé *Saklwy-Hamdan*, bel alezan brûlé, avec une large tache blanche au front, les quatre pieds blancs, et dont la blancheur de l'un d'eux monte jusqu'au ventre; il est presque dessiné comme un cheval de Dongola. Cet animal est le héros d'une histoire toute romanesque que je ne connais qu'imparfaitement, mais qui doit être croyable, vu la haute réputation dont il jouissait en Syrie; car, bien que *Hamdan* fût déjà vieux et un peu fourbu par devant, le gouvernement l'a encore payé 15,000 francs. Son maître était un Turc de distinction, lequel, étant condamné à mort, parvint à s'échapper et fit, à l'aide de ce fidèle animal, cent cinquante lieues, en vingt-sept heures, sans s'arrêter. Ce superbe cheval, avec une force extraordinaire dans le train de derrière, a dans son galop beaucoup de l'allure des meilleurs chevaux de race anglaise; il prend à chaque élan un terrain considérable et il doit avoir été dans son temps d'une vitesse prodigieuse. Il a près de sept pouces, sa corpulence est vigoureuse, mais il a moins de beauté que *Massoud* et *Haleby*. Le coursier blanc, appelé *Cammache*, est également prisé très haut; toutefois je ne le considère, ainsi que deux autres, que comme des chevaux de race arabe, mais communs. Voilà toutes les observations que j'avais à vous communiquer à ce sujet, mon cher comte, j'en viens maintenant au manuscrit de M. Desportes.

Les prophéties de Mahomet traitant des différentes marques et signes des coursiers d'Arabie, ainsi que du bonheur et du malheur que ces marques annoncent.

« Au nom de Dieu très miséricordieux, salut à Dieu, le créateur des peuples, oraison dans la poussière au maître du passé et de l'avenir, notre Seigneur Mahomet, oraison pour nos amis tous ensemble.

« Et ceci est un livre de la science d'équitation, et de la connaissance des bons chevaux, de leur âge, de leurs signes, et de ce qui attend leur cavalier en bonheur ou malheur.

« Gardez soigneusement comme votre œil ces

enseignemens, car ils vous instruiront des indices du front et des autres membres; de la nature du crin, de la couleur du poil, du pied blanc de devant, et de celui de derrière, et de tout ce qui doit arriver au cavalier aussi bien des blessures que de la mort; ce livre vous enseignera aussi des vices et qualités du coursier; de l'origine la plus noble, des coursiers de la race de Kokel, des coursiers qui ont la bouche dure, de ceux qui, en toutes choses, apportent bonheur ou malheur au logis; de ceux qui entrent dans les écuries du roi, de ceux dont le maître sera gratifié de fourrures d'honneur, et le tout prédit par les signes, marques, conformation et couleurs.

« Nous commencerons par les signes favorables, et ceux qui annoncent la rapidité du coursier.

« Deux marques blanches placées sur l'élévation derrière l'oreille, de telle sorte que la têtière de la bride fasse une saillie en avant, annoncent que le coursier est très vite, qu'il a de la force, et qu'à la fin il sera encore plus vite qu'au commencement; de plus un tel signe pronostique longue vie au cavalier. Si les marques s'avancent derrière la têtière, toutes ces qualités seront moindres; si les marques des deux côtés sont parallèles au-dessus des oreilles, cela montre qu'on sera obligé de donner le coursier à un aga; ou qu'on sera forcé à un emploi; ou enfin que le coursier nous sera volé, et que, d'abord plein d'ardeur qu'il était, il deviendra lâche et paresseux. Mais si une de ces marques était plus longue que l'autre, non-seulement le cheval sera volé, mais aussi le maître sera tué. Quand le coursier porte deux marques semblables sur les deux côtés de la poitrine, le cavalier remplira bien l'emploi dont il aura été chargé; mais si une seule existe, ou bien si toutes deux sont du même côté, le succès est douteux. Une marque blanche de chaque côté de la poitrine derrière l'étrier signifie rapidité et sûreté; on les appelle les *ailes*.

« Les taches sous le ventre donnent sécurité au cavalier, et jamais son coursier ne tombera avec lui; deux taches sur les tempes montrent que le maître sera calomnié; une marque sur l'épaule annonce malheur au cavalier.

« Les coursiers qui ont la marque des deux côtés de la queue sont abominables, ils font tout mal; jamais rien de bien; surtout quand ils n'ont pas d'autres signes. Ceux qui ont deux ou trois taches dans la même direction sur le front annoncent que leur cavalier sera blessé au visage;

mais si ces taches ou marques sont interrompues par du poil hérissé, alors sa tombe est déjà ouverte.

« Chez ceux qui n'ont qu'une seule marque sur le front, laquelle s'élève comme un palmier, cette marque est le signe d'une grande fortune, on la nomme *le chemin du bonheur*.

« Mais celui qui a un tel signe sur la partie supérieure de la jambe de devant, monte avec plus d'assurance encore, car ce signe est appelé *la main de Dieu*, et s'il s'étend également sur les deux jambes, attaque hardiment vingt cavaliers, tu les vaincras et reviendras du combat sans blessures; mais si une tache blanche marque le paturon du devant, malheur à qui s'engage à combattre contre toi !

« Le coursier qui porte deux taches sur le bras, fera découvrir un trésor à son maître. Le coursier rétif a d'ordinaire de petits yeux; avec des naseaux étroits les poumons ne se dilatent pas. Les chevaux de noble race ont la racine de la queue mince et les articulations fortes.

(Je laisse ici de côté quelques pronostics sur la hauteur, la largeur du coursier, comme tout-à-fait inintelligibles, ainsi que d'autres considérations qui sont pour nous dénuées de toute espèce d'intérêt.)

« Les coursiers bai qui n'auront ni tache blanche sur le front, ni crins noirs sur le dos, occasioneront dommage à leur maître, ou ils seront volés, ou on les tuera.

« Ne conserve pas un seul instant tout cheval qui aura le poil mélangé aux jambes. Dieu te garde même de son approche! il sera inévitablement funeste à son maître!

« Le poil mélangé sur le nez annonce seulement de légères blessures pour le coursier et pour le cavalier.

« Le coursier qui a le pied blanc avec des taches noires, annonce également des blessures, au pied de derrière pour le cavalier, au pied de devant pour le cheval.

« Dieu a fait toutes choses! »

« Veux-tu entreprendre un long voyage sous la protection de Dieu, monte un alezan qui ait les deux pieds de devant blancs et le gauche de derrière également blanc; tout cheval d'autre couleur qui portera ces signes sera également bon.

« Une belle queue annonce une longue durée dans la course; monte sans crainte un coursier aubère (fleur de pêcher), surtout s'il a la crinière, la queue et les pieds noirs.

« Le cheval qui a la structure et la queue fortes ne vaut rien pour la course; mais il est bon pour la charge, quelle que soit sa couleur.

« Ne monte point un coursier qui, avec une étoile au front, n'a rien de blanc aux pieds, il te portera malheur !

« Le coursier gris pommelé qui porte une tache ronde sur le nez annonce que son maître sera décoré d'une pelisse d'honneur.

« Les chevaux qui portent haut le blanc qu'ils ont aux pieds, sont dangereux; mais le blanc monte-t-il plus haut du côté droit que du côté gauche, fuis un tel cheval ! car il porte la marque de ton linceul !

« Ne monte jamais le coursier de l'une de ces trois nuances, ni couleur de souris, ni couleur de belette, ni couleur de singe.

« Une cavale haute est un trésor.

« Une étoile sur le front, et qui se penche vers la gauche, te promet la réussite dans tes affaires.

« Les chevaux de tous poils qui ont les quatre pieds blancs, apportent profit. Monte, sans crainte, tout cheval noir qui aura les pieds de devant blancs jusqu'au genou, et une étoile au front; car il te protégera contre les enchantemens; il t'ouvrira toutes les portes, avec lui tu seras honoré des grands, tu auras de l'argent en abondance et aucun larron ne saura trouver l'entrée de ta maison.

(Il semble que le Prophète ait eu ici en vue les chevaux de Dongola.)

« Lorsqu'un cheval bai a la queue et la crinière également brunes, ne le monte point; il chasse du logis la bénédiction du ciel; mais si tout ceci est noir de même que les pieds, et un peu blanc sur le front, monte-le sans crainte! Quand la marque du front est interrompue ou n'est point au juste milieu, garde-toi! Les jumens qui ont le poil fauve au-dessus des paturons sont fécondes, et le coursier qui a le poil rubicon sera un excellent étalon.

« Tout cheval dont les crins, d'une seule couleur, sont plus longs que d'ordinaire, et d'une nuance plus sombre que le reste, annonce que son maître périra sur mer, ou par une chute dans un marécage.

« Le cheval qui a la corne dure est non-seulement propre à la course, mais il est aussi très patient. Quand, avec ta main, tu peux prendre quatre côtes, en commençant par la plus courte, tu juges que le coursier est de la race de *Barka*; quand tu n'en saisis que trois, il est de la race de *Koenheil*; enfin, ta main n'en couvre-t-elle

que deux, il est de celle de *l'Iman-Ali*, fils d'A-
bitalée, à qui Dieu fasse grâce !

« Le coursier qui a sur la cuisse un signe,
comme une crête de coq, est de la race de *Fers*;
plus tu le frapperas et plus vite il courra.

« Les chevaux avec des pieds courts, le cou
court et les jambes longues, sont mauvais coureurs, ils détestent l'exercice de l'étrier. (On sait
que les Orientaux se servent de ceux-ci comme
d'éperons.)

« Le cheval qui porte sur le front une étoile
mêlée de blanc et de rouge, présage que la tête
de son maître tombera infailliblement sous un
fer sanglant, même quand ce cheval demeure-
rait toujours à l'écurie.

« Ne crains point tout cheval qui a une raie
noire sur le dos, depuis le cou jusqu'à la queue.

« Le coursier qui porte une marque blanche
sur la croupe et sur la cuisse, procure, à son
maître, du succès près des femmes.

« L'alezan, avec beaucoup de blanc, le bai,
avec beaucoup de noir aux jambes et du blanc
aux oreilles, sont destinés aux écuries du roi.

« Le cheval qui aura du blanc sur les lèvres,
et en même temps la bouche pas trop grande,
courra plus vite que le vent.

« Ceux qui montreront le poil tordu sous le

paturon, sont dangereux pour les voisins, car leur maître les tourmentera toujours.

« Les chevaux qui ont une marque noire au palais amènent, à la longue, malheur; ils sont méchans, enclins à mordre, à se battre, et mettent leur cavalier en danger.

« Ceux qui hennissent quand ils ont faim, mourront bientôt, mais leur maître vivra long-temps.

« Les chevaux qui se couchent vite et se relèvent de même, sont grands mangeurs, et leur maître se trouve en sécurité sur leur dos.

« Ceux qui, depuis le commencement de leur crinière jusqu'à la fin, ont une ligne de poil rebroussé, présagent, pour leur maître, la prison; mais les geôliers lui voudront du bien.

« Un cheval à larges épaules tombe facilement. Les chevaux qui portent la queue de côté, porteront malheur à la femme de leur maître, elle mourra ou sera répudiée.

« Un cheval couleur de lentille attirera à son maître la haine générale et sera, lui-même, méprisé de tout le monde.

« Les cavales qui, attachées à l'écurie, détordent leur lien, sont toujours en mouvement et leur maître n'a point de repos.

« Le cheval qui, avec des dents blanches

comme du lait, la bouche d'une pareille couleur, a deux taches blanches sur la langue, prédit à son maître qu'il sera nommé gouverneur.

« Le cheval qui a un anneau autour du nombril présage, à son maître, des honneurs pareils à ceux d'un prince.

« La jument noire, sans aucun signe, portera malheur à son cavalier et plus encore à elle-même !

« Le coursier gris-de-fer, avec des marques blanches sur la croupe, sera nuisible aux voisins. Son maître toujours malheureux dans le commerce, aura beaucoup de contrariétés domestiques.

« Tout cheval, quelle que soit sa couleur, qui aura des marques noires sur le paturon, si ces marques sont en nombre pair, n'apportera aucun dommage; mais si elles sont impair, ce sera toujours une mauvaise bête, n'apportât-elle pas d'autres inconvéniens à son maître.

« Ne monte jamais un alezan hérissé; ces chevaux sont la ruine de leurs maîtres! mais s'ils ont trois taches blanches sur la poitrine et une sur le haut du montoir de devant, le danger est éloigné, et tu peux aller avec eux à la rencontre de l'ennemi.

« Un cheval dont le blanc s'arrête sur le nez

rue fréquemment, et son maître peut être jeté à terre, quelque bon cavalier qu'il soit.

« Ne monte jamais la jument fauve avec une grosse tête et de longues oreilles, et ne la garde pas un seul instant dans tes écuries.

« Mais Dieu a tout fait ! »

Traduit de l'arabe, et communiqué par J.-B. Baudin, drogman de milady Stanhope.

CONTINUATION DU MANUSCRIT.

« Les Arabes et les Turcs croient fermement à tous ces signes, et il est très important pour tout Européen qui veut acheter des chevaux en Orient, de connaître, du moins, les signes funestes, car ils peuvent alors faire d'excellens marchés ; de leur côté, les Orientaux se gardent bien de divulguer cette connaissance, surtout aux Européens. Ces peuples sont ignorans et superstitieux au plus haut degré, et ils cachent, autant qu'ils le peuvent, leurs chevaux à la vue des étrangers, dans la crainte que ces derniers ne jettent sur eux ce qu'ils appellent *le mauvais œil*, chose, à ce qu'ils prétendent, mille fois plus dangereuse que la peste. Ils redoutent le regard d'autrui non-seulement pour leurs chevaux, mais encore pour eux-mêmes et pour leurs enfans, et ils emploient mille moyens pour se préserver de la fatalité qu'ils y croient attachée. Ordinairement ils suspendent au cou de leurs poulains des cordons de poil de chameau auxquels sont attachés des os de chien, des coquilles et une petite pierre bleue. Pour les chevaux, on leur attache le talisman à la queue ou on le cache dans la crinière; tous les serviteurs qui les soignent en sont également pourvus. Quand un étranger demande à un Arabe la faveur de voir ses chevaux, l'Arabe ne manque pas de remarquer celui sur lequel l'étranger attache son regard, et il ne le laisse pas approcher qu'il n'ait prononcé lui-même la grande invocation *Macha Allaa!* Il paraît que ces mots ont la puissance de détourner les effets du mauvais œil, ou du moins de les rendre peu nuisibles. Toutefois, si le malheur est arrivé, ce qui, dans mon opinion, provient plutôt d'une maladie inconnue du cheval, dont le résultat est attribué à cette cause, ils appellent alors une espèce de magicien qui, à l'aide de mots cabalistiques, et d'un œuf qu'il casse avec de mystérieuses cérémonies, sur le front de l'animal, chasse toute maligne influence. Toutefois, si, malgré cette espèce d'exorcisme, le cheval vient à mourir, alors le magicien dit avec gravité : « Dieu l'a voulu, » ou bien : « il était écrit. »

« Je désirais extrêmement voir cette cérémonie, et il se trouva bientôt que mon propre cheval m'en fournit l'occasion. Tadmor, c'était son nom, fut tout à coup saisi d'une forte fièvre, avec une toux convulsive et tous les symptômes d'une inflammation de poitrine. Le Seïs-Bachi, extrêmement alarmé, vint m'apprendre cette fâcheuse nouvelle; il était dans une extrême colère contre un certain Aloub-Aga qui, une heure auparavant, était venu avec moi dans l'écurie et avait attaché sur le cheval le long regard de l'envie.—Ce n'est pas la première fois, disait-il, que cet homme a jeté de semblables regards, car un de mes propres enfans est, dans ce moment, également en danger de mourir, pour avoir subi cette fâcheuse influence; mais il y a encore du remède, continua le Seïs-Bachi; je vais chercher le schérif!.... Comme je ne m'opposai point à cette démarche, qui me promettait un curieux amusement, il courut bien vite au magicien, et ne tarda pas à revenir, suivi de cet homme qui se mit aussitôt à l'œuvre. Pendant quelques minutes il tint sur le front du cheval malade l'œuf en question, lequel était tout couvert de formules magiques; la main qui faisait cette opération était ornée d'un anneau portant une médaille octogone également remplie de caractères cabalistiques; enfin le sorcier brisa l'œuf en prononçant quelques paroles mystérieuses, après quoi il nous déclara que le charme était rompu; le fait est que l'animal se trouva d'abord soulagé; il est vrai aussi que nous lui avions administré préalablement les remèdes convenables à sa maladie; mais enfin, l'un ou l'autre de ces moyens réussit.

Noms des diverses tribus arabes et de leurs cheiks; qualités de leurs chevaux, et désignation de la partie du désert que ces tribus habitent aux différentes époques de l'année.

Tribu *Onald-Ali.*

« *Douhhy-ebn-Smer* ou *El-Tayar,* prince de la tribu. Il a la réputation d'un bon prince, mais fort avare; cette tribu est renommée par la belle race de ses chevaux; elle campe, pendant l'été, seulement à une journée de Damas, dans le district *Sana-Maina,* et, pendant l'hiver, dans celui de *Zergxhonel-Balga*, à quatorze journées de marche de la ville; ces Arabes sont spécialement chargés d'escorter les pélerins qui se rendent de Damas à la Mecque.

Tribu *El-Ronda*.

« *El-daya-ai-ebn-Cheuan*, chef de la horde; ses chevaux sont de la même race que ceux de la précédente tribu; elle campe en été en Syrie et en Palestine, depuis Dantal jusqu'à Horan, et en hiver, dans le désert, dans direction de Bagdad et Bassora en Mésopotamie.

Tribu *El-Mentifecth*.

« *Faarès-el-Iarba*, son chef, est un prince noble, généreux et hospitalier; même race de chevaux. Cette tribu n'entre jamais en Syrie; elle habite toujours entre le Tygre et l'Euphrate, elle s'approche quelquefois de Bagdad, à la distance de quinze journées de voyage; mais elle pénètre rarement plus avant dans la Mésopotamie.

Tribu *El-Sonalmi*.

« *Aynard-ebn-Yendal*; ce prince est quelque

peu avare ; même race de chevaux ; les Arabes de cette tribu sont regardés comme les meilleurs cavaliers du désert ; elle est alliée avec la tribu de Ronela, voyage avec celle-ci et campe près d'elle en Syrie, aussi bien que dans le désert.

Tribu *Rani-Sahbar*.

« *Mattac*, bon et généreux prince ; même race de chevaux ; la tribu campe en Palestine, entre Jaffa, Ramsa, Gaza et Jérusalem, jusqu'à la mer Noire et l'Arabie-Heureuse.

Tribu *Sarhhant-Serdée*.

« Ces deux tribus sont alliées à la précédente ; elles voyagent et campent sur les confins des pachaliks de Damas et d'Acre.

Tribu *El-Monaigé*.

« *Barchas-ebn-Hedib*, est un jeune et beau prince, plein de loyauté et de politesse ; même race de chevaux ; cette tribu campe, en été, dans le voisinage de la précédente, et, en hiver, à la partie du désert qui s'étend de Palmyre jusque vers Bagdad ; quand les pâturages manquent en Syrie, elle demeure là toute l'année.

Tribu *El-Hharasa.*

« *Aonard*, chef. Cette tribu possède de la plus belle race de chevaux de toute l'Arabie ; elle campe ordinairement dans l'Arabie-Déserte, au district de Nedgied ; quelquefois, mais rarement, elle s'approche de Bagdad ; tributaire des Wouhabis, elle prend une part active à leurs guerres. Il est extrêmement difficile, si ce n'est même impossible, à un Européen, de pénétrer jusqu'à son camp, excepté quand le manque de fourrages force cette tribu à se rapprocher de Bagdad, ce qui n'arrive, comme je l'ai dit, que très rarement.

Tribu *Foedam.*

« Cette tribu a pour chef *Douhy*, prince rapace et fripon, sans aucuns sentimens d'honneur ou de délicatesse ; elle possède une excellente race de chevaux, la plus distinguée, sous le rapport de la souplesse, de toutes les races de Syrie. On trouve cette tribu, pendant l'été, dans les environs d'Alep ; en hiver, elle se retire vers... (je n'ai pu déchiffrer le mot) ; les tribus *Sahbah* et *Adaal* lui sont alliées et campent dans son voisinage, elles sont toutes trois presque toujours engagées dans quelques guerres par les autres tribus.

« Telles sont les tribus arabes les plus distinguées et les plus considérables, chez lesquelles on trouve les plus nobles races de chevaux. Il y en a bien encore une cinquantaine d'autres, mais celles-ci campent toutes dans le centre du désert, et il est très rare qu'on puisse parvenir jusqu'à elles.

« Les diverses tribus qui habitent le désert de Syrie, depuis Bagdad jusqu'à la mer Morte, sont nombreuses; la plupart obéissent aux Anazès, surtout celles de *El-Foédseb*, *Saan* et *Ebn-Haddal*, qui toutes trois sont unies par les liens du sang; les tribus *Chamar*, sont : *El-Gélas*, *El-Sageh*, *El-Abbo*, *El-Foédaya*, *El-Gederx*, *Zoubeï-Zégritt*, *Assolam*, *El-Gixcham*, *Reïk*, *Rusih*, *Sedam*, *El-Agratt*, *Bantemim*, etc., etc. On compte plus de cent tribus dans le désert de Syrie.

« Il faut avoir vécu quelque temps au milieu d'un camp arabe, pour être en état de dire quelque chose de positif sur ces peuplades errantes; la plupart des voyageurs en parlent, comme ne les ayant vues que de loin; beaucoup en ont donné des relations toutes diverses, et c'est en vain que, chez la plupart des auteurs, on chercherait une véritable description de leurs mœurs et de leurs usages, parce que peu de personnes ont eu le courage de vivre avec ce peuple qui n'est véritablement aimable que de loin.

« L'arrivée d'une horde arabe au milieu du désert est certainement un des plus curieux spectacles qu'on puisse imaginer. On voit d'abord paraître quelques cavaliers armés de longues lances, montés sur leurs jumens qui parcourent l'espace avec la légèreté du zéphir. Chacun trace au galop l'enceinte où le camp doit être établi, et cherche, suivant son caprice, l'endroit où sa tente sera placée. Quand cette place est choisie, le cavalier plante sa lance dans le sol, et attache solidement sa jument à la hampe; d'autres Arabes suivent les premiers; les uns à cheval, la plupart montés sur des chameaux, et bientôt on voit, dans l'éloignement, une armée formidable marcher pêle-mêle, sans ordre, et s'avancer avec la plus grande rapidité; ce sont les familles arabes et le gros de la tribu, avec les chameaux, les tentes et tout le reste du bagage. Quelques bêtes de somme portent les femmes, les enfans, d'autres les meubles et ustensiles de ménage, et enfin une foule innombrable suit à pied le cortége.

« Les chameaux qui transportent ainsi les familles sont équipés de diverses manières, suivant le rang et la fortune du chef auquel ils appartiennent. Celui du cheïk, que j'eus occasion de voir, richement orné, portait sur son dos une espèce de palanquin en forme de bateau, placé en long et ouvert par devant pour pouvoir, de l'intérieur, diriger l'animal; cette espèce de coffre contenait cinq ou six femmes et autant d'enfans, ces derniers nus comme la main; chaque famille s'établit auprès de la lance qu'elle reconnaît pour être celle de son chef; et, en peu d'instans, on voit s'élever une ville comme par enchantement, les enfans sortent des coffres et se mettent à courir sur la plaine ou se plongent dans l'eau, pour peu qu'il y en ait à leur portée, et s'arrangent, le mieux du monde, de leur nouveau séjour.

« Nulle espèce d'ordre ou de symétrie ne préside à la disposition du camp; seulement la tente du cheïk est toujours placée au centre; elle ne se distingue des autres tentes que par sa vaste dimension; toutes sont faites de peaux de boucs ou de chameaux d'une teinte sombre; leur forme est oblongue, et elles sont tendues à l'aide de deux pieux en bois de six pieds de haut, placés à l'extrémité extérieure. L'intérieur est séparé en deux parties, par une espèce de tapis en poil de chameau, ou par quelque tissu plus riche; un côté sert d'appartement aux femmes, l'autre est pour les hommes, et c'est là qu'on reçoit les étrangers. Le mobilier, outre les tapis, consiste en quelques nattes de roseau qui servent de lit: quelques familles couchent sur la terre nue, couvertes seulement de quelques haillons. Les ustensiles pour la cuisine sont une marmite de fer, un grand plat de même métal, un en bois, un gobelet d'étain ou de bois auquel tous boivent à la ronde; une grande outre en peau de chameau pour contenir l'eau; quelques autres plus petites en peau de bouc, enfin un vase à faire le café, et une petite tasse qui, sans jamais être lavée, sert également à toute la famille.

« Leur habillement est aussi simple que leur ameublement : les hommes portent une longue et large chemise, qu'ils ne quittent que lorsque, pour ainsi dire, elle est pourrie sur leur corps; cependant ils l'ôtent la nuit, car ils se couchent tout nus, et se couvrent d'un mechlas, espèce de tissu en grosse laine; du reste, ils ne portent point de chausses, et vont pieds nus. Les Arabes *Anazès* portent deux longues tresses de cheveux qui leur tombent de chaque côté du visage; un mouchoir de soie jaune, vert et rouge, avec de longues franges de même couleur, couvre leur tête. Ils nouent ce mouchoir de façon à former trois pointes, une sur chaque oreille, et l'autre tombe sur le cou; outre cette coiffure assez singulière, ils entourent aussi leur front d'une espèce de cordon de laine en forme de turban; une ceinture de cuir dans laquelle est placé un long poignard, complète leur costume. Ils ne quittent jamais leur tente sans être pourvus de toutes leurs armes; celles-ci consistent en une massue de bois ou de fer, un sabre, un mauvais fusil et une lance; quelques-uns portent aussi une hache, un marteau ou un croc, en un mot, tout instrument propre à donner la mort, suivant qu'ils ont pu se procurer ces choses.

« Les femmes sont vêtues d'une longue tunique de toile de lin d'une couleur bleue; un voile noir, qu'elles rapprochent sous le nez, couvre leur tête et leur descend jusqu'aux pieds, elles entr'ouvrent fréquemment ce voile pour laisser voir un gros anneau qu'elles portent à la narine droite et qu'une petite chaîne rattache à la tempe; elles permettent aussi quelquefois d'admirer leurs lèvres, teintes de bleu, ainsi que les nombreuses figures dont leur menton, leurs joues et leur cou sont tatoués. Lorsqu'elles sortent de leur tente, ces femmes se couvrent la tête d'un *mechlas*. Leur taille dépasse la taille ordinaire des femmes; leur démarche est gracieuse et pleine de noblesse; leurs grands yeux noirs sont généralement très beaux, et ils paraissent encore plus grands, par l'effet du noir dont elles se teignent les paupières; leur nez est d'une belle forme, mais tout le reste du visage est horriblement gâté par les marques bizarres dont il est couvert. Les femmes arabes ont, pour la plupart, de beaux bras; leurs pieds sont bien faits quoiqu'un peu larges, attendu que nulle espèce de chaussure ne les a jamais maintenus.

« Les enfans des deux sexes vont tout nus jusqu'à l'âge de puberté; les garçons portent seulement une ceinture de cuir autour des reins, et qui les sangle de manière à les faire ressembler à des guêpes. Je m'informai du motif de cet usage, et l'on m'assura qu'il fortifiait les enfans, les rendait plus légers à la course, et qu'ils avaient alors besoin de moins de nourriture. Les hommes même conservent cette ceinture toute leur vie. Au surplus ces enfans arabes sont généralement beaux et bien faits, et je n'en ai pas vu un seul dont le corps annonçât la moindre difformité. Ils sont très robustes; on les voit, tout le jour, lutter sur le sable à l'ardeur du soleil, la tête nue, sans en être le moins du monde incommodés; ils s'exercent aussi au maniement de la lance et à des combats dans lesquels ils cherchent à se terrasser à grands coups de pieds, qu'ils savent parer avec beaucoup d'adresse: en se retournant avec la plus grande agilité, et présentant leur derrière, d'un contre-coup de celui-ci, ils renversent leur adversaire.

« Les femmes s'occupent de la cuisine et du ménage, elles filent et tissent toutes les étoffes dont la famille a besoin; la cuisine ne leur donne pas grande besogne, car, quoique ces peuples soient très gourmands lorsqu'ils trouvent l'occasion de satisfaire leur voracité, ils vivent d'ordinaire avec une excessive frugalité. La base de leur nourriture est le pilau, mets national, qui consiste en riz à demi cuit, assaisonné de beurre fondu; en le mangeant on y ajoute du lait aigre, des dattes, du miel, etc. Les femmes sont aussi chargées de l'emploi pénible de moudre le grain, ce qui a lieu à l'aide de moulins à main fort peu commodes, ou à coups de pilons dans des mortiers de pierre. Le pain qu'elles font de cette farine grossière, se cuit sur des plaques de fer, et ressemble à des galettes; enfin ce sont encore les femmes qui vont chercher l'eau, et souvent elles sont obligées d'aller très loin pour cela: au surplus, je crois qu'elles ne perdent pas

beaucoup de temps à laver, car je doute que leur
linge de corps soit jamais blanchi; aussi ce linge,
ainsi que les autres vêtemens des Arabes, sont-ils
pleins de vermine; et lorsqu'ils vous honorent
de leur visite, ils ne manquent pas de vous laisser quelques-uns de ces insectes, signes non
équivoques de la plus dégoûtante malpropreté.
Quant à cela, les pauvres gens n'y trouvent rien
d'inconvenant, puisque, dans leurs visites les plus
solennelles, on les voit se chercher eux-mêmes
ces petites bêtes et les tuer sans cérémonie.

« Nous avons déjà parlé de leurs superstitions
qui, sous ce rapport, surpassent de beaucoup
celles des Osmanlis : beaucoup observent pourtant le Ramadan. Ils font, ordinairement, leurs
prières en commun, tous rangés sur une ligne,
le chef de la famille en tête, lequel prononce la
prière à haute voix.

« La richesse des Arabes consiste en chameaux
et en chevaux; ils n'ont point de vaches, mais
seulement quelques troupeaux de moutons et de
chèvres, qui leur fournissent le lait et le beurre
nécessaire à leur nourriture. Ils emploient aussi
le lait de chamelles. La quantité de leurs chameaux est très considérable; les uns en possèdent dix, vingt, trente; d'autres plus ou moins.
Le cheïk Donechy en a plus de trois cents. Ils

en vendent, chaque année, un nombre considérable aux Turcomans; et, pendant que j'étais dans leur camp, près de deux mille de ces animaux furent vendus, au prix de deux cents à deux cent cinquante piastres la pièce.

« Le retour des troupeaux le soir au camp est pour un Européen un spectacle unique : la vue de cinq à six mille chameaux suivis de leurs petits, se jouant avec eux sur la plaine poudreuse, et ces animaux, chez nous si tristes et si graves, se poursuivant gaiement comme de vives gazelles, est d'un effet si étrange et si singulier, qu'on peut difficilement s'en faire une idée quand on n'en a pas été témoin. »

(Ce qui suit est à peu près la même chose que ce que vous avez lu dans l'ouvrage de Damoiseau, cher comte; cependant, pour compléter les renseignemens que contient cette lettre, je ne veux pas le supprimer).

Des chevaux arabes.

« Ces peuples nomades possèdent, sans contredit, les plus excellentes races de chevaux qui nous soient connues. On a débité beaucoup de contes sur la manière dont ces chevaux sont élevés, sur le registre qui contiendrait, de temps immémorial, leur généalogie et d'autres rêveries de cette nature. Je pense atténuer fortement ces erreurs, en faisant connaître la simple vérité.

« Les chevaux arabes sont, en général, originaires du Nedgid (1); c'est pourquoi on les connaît sous le nom collectif de Nedji. Une race plus noble, laquelle se nomme Koenlan, se divise en cinq familles ou races nobles qui portent la désignation de *chérif*; la tradition assure que ces cinq races descendent des cinq jumens favorites du Prophète, et qu'elles ont été bénies par lui. On les appelle *Tonaïsse, Gilphe, Manéginè, Sediè* et *Sklawé*. On connaît encore un grand nombre d'autres familles qu'il est inutile de mentionner ici, puisque cela ne sert en rien à la connaissance des chevaux arabes. Au reste, je dois avouer qu'il n'y a point de signes certains pour distinguer, avec certitude, si un cheval est Nedgedi ou Koenlan. J'ai interrogé à ce sujet d'honnêtes et braves Arabes qui tous m'ont répondu qu'eux-mêmes n'oseraient l'attester sans du moins connaître, parfaitement, toute l'ascendance de la mère. Ils conservent principalement la pureté de leurs races par leurs jumens qu'ils se gardent extrêmement de mésallier; d'après le Coran il

---

(1) Nom d'une province de l'Arabie-Heureuse.

est même regardé comme un péché capital de livrer une noble cavale à un coursier de moindre extraction : ceci est un des préceptes de leur religion que les Arabes observent le plus fidèlement. Quand, par hasard, le contraire arrive, le maître n'attache pas le moindre prix au poulain fruit de cette mésalliance ; fût-ce la plus belle et la meilleure bête du monde, elle est vendue presque pour rien. Quand une jument Koenlan est couverte par un cheval Nedgedi, le poulain est regardé comme Koenlan ; si elle l'est par un Gnésidek, son fruit ne sera qu'un Gnésidek ; mais le poulain né d'une cavale Nedgedi et d'un coursier Koenlan, est un Nedgedi ; de là vient qu'il se trouve dans cette dernière race, quoique souvent interrompue, beaucoup de chevaux au moins aussi beaux que ceux de la première, et c'est aussi pourquoi les Arabes ne peuvent, sans connaître les antécédens de la mère, décider si le cheval est Nedgedi ou Koenlan.

« Les Arabes ne tiennent point, comme on l'a prétendu, de registre généalogique de leurs chevaux ; il n'est pas plus vrai, comme plusieurs voyageurs l'ont assuré, qu'ils assemblent jusqu'à cinquante personnes pour être témoins de la monte des cavales, ainsi que de la naissance des poulains. Nous avons souvent été à même de voir le contraire; ils choisissent d'ordinaire, pour étalons, les meilleurs chevaux de leur tribu ou de leurs voisins, et ils ont, comme en Europe, des étalons ambulans qui vont d'un lieu à l'autre. Il est très difficile de les engager à vendre ces étalons, surtout dans le temps de la monte. On donne à cet étalon trois jumens par jour, et le prix, pour chacune, est à peu près d'un dollar d'Espagne; ces étalons vont de tribus en tribus, et souvent à des distances considérables. *Abou-Faur*, que M. Damoiseau acheta de *Fœdam-Anazès*, avait fait, la nuit précédente, plus de vingt lieues, et couvert trois jumens.

« Les Arabes font saillir les chevaux à l'âge de deux ans, ainsi que les jumens parvenues au même âge; à dix-huit mois les unes et les autres peuvent être montés, mais souvent ils sont ruinés au bout de trois ou quatre ans; chevaux, jumens, poulains, paissent ensemble; rarement on voit là les chevaux entiers poursuivre les cavales, mais pour prévenir le cas où cela arriverait on emploie le moyen suivant. (Je passe ceci, attendu que la chose est connue.)

« Les Arabes montent ordinairement leurs chevaux sans bride; un licou, attaché par une muserolle couverte en fer comme un cavesson, leur en tient lieu. Leurs plus nobles coursiers, en guise de selle, n'ont sur le dos, pour la plupart, qu'un morceau de toile doublé et auquel pendent deux cordes qui servent d'étriers; rarement on ferre les chevaux aux pieds de derrière (cet usage est aussi observé chez nous, en Allemagne).

« Les nombreuses cicatrices de feu que l'on remarque sur toutes les parties du corps des coursiers arabes, sont toujours faites à dessein, car les Arabes ne connaissent pas d'autre remède que le feu pour les chevaux comme pour les hommes; eux et leurs enfans sont également couverts de cautérisations, de la tête aux pieds; beaucoup de leurs chevaux, même ceux de dix-huit mois, sont déparés par de profondes cicatrices, au-dessus et au-dessous du paturon, que l'on prend souvent pour autant d'exostoses, mais qui proviennent aussi des sonnettes de fer qu'ils laissent continuellement aux pieds de leurs chevaux, de peur qu'ils ne soient volés; durant tout le jour, ceux-ci demeurent au pâturage et souvent s'éloignent à de grandes distances du camp; toutefois, quand la nuit vient, chaque Arabe rassemble autour de sa tente les animaux qui lui appartiennent et les fait coucher en leur liant un pied, de façon à ce qu'en se relevant, ne pouvant s'appuyer que sur trois jambes, ces animaux ne puissent s'écarter bien loin.

« Les chevaux *Anazès* ressemblent peu aux chevaux arabes que nous avons en Europe; et les jumens sont également très différentes, pour l'apparence, des coursiers mâles. J'ai vu plusieurs jumens dont la taille dépassait quatre pieds dix pouces; les chevaux sont plus petits, et ils ont une toute autre expression. Les jumens ont toutes la tête petite, le nez un peu déprimé, les yeux très grands, à fleur de tête, le front large et carré, les oreilles quelquefois belles, mais plus souvent pendantes, les nazeaux très larges et le bout du nez fin. Les chevaux entiers, au contraire, ont très rarement une aussi belle tête; d'ordinaire celle-ci est passablement lourde, les yeux sont petits et sans expression, les oreilles longues, le front est étroit, et le nez, loin d'être comprimé, est, en général, si élevé, que j'ai remarqué souvent, parmi ces chevaux, des têtes de la forme de celle du bélier; ils ont, pour la plupart, l'encolure étroite, les épaules bien faites, mais les jambes de devant sont souvent faibles, et l'on doit examiner attentivement les articulations qu'ils ont quelquefois défectueuses. Au surplus les Arabes ne s'inquiètent nullement de ces défauts, et pourvu qu'un cheval coure vite et bien, qu'il soit de bonne race et qu'il n'ait aucune des marques réprouvées par le Prophète, il est regardé comme parfait; eût-il, dans sa conformation, tous les vices possibles, ils lui donneront, sans hésiter, la plus belle et la plus noble jument; en revanche ils mépriseront le plus magnifique animal s'il y a quelque doute sur l'origine de sa race, ou s'il porte quelques-uns de ces signes réputés malheureux, et ils ne lui livreraient pas, dans ce cas, la plus misérable de leurs jumens.

« Du reste il faut avouer que, malgré des défauts frappans, ces coursiers possèdent pourtant des qualités extraordinaires; quand ils sont sous le cavalier, toutes ces imperfections disparaissent, et il est presque impossible de les découvrir, tant leur aspect est noble et gracieux. C'est ainsi que j'ai vu nombre de chevaux avec une croupe presque hideuse, une queue basse et dépouillée, et qui, aussitôt que leur maître les montait, relevaient cette croupe et portaient cette queue de telle sorte que je ne pouvais me persuader que ces animaux fussent les mêmes. Les beaux chevaux Anazès ont la plus grande ressemblance avec les coursiers anglais de pur sang; mais ils sont infiniment plus agiles et plus agréables à monter, aussitôt qu'ils sont un peu dressés à notre manière; car en sortant du désert, ces chevaux ne connaissant ni la bride ni l'éperou, choses dont les Arabes ne se servent jamais. Ils vont avec effroi sur le pavé et peuvent difficilement être soumis au trot; ils partent d'un trait au grand galop, et s'arrêtent de même sur place. Toutefois leur intelligence peu commune les a bientôt façonnés à notre méthode.

« Nous avons déjà dit que les cinq principales races étaient présumées descendre directement des cinq jumens favorites du Prophète : ces races de choix sont désignées sous le nom de Koheyl ou Kenheylan.

« Les vrais Kenheylan se trouvent facilement à Bagdad, Moussoul, Orfa et dans les environs. Ceux que l'on rencontre sur les bords de l'Euphrate et dans le voisinage de ses villes, sont plus hauts et plus forts que ceux du désert, mais ils sont moins distingués par la souplesse des muscles et des jarrets.

« Les Kenheylan ont seuls des certificats généalogiques, on n'en conserve point pour les autres races. (Ceci paraît contredire l'assertion précédente sur la généalogie des coursiers d'Arabie.)

« Les races de chevaux qui n'appartiennent point à celles-ci, sont très nombreuses dans le désert; chacune porte le nom du coursier de qui elle descend, ce sont, par exemple, les races Hemdani, Emboyun, Richan, Rabelan, Soneyti, Friggian, Nadban, Torysan, Choneyman, Sabbalia, Widnan, Abou-Arcoub, Michref, Sex-Sex, et tant d'autres. On appelle tous ces chevaux Nedgedi, nom d'une province de l'Arabie-Heureuse; quelques connaisseurs préfèrent ces Nedgedi aux Kenheylan parce qu'ils sont souvent plus beaux et distingués par leurs qualités, quoiqu'ils n'aient point de certificats d'origine; toutefois la préférence des Orientaux est généralement pour les Kenheylan.

(Ceci, tout comme en Angleterre, pour les chevaux de pur sang; mais cette préférence est très justement fondée, et quelques exceptions ne peuvent pas la détruire.)

« Il est maintenant très difficile de s'assurer si un cheval est Nedgedi ou Kenheylan. Les premiers ont ordinairement une élévation sur le front, et le nez un peu arqué; un véritable Kenheylan, au contraire, a toujours le nez camus, de grands yeux, de larges naseaux, le front vaste et, en général, une belle tête.

« On n'éprouve pas beaucoup de difficultés à décider un Arabe à vendre son cheval, à moins que celui-ci ne soit destiné à la monte, mais il est presque impossible de le déterminer à se défaire de sa jument; et quand la nécessité le contraint à ce dernier parti, il ne la vend que par partie, ce qui a lieu de la manière suivante :

« On convient d'abord du prix; l'acheteur alors prend la jument à l'usage et l'entretient ; le premier et le second poulain doivent être livrés au vendeur, lequel a le droit, s'il le veut, de reprendre la mère à la place des deux petits. Souvent ces conventions sont différentes, et l'on voit quelquefois le maître d'une jument chérie ne vouloir en vendre qu'un quart, c'est-à-dire un poulain, c'est ce qu'on appelle, en arabe, *vendre un pied de sa jument.*

(*Fin du manuscrit.*)

C'est avec le plus vif désir de vous être agréable, mon cher comte, que je vous adresse ces documens sur une partie que vous aimez et que vous connaissez si bien; puissent ces détails vous paraître de quelque intérêt ! considérez du moins ce désir comme un témoignage de ma profonde estime. Maintenant, j'attends de vous une note qui me dise si, plus tard, je dois vous envoyer d'Orient quelque suite à ces renseignemens, ce que je ferai toujours avec un vrai plaisir.

HERMANN SÉMILASSO.

CHRONIQUE N° 4.

Les avantages d'une ferme résolution. — Anecdotes. — Les corbeaux et les séminaristes. — Une promenade. — L'accueil inhospitalier.

Nous avons déjà vu plus d'une fois Sémilasso se métamorphoser sous nos yeux, et nous n'avons pas à craindre que les lecteurs qui, jusqu'ici, l'ont suivi, dans ces diverses transformations, en aient éprouvé de l'ennui; et pourquoi en effet notre voyageur aurait-il produit cette fâcheuse impression? Il est homme, et comme tout être humain, celui-ci fût-il le plus insignifiant, s'il est peint avec vérité, il doit trouver intérêt et compassion chez ses frères.

Au surplus, dans l'état où nous allons le présenter à nos lecteurs, ses meilleurs amis auraient peine à le reconnaître.

Depuis six semaines, il se trouvait à l'hôtel de France, à Tarbes, un étranger qui durant tout ce temps n'avait pas quitté sa chambre, et qui, par la singularité de sa vie, excitait tellement la curiosité de toute la petite ville, que la police elle-même, devenue attentive, surveillait cet étranger avec le plus grand soin. On avait plusieurs fois cherché à savoir, de son domestique, si son maître ne voyageait pas sous un nom étranger; et comme on avait remarqué que cet inconnu écrivait sans relâche le jour et la nuit, on avait été jusqu'à demander au fidèle serviteur si son maître n'était peut-être pas M. l'abbé de Lamennais. Ceci était fondé sur ce qu'en effet l'étranger, qui ne se levait qu'à deux heures après midi, se plaçait ensuite régulièrement à une grande table couverte de papiers où chaque jour et chaque nuit, il écrivait, sans interruption, jusqu'à sept heures du matin, si ce n'était pour prendre, comme en passant et presque sans quitter son travail, un léger repas vers dix heures du soir. Depuis que l'étranger était dans cet hôtel, il n'avait quitté sa robe de chambre que pour se coucher; le rasoir n'avait point touché à sa barbe, laquelle eût fait honneur au menton d'un rabbin, et personne n'était entré dans sa chambre que son domestique et la personne chargée de la balayer : la même jeune fille que nous connaissons déjà.

Quelle était la cause de cette singulière manière de vivre? un caprice de solitude! rien de plus. Sémilasso s'occupait, depuis quelque temps, de mémoires destinés à être publiés après sa résurrection (1). Une légère indisposition le retint, par hasard, quelques jours à Tarbes; pendant ses heures de loisir il reprit ce travail, depuis long-temps interrompu, d'abord avec assez de négligence; cependant, et peu à peu, l'intérêt devint plus vif, l'écrivain se plongea de plus en plus dans les anciens souvenirs qui avaient le plus fortement ému son cœur; et enfin il fit le serment de ne point quitter sa chambre avant d'avoir atteint, dans ses descriptions du passé, une certaine période de sa vie, et l'on peut dire, à la louange de Sémilasso, que les promesses qu'il se fait à lui-même, il les garde avec une inébranlable fermeté.

Quelques-uns de nos lecteurs s'étonneront peut-être de ce que notre ami qui paraît pos-

(1) Il ne faut pas oublier que le principal titre de ce livre est *Lettres d'un Défunt*.

séder assez de qualités personnelles pour prendre part au commerce du monde et y jouer un rôle important; se condamne ainsi à une vie d'isolement, vide d'action, et qui au fond se réduit presque toujours à sa propre contemplation. Mais la société secrète, qui sait tout et dont il est le secrétaire intime, peut seule expliquer cette énigme.

Sémilasso, placé sur l'échelon de l'organisation humaine, est arrivé à ce point où il ne peut plus être dominé par ses pareils, mais il n'est pas assez haut pour dominer les autres; cette position morale doit nécessairement lui rendre la vie active désagréable et même, sous certains rapports, pénible à supporter; voilà pourquoi, instinctivement, il s'isole et, comme par dédommagement de la vie qui ne lui a pas été accordée et dans laquelle il ne peut ni être guidé, ni préserver les autres, il se jette dans les bras de la réflexion et de l'imagination; mais l'homme, même celui qui tombe jusqu'à la misanthropie, sent toujours en lui le secret penchant de la sociabilité; c'est pour lui un impérieux besoin de partager avec quelqu'un ses jouissances, ses sentimens, ses pensées: voilà pourquoi Sémilasso a choisi le public pour confident; voilà comment il est devenu écrivain.

Le peu d'heures de repos que notre héros (comme nous le nommerons en plaisantant), se permettait pendant ses longues nuits de travail, il les consacrait à la lecture : il a pour habitude de garder, pour souvenir des livres qu'il lit, certains passages ; le choix de ces passages et surtout les réflexions qui les accompagnent doivent porter le cachet de son individualité et, à ce propos, nous devons avouer que n'ayant point sous la main d'autres matériaux pour le moment, nous prenons la liberté de remplir quelques pages avec ces extraits, lesquels contiennent vraisemblablement des pensées meilleures que celles de Sémilasso. Il est même possible que, lorsque nous aurons besoin de quelque peu de remplissage, nous puisions, avec discrétion, dans cette collection, et il serait presque flatteur pour nous, comme pour notre ami, si le lecteur voulait les sauter.

Extraits de lectures.

« Lorsque l'empereur Paul Ier n'était encore que grand-duc, son cheval s'abattit sous lui à la promenade, et le prince se foula la main ; il ordonna à son écuyer de faire jeûner l'animal en punition de sa faute; au bout de huit jours, Markow vint lui annoncer que le cheval venait de rendre le dernier soupir: *C'est bon !* répondit le grand-duc.

« Subow, le dernier favori de l'impératrice Catherine, un jour en allant à la chasse s'arrêta sur la route qui conduit de Pétersbourg à Czarskoi-Sélo. Les courtisans qui se rendaient au palais, les courriers, la poste, les voitures, les piétons, tout fit halte; personne n'osait continuer sa route avant qu'il eût plu au jeune homme de quitter la place; mais celui-ci demeura là impassible plus d'une heure, le tout pour guetter le passage d'un lièvre !...

« Un grand seigneur russe avait coutume de donner amicalement la main à tout frotteur ou marmiton qu'il rencontrait dans l'intérieur du palais; un étranger, frappé de cette singularité, lui en témoigna son étonnement : « Monsieur, reprit le courtisan, ceci n'est qu'une saine politique, car un jour ou l'autre, il est tel de ces hommes qui peut devenir mon collègue. »

(Dans une monarchie absolue, où la noblesse ne possède ni rang, ni considération par droit de naissance, où elle n'a d'autre valeur que celle que lui donne le souverain, et où enfin le cocher du monarque aurait le pas sur le plus grand propriétaire du royaume, si celui-ci n'avait pas le rang de son service, cette anecdote, ainsi que les deux précédentes, sont dans l'ordre.)

« On sait que dans la langue russe le mot paysan se traduit par celui d'*ame*, de là vient que lorsqu'on demande à un grand seigneur russe combien il possède d'ames il répond : *Tant*, et toujours modestement sans compter la sienne.

« Avant Pierre-le-Grand, les femmes ne paraissaient jamais en public, ni à la cour, ni en société; l'empereur rendit un ukase par lequel il leur fut enjoint de se présenter à l'avenir au palais; les mœurs s'opposaient tellement à cet usage que l'autocrate fut souvent obligé de faire conduire les dames au bal par la force armée.

(Qui sait si, dans quelques années, la dévotion étant toujours de mode, la police ne sera pas chargée de conduire les dames au bal?)

« Souwaroff disait : Kamenskoy et Repnin connaissent la guerre, mais la guerre ne les connaît point. Pour moi, je la connais peu, mais elle me connaît.

(Un second Souwaroff sur le trône de Russie, et le destin du monde sera décidé! Dieu nous préserve d'un tel malheur!)

« Sous le règne de Louis XIV, une jeune fille était singulièrement élevée! La marquise de Créquy raconte, dans ses mémoires, qu'on lui enseignait la théologie et l'histoire ecclésiastique pour la préserver du jansénisme; outre cela elle apprenait la mythologie, la généalogie et le blason.

« On voyait alors de grands originaux, témoin le comte de Canaples qui avait banni toutes les femmes de sa maison, et obligeait son épouse à se faire habiller par ses laquais, parce qu'il prétendait que les femmes de chambre donnaient des puces à ses chiens.

« On croit avoir découvert que le fameux *God save the king* n'est point de la composition de *Handel*, mais bien de celle de Lully. Il était chanté par les jeunes demoiselles de Saint-Cyr, pour consoler le vieux roi au temps de ses disgrâces; voici les paroles françaises de ce chant:

Grand Dieu! sauvez le roi,
Grand Dieu! vengez le roi,
Vive le roi!

Que toujours glorieux,
Louis victorieux,
Voie ses ennemis
Toujours soumis;

Grand Dieu! sauvez le roi,
Grand Dieu! vengez le roi,
Vive le roi!

« Pourquoi ne voit-on plus de *nobles-à-la-rose?* ils pourraient être une preuve que le secret de faire l'or n'est point une chimère et que jadis il fut bien près d'être trouvé. Un noble-à-la-rose, du temps du Prétendant, fut analysé par un physicien de Nywelt; le métal parut sur la pierre de touche, à la cassure comme à la surface, en tout semblable à l'or de ducat le plus fin; et il avait également le poids; pourtant, lors de sa décomposition, il ne s'y trouva qu'un vingtième d'or véritable, un quart de mercure, un scrupule de fer, un quart de cuivre, un huitième d'étain, et le reste un mélange qui ne fut pas complètement analysé et où se trouvaient, entre autres choses, des sels qui se cristallisèrent en prismes pentagones.

« Il y a cent ans que les dames, en France, portaient des habits sur lesquels étaient peints des tableaux tout entiers; ces étoffes étaient drapées par des agrafes formées par des papillons en porcelaine de Saxe. L'objet le plus cher de la toilette des hommes d'alors était la perruque; une perruque blonde de première qualité coûtait jusqu'à cent cinquante louis.

« Le vieux maréchal de Tessé avait coutume de dire qu'il n'y avait que trois espèces d'hommes : les blancs, les noirs et les princes.

« La maréchale de Noailles avait une correspondance suivie avec la sainte Vierge ; elle déposait ses lettres en un certain lieu, et elle y trouvait exactement les réponses, lesquelles étaient faites vraisemblablement par son confesseur. Une fois la bonne dame se trouva quelque peu choquée de la familiarité de la mère de Dieu envers elle. « *Ma chère maréchale!* disait-elle d'un air aigre-doux, *et à la troisième ligne encore!... Il faut convenir que cette formule est un peu familière de la part d'une petite bourgeoise de Nazareth!* »

« Un jour qu'elle s'entretenait avec la Vierge dans l'église, elle la pria très instamment de procurer à son mari le diplome de comte du Saint-Empire; tout à coup une petite voix claire sortit de la statue, et lui dit : Votre mari a depuis long-temps plus qu'il ne mérite! La maréchale, sans se déconcerter le moins du monde, et pensant que c'était le petit Jésus qui, sur le bras de sa mère, lui avait répondu, s'écria tout en colère : *Taisez-vous, petit sot, et laissez parler madame votre mère!*

(C'était le page Chabrillant qui, s'étant caché derrière la statue, avait fait cette réponse; telle était la religion de ce bon temps!)

« Le trisaïeul du président Talon était un

Irlandais, au service de Henri III; c'était un géant par la taille, un lion par le courage, un taureau pour la force, mais un dragon pour la jalousie; souvent il enfermait sa femme, qui n'avait pas plus de trois pieds de haut, dans un coffre, et, le prenant sous le bras, il l'emportait partout avec lui.

« Dieu ne nous a donné nos parens, dit un auteur français moderne, que pour nous montrer comment nous ne devons pas nous conduire envers nos enfans.

« L'homme, continue le même auteur, qui n'a pas le pouvoir d'être froid et impitoyable dans sa vengeance, doit abjurer toute velléité d'impatience et d'irritation. Il n'y a point de rôle raisonnable à jouer, entre celui du chrétien qui pardonne, et celui de l'enfant du siècle qui se venge.

« La société veut quelquefois être bravée, elle n'accorde son admiration à aucun de ceux qui se traînent dans les vieilles routes tracées. Dans le siècle où nous vivons, il faut conduire l'opinion à coups de fouet.

(La super-hardiesse de ce passage paraît d'autant plus piquante qu'elle ne provient pas de la plume d'un profond connaisseur des hommes, mais de celle d'une dame!)

« Il y a des gens dont l'invincible orgueil les empêche de réussir en quoi que ce soit.

« D'où nous vient cet instinct qui, lors d'un bonheur sans interruption, nous fait éprouver une légère frayeur?...

« M. de Narbonne fut le premier qui, en apportant une dépêche à Napoléon, mit un genou en terre et la lui présenta sur son chapeau.

« *Eh bien!* s'écria le nouvel empereur tout surpris, *qu'est-ce que cela veut dire?*

— *Sire!* répondit le courtisan, *c'est ainsi qu'on présentait les dépêches à Louis XIV.*

— *Ah! c'est très bien!* » Et dès ce moment date la faveur dont M. de Narbonne a joui jusqu'à la fin. »

Nous faisons grâce au lecteur d'une douzaine d'autres anecdotes du même genre.

Sémilasso ayant accompli l'engagement qu'il s'était imposé et terminé son dernier chapitre, nous le voyons peu à peu sortir de la maison comme l'escargot sort de sa coquille; et profiter du premier beau jour pour faire sa première excursion.

L'obligeant maître de l'auberge, rassuré sur l'importance politique de son hôte, lui avait prêté son meilleur cheval, et notre ami jouissait de la vie et de la liberté avec ce double enchantement qu'éprouve le prisonnier après une longue captivité. La chaîne des Pyrénées était couverte de neige; le ciel noir et nuageux répandait, sur tous les objets, cette lumière grise et mélancolique qui donne tant de charme à la nature quand il fait chaud; dans cet état de l'atmosphère un certain *velouté* couvre tout l'ensemble du paysage; le doux souffle d'un vent tiède caresse les sens, tandis que l'ame, pleine de pressentimens, s'abandonne avec langueur à cette disposition, mélange de douleur et de volupté. De tels effets n'ont lieu chez nous qu'au printemps ou en automne; dans cette contrée, l'hiver en offre fréquemment de semblables. Des milliers de corbeaux, comme un essaim de mouches, se jouaient dans les airs, ils décrivaient sans cesse de longs cercles autour d'un petit bois de hêtres au milieu duquel on apercevait un vieux château gothique et qui leur servait vraisemblablement de lieu de repos pour la nuit.

La conversation de ces oiseaux était des plus animées; ils n'interrompaient pas un seul instant ni leurs croassemens, ni leurs évolutions; il est probable qu'ils s'entendent entre eux aussi bien qu'un cercle d'hommes rassemblés pour le thé, le jeu ou tout autre amusement.

En détournant les yeux de ces noirs habitans de l'air, Sémilasso fut frappé de l'aspect d'une autre bande noire qui s'avançait vers lui. C'était un bataillon, de près de trois cents hommes, partagés en deux troupes, sans drapeaux il est vrai, mais tous vêtus de longues et noires soutanes avec le petit rabat blanc au cou; ce bataillon était celui des séminaristes de Tarbes, parmi lesquels se recrutent les curés de village, et qui allaient en promenade; Sémilasso admira surtout leur tenue militaire, assez incompatible du reste avec l'humilité de leur état. Bientôt ces jeunes gens quittèrent la grande route et s'établirent, par petits groupes, sur la pente d'une colline voisine toute couverte de genêts encore en fleurs. Les uns commencèrent alors des chants religieux, les autres se mirent à lire leur bréviaire; de loin on eût dit voir un tapis mélangé de jaune et de vert, et parsemé d'une quantité de grosses taches d'encre.

Notre voyageur passa à travers cette troupe édifiante, et gagna le haut de la colline où se trouvait une jolie maison de campagne appartenant à M. Fouchon, riche marchand à Tarbes; cette maison a une vue enchantée, un parc planté avec beaucoup de goût; celui-ci est petit, mais il en est d'autant mieux tenu, parce que, ce qui est rare en France, le propriétaire s'en occupe avec passion. A quelques mille pas plus loin, et plus haut, il y a une maison de paysan dont la position est encore plus avantageuse; le petit enclos qui en fait partie, est entouré d'une haie de houx, dont les fruits couleur de feu au milieu de la sombre verdure de ses feuilles épineuses, font un magnifique effet; quelques vieux figuiers ombragent la chaumière; à droite, le regard plonge sur la ville de Tarbes et la plaine à perte de vue qui l'entoure; en face s'élèvent les montagnes des Pyrénées au-dessus d'une forêt de chênes, tandis que de l'autre côté, c'est-à-dire à gauche, on aperçoit par-dessus les vignes voisines une suite de collines et de vallons ombragés, parsemés de villages, dont les toits plats percent à travers les arbres, ainsi qu'une belle ruine qui, du plus haut point, doit dominer tout le tableau. Cet endroit serait encore assez convenable pour y établir une maison de plaisance, quoique le propriétaire demande 1200 fr. de l'arpent de terre, qu'on appelle ici *Journal*. La grande fertilité du sol fait que le prix des terres est fort élevé dans ce canton.

Comme notre ami montait aujourd'hui un bon cheval (ce qui ne lui était pas arrivé depuis longtemps), et dans les veines duquel coulaient quelques gouttes de sang arabe, il prit au retour son chemin à travers champs. Le hasard lui fit voir un orme d'une grosseur colossale; c'était vraiment le roi de la contrée. Il avait plus de cent pieds de hauteur, et à vue d'œil, au moins trente de tour; il s'élevait droit comme un cierge et d'un seul jet, et sans aucune fourche jusqu'à la cime; pour honorer cet arbre géant, on a placé un banc de gazon sous son ombre, et une croix est appuyée sur le tronc; à la vue de cet oratoire rustique, Sémilasso sentit sa dévotion moitié chrétienne, moitié druidique, se réveiller; toutefois elle fut, peu après, assez mal récompensée; son chemin le conduisit près d'une élégante *villa* où sa curiosité le porta à s'arrêter. Il attacha son cheval à un arbre, et entra dans l'enclos. Sa mauvaise étoile voulut qu'une famille anglaise ayant loué cette habitation s'y trouvait dans ce moment. Au premier regard qu'il jeta dans l'intérieur par la fenêtre du rez-de-chaussée, Sémilasso, en voyant ces gens à table pour le déjeuner, s'aperçut avec effroi de la bévue qu'il avait faite. Toute la famille se leva de table, effarouchée par l'aspect d'un étranger dans le parterre, tout près de ses fenêtres.

Les bons insulaires, hors de leur pays, gardent toutes leurs coutumes; ils y vivent comme dans leurs propres foyers, interdits pour la plupart du temps à tout étranger. Une demi-minute n'était pas écoulée que cinq ou six personnes des deux sexes, effarées, et suivies d'autant de chiens, se précipitèrent hors de la maison, et regardant Sémilasso avec un étonnement risible, balbutièrent quelque chose en mauvais français qu'il ne put comprendre; enfin, un petit garçon assez éveillé, le fils de la maison sans doute, et contre l'usage anglais, vêtu d'une blouse assez sale, s'avança hardiment vers l'étranger et lui demanda ce qu'il voulait?

« *Are you an Englishman, sir?* demanda Sémilasso.

— *Yes, sir!*

— *Well, I Should'nt have thought it, my boy, for you look rather like a little french dog* (1). »

Le petit drôle déconcerté se retourna vers les domestiques, comme pour chercher du secours; mais Sémilasso remonta tranquillement à cheval et partit en riant, très-joyeux de n'avoir reçu de personne une invitation de boxer.

Nous allons le laisser chevaucher à son aise, et nous retournons à son portefeuille.

(1) « Etes-vous Anglais, monsieur? — Oui, monsieur! — Bon! je ne l'aurais pas imaginé, car vous avez plutôt l'air d'un petit chien de Français. »

LETTRE XIV.

Toulouse. — Le Capitole. — L'église de Saint-Saturnin. — L'amphithéâtre. — L'arsenal. — Le musée. — Carcassonne. — Beziers. — Le canal du Midi. — Montpellier. — Jardin des plantes. — L'école de médecine. — L'amphithéâtre de Nismes. — La maison carrée. — La tour Magne.

———

A M. LE COLONEL DE W***.

Marseille, le 24 décembre 1834.

En approchant du théâtre de nos plaisirs et de nos joyeuses excursions de jeunesse, cher W***, maintenant que j'achève le *tour* dans lequel nous avons jadis dépensé tant d'argent et de temps, n'est-il pas naturel que j'adresse *de* *préférence* à mon ancien et fidèle compagnon cette tardive et dernière récolte de souvenirs d'un temps plus heureux?

Vous apprendrez par d'autres que par moi, comment je suis venu de Carslbad jusqu'à Tarbes. Le 16 décembre, je quittai cette dernière ville par une nuit passablement froide, et que la lune rendait claire et brillante comme le jour. Du sommet d'une montagne et aux clartés grandioses de l'astre des nuits, je pris un dernier et solennel adieu de la masse blanche et imposante des Pyrénées; car bien qu'on voie encore ces dernières plus loin et même jusqu'à Toulouse, elles perdent, par l'éloignement, cette majesté sublime à l'impression de laquelle ici, à la lueur des étoiles se réfléchissant dans les eaux de l'Adour, je me livrai encore une fois de toute mon ame; heure sublime! et qui ne s'effacera jamais de ma mémoire!.... Vous, mon ami, vous savez apprécier de tels momens.

Vers le matin, nous aperçûmes les tours de Toulouse: cette ville se présente sous un aspect agréable; la vue dont on jouit du pont sur la Garonne est des plus belles: d'un côté s'étendent de vertes prairies entrecoupées de bosquets, de promenades; de l'autre le fleuve semblable à une mer, et dans les eaux duquel l'un des plus grands moulins de France agite ses vastes rouages.

Dans l'intérieur de la ville, dont les rues sont fort populeuses, je remarquai une quantité de belles habitations toutes modernes qui, par les excellens matériaux de leur construction en briques, et les ornemens d'architecture en terre cuite dont elles sont décorées, l'emportent en dimension, en variété, aussi bien qu'en perfection, sur les meilleurs ouvrages de ce genre de Feilner à Berlin. Les briques, qui ont une toute autre forme que chez nous, sont moins épaisses de moitié; elles ont un pied carré (ainsi elles sont plates et telles que nous les employons pour le payage), et présentent l'apparence d'un mur solide en pierre; elles n'ont pas besoin d'être enduites ni cimentées, mais seulement polies sur place. Ces briques sont d'une si excellente qualité, que le sable et la chaux ne leur est point comparable pour la durée et la solidité. Ce genre de bâtisse me plaît d'autant plus, qu'il se montre tel qu'il est, et n'affiche point un extérieur plus distingué qu'il ne l'est en effet.

Les toits plats et recouverts en tuiles, à l'italienne, d'un brun rouge, sont presque un ornement pour les maisons. Les balcons sont aussi communs ici qu'en Italie.

Toulouse ne manque pas non plus de superbes monumens gothiques et byzantins, et j'aurai bientôt l'occasion de mentionner quelques-uns de ces derniers.

Je visitai d'abord ce qu'on appelle le *Capitole*, c'est l'hôtel-de-ville; sa façade est moderne, mais la cour, dans laquelle le duc de Montmorency fut décapité, paraît d'une haute antiquité, et plus encore les bâtimens de derrière; dans l'appartement du concierge on montre la hache en forme de couteau avec laquelle Montmorency reçut le coup fatal, et qui fut faite, dit-on, pour cette exécution; du reste, cette arme est extrêmement bien travaillée.

Les capitouls de Toulouse étaient jadis, comme vous savez, de hauts et puissans seigneurs. Lorsque dans les occasions solennelles, telles que les processions et autres cérémonies, ils se montraient au public dans leurs somptueux costumes, ils paraissaient aux yeux de leurs concitoyens comme le *nec plus ultra* de la grandeur humaine. Je me rappelle avoir lu dans je ne sais quels mémoires, qu'un enfant à qui sa mère venait de faire un beau présent, fut trouvé à genoux et priant avec ferveur; et lui ayant demandé l'objet de sa prière : «Chère mère ! répondit dévotement l'enfant, je priais Dieu de te récompenser de ta bonté en te faisant capitoul de Toulouse. »

Ils sont passés ces jours de fêtes!

Dans la salle de l'hôtel-de-ville, sont placés les bustes des plus célèbres Toulousains, tels que Cujas, Campistron, Palaprat, Maynard, etc. Tout ce que j'ai retenu du premier, tandis que j'étais à l'université, c'est qu'il avait une fille très-jolie et très-coquette, dont il était fort lestement mené, et à laquelle les élèves avaient coutume de faire la cour quand ils quittaient la classe de son père; c'était ce qu'ils appelaient: *commenter les œuvres de Cujas.*

Campistron était aussi un drôle de corps. Il brûlait toutes les lettres qui lui étaient adressées; un jour qu'il était occupé à cette besogne, quelqu'un demanda à lui parler: « *Impossible!* répondit le duc de Vendôme, qui se trouvait là, *on ne peut le déranger, à présent qu'il est occupé à faire ses réponses!* »

Dans une autre salle, l'académie des jeux floraux tient ses séances. Cette salle est ornée de la statue de Clémence Isaure, fondatrice de cette fête des muses: par son testament, elle a obligé ses héritiers, sous peine de perdre l'héritage, à jeter ces fleurs poétiques chaque année sur son tombeau.

On a le projet d'ériger vis-à-vis le capitole, et pour lui servir de pendant, une salle de spectacle. Si ce projet s'effectue, peu de villes posséderont une plus belle place publique ; celle-ci a déjà cela de particulier, que chaque soir, quand le temps le permet, il s'y tient un marché aux lumières avec d'innombrables lanternes comme à la Chine, ce qui fait un coup d'œil très divertissant.

La cathédrale gothique, qui n'a jamais été achevée, et qui consiste en trois églises bâties l'une près de l'autre, et réunies en un tout, offre peu de choses remarquables ; elle possède pourtant quelques beaux vitraux, mais mal restaurés. Il n'en est pas de même de l'église de *Saint-Sernin* ou *Saturnin*, qui date du quatrième siècle ; à moitié détruite du temps des Albigeois, elle fut ensuite rebâtie tout entière d'après l'ancien plan. C'est un précieux échantillon de cette antique architecture bysantine dont les monumens deviennent de jour en jour plus rares. La tour octogone, en forme de colombier, et se terminant en pointe, est très remarquable : elle ressemble un peu à celle du Dom de Bamberg, quoique plus grande et plus ornée. Les nombreux arceaux de l'intérieur ont de la grandeur ; le chœur est couvert de peintures, les piliers sont peints en bleu clair, et le fond de la voûte est doré; on voit aussi un grand nombre d'antiques sculptures. Dans l'église souterraine, où l'on trouve quelques arcs en ogive, tandis que dans tout le reste du bâtiment ils sont à plein-ceintre, on conserve, outre les ossemens de quelques saints, les bustes de ceux-ci en bois colorié. Lors de la révolution, on brûla la bibliothèque de cette église, très précieuse et très riche en antiquités, et l'on détruisit aussi beaucoup de monumens remplacés malheureusement par des ouvrages modernes, misérables et sans goût.

Une autre vieille église du même style et avec une tour semblable, jadis consacrée à saint Jacob, sert aujourd'hui d'écurie à un régiment d'artillerie à cheval.

Qu'en résulte-t-il après tout? que les chevaux mangent dans la maison de Dieu, comme nous autres créatures affamées, nous mangeons journellement dans le grand temple de la divinité, le monde.

Le gigantesque moulin dont j'ai déjà fait mention est extrêmement digne d'être vu. Sans entrer dans des détails qui seraient au-dessus de mes connaissances, je dois dire qu'il appartient à cette merveilleuse industrie de notre temps, qu'on ne peut considérer sans une espèce de joyeux étonnement. Ce moulin, mu par de belles machines, sert à fabriquer des faux.

J'allai le soir au spectacle, et j'y vis le *Barbier de Séville*, de Rossini, mieux exécuté que je ne l'ai jamais vu sur aucun théâtre français ou allemand (je n'entends point parler ici de l'Opéra-Italien de Paris). Il fut non seulement parfaitement chanté, mais les chœurs, l'orchestre, tout fut excellent. Le Docteur, Bazile et Rosine, ne laissèrent rien à désirer; Figaro était bon, mais moins distingué que tout le reste. La Feuillade remplissait le rôle d'Almaviva; mademoiselle Bertrand, élève du Conservatoire, celui de Rosine; leurs appointemens sont de 24,000 francs par an, ce qui fait grand honneur à une ville de province. Il paraît qu'on aime et qu'on sent bien la musique à Toulouse. Cet opéra me causa un véritable plaisir, car cette magnifique musique a besoin d'une exécution parfaite, sous peine de perdre la moitié de sa grâce. Je suis convaincu que si Mozart revenait au monde, il serait le premier à clore la vaste bouche de nos détracteurs allemands qui, lorsqu'ils critiquent l'aimable et spirituelle musique de Rossini, portent jusqu'au dégoût le pédantesque et la déraison; oui, Mozart leur démontrerait avec l'autorité de son nom, que depuis lui, il ne s'est pas rencontré un plus beau génie pour la musique dramatique que celui de Rossini.

J'eus pour domestique de louage à Toulouse un singulier original : c'était un vieux Portugais qui vit depuis trente ans en France et ne sait qu'un mauvais français à peine intelligible; de plus, il est d'une telle ignorance, qu'il prenait la Havane pour une fabrique de tabac français; et à l'exception de Lisbonne, Paris et Toulouse, il ne sait pas en quelle contrée sont situées les autres villes. Lorsque je lui dis de me conduire au *Cirque romain* nommé aussi le Théâtre-Antique, il me conduisit au Manége anglais; et quand je lui demandai s'il était marié, il me répondit : *Non, je suis un homme!* ce qui signifie un célibataire dans sa langue naturelle. Malgré cette ignorance de toutes choses, il se mêle de politique, et comme il a entendu, je ne sais comment, parler d'Ibrahim-Pacha qu'il confondait avec Méhémet-Aly, il disait, en parlant des grandes améliorations que celui-ci a faites, que *c'était un grand roi, puisqu'il ne s'occupait que de la génération de son pays;...* bref, c'était le plus amusant laquais qu'on puisse voir, et pardessus tout, une bonne et honnête créature. Il lui eût été difficile de me faire quelque friponnerie dans les comptes, attendu qu'il ne sait ni lire ni écrire. On est tout surpris de rencontrer encore dans notre siècle *superscientifique*, cette vieille et innocente simplicité.

Le lendemain, je commençai ma tournée par visiter l'arsenal, principalement riche en mortiers et canons : la salle d'armes n'est qu'un magasin ordinaire, pourtant les armes sont bien tenues et bien disposées.

Le nouveau musée offre plus d'intérêt, il doit être placé dans un ancien couvent, et promet, en raison de cette localité, d'être unique en son genre. Ce qu'il a surtout de remarquable, c'est ce qu'on appelait *le Cloître*, grande place carrée entourée d'arcades gothiques, bien entretenues et d'un beau travail. Le long des murs de celles-ci, on a placé sur des socles en marbre rouge et en marbre blanc, une collection considérable d'antiquités romaines, provenant des fouilles faites dans le département; et la place gazonnée du milieu contient sous de beaux groupes d'arbres funéraires une grande quantité de monumens, tant du moyen-âge que des temps postérieurs. Au nombre de ces derniers, est le tombeau de Montmorency décapité sous Richelieu.

Les statues doivent être placées dans la ci-devant chapelle gothique, et les peintures dans l'église transformée pour cette destination en vaste galerie. La plus grande partie des tableaux était encore emballée, on en avait seulement placé quelques uns des plus modernes ; parmi ceux-ci j'en remarquai un qui me plut extrêmement : il représentait Louis XII sur son lit de mort, bénissant François Ier. La couronne est posée sur un tabouret près du lit, et le jeune et beau prince magnifiquement vêtu qui est agenouillé devant le lit, attache son regard sur l'éclatant diadême, tandis que le monarque expirant lui pose la main sur le front.

Je terminai mes courses ce jour-là par le Château-d'Eau dont la ville est redevable au ministre Villèle, et à son ex-maire M. de Montbel. C'est une tour vaste et élégamment bâtie, dans laquelle l'eau de la Garonne monte par des rouages à soixante et dix pieds de haut, pour retomber de là dans une multitude de tuyaux qui la distribuent dans toute la ville. Vis-à-vis le Château-d'Eau se trouve l'hôpital des enfans trouvés ; cet hospice a un portique très pittoresquement couvert de lierre, et sous lequel se trouve une ouverture dans le mur où l'on dépose les enfans. Il suffit de sonner, et, sans que personne se montre, le tour dans lequel on a placé l'enfant, se meut par un ressort et rentre dans l'intérieur avec la petite créature qui lui est confiée. Cette bienfaisante disposition doit nécessairement empêcher bien des infanticides.

Je consacrai la dernière journée de mon séjour à Toulouse à faire une promenade à cheval dans les environs, et à visiter en détail le célèbre champ de bataille qui s'étend du pont *des Demoiselles* jusqu'au pont *Jumeau*. Mais avant de quitter la ville, je n'oubliai point d'envoyer à quelques amis gourmands de notre pays, certains pâtés de foie de canards aux truffes, et qui s'expédient en si grande quantité dans toutes les parties du monde que, dans ma seule auberge, j'en ai vu faire habituellement deux cents par jour.

J'ai fait la route de Toulouse à Marseille par la diligence, et d'une manière toute aristocratique, car peu de gens voyagent dans cette saison, et la meute des commis voyageurs qui, au printemps et en automne, encombrent les voitures publiques, n'est pas encore lâchée. Je me suis donc toujours trouvé seul possesseur du coupé : ces voitures, au reste, sont assez élégantes; dans quelques-unes même il y a des glaces, ce qui est fort commode pour la toilette du matin. En revanche, elles vont de manière à vous endormir; le changement de chevaux se fait avec une lenteur infinie, et dans chaque ville l'octroi, avec ses mille vexations, vous retient au moins une heure.

A Carcassonne, la vieille ville est singulièrement remarquable ; placée sur la crête d'une colline alongée et tout-à-fait isolée de la nouvelle, cette antique cité, en grande partie détruite, est entourée d'une triple enceinte de murs élevés qui, pour la plupart, datent du temps de Charlemagne, et au-dessus desquels ou ne voit s'élever que le château, la cathédrale et quelques tours à demi écroulées. Le tout apparaît comme ces immenses ruines féodales que l'on voit en Allemagne, et qu'on appelle Riesenbourg (1). Quand on a gravi la colline, et qu'on entre par la vieille porte voûtée et le long passage qui conduit dans l'intérieur, on éprouve une étrange sensation, comme si on arrivait dans une ville dépeuplée par la peste. Il ne se trouvait peut-être pas dans celle-ci une seule maison qui ne comptât plusieurs siècles, et qui, durant tout ce temps, eût subi la moindre altération. Au dehors on ne voit le moyen-âge que comme en ruine ; au dedans, il est encore vivant ; et même l'accoutrement du peu d'hommes que je rencontrai dans ces rues désertes, me parut éloigné du costume

---

(1) « Château des Géans. »

actuel. Il m'eût fallu peut-être très peu d'efforts d'imagination, pour me croire moi-même reculé à plusieurs siècles en arrière, et je m'oubliai si bien dans l'absorption de mes pensées, que je pensai manquer la prosaïque diligence, laquelle m'attendait depuis un quart d'heure sur la grande route; un commissionnaire, dépêché par le conducteur, vint me tirer de mes rêveuses contemplations.

Narbonne, la patrie de Marc-Aurèle, et où les oliviers commencent à paraître, est également fort antique. Les murs d'enceinte de cette ville paraissent en partie de construction romaine; on trouve aussi plusieurs débris du même temps. La cathédrale, commencée sur un plan gigantesque, malheureusement à peine à moitié terminée, est bâtie en gros quartiers de pierre de taille. Elle a de très beaux vitraux coloriés, une voûte magnifique et d'une extraordinaire hauteur. Les orgues de Narbonne sont très célèbres. Philippe-le-Hardi est enterré dans cette cathédrale. A quelques milles d'ici, se trouve le fameux champ de bataille où Charles Martel vainquit les Sarrasins en 737. Pourtant quelque vingt ans plus tard, Pépin, son fils, en 759, leur reprit Narbonne.

Le soir assez tard, j'arrivai à Beziers par un

froid des plus rudes; on ne s'aperçoit en aucune façon qu'on soit *au midi*, si ce n'est que ni porte ni fenêtre ne se ferment, et que nulle part on ne trouve un poële, de façon qu'on souffre ici dix fois plus du froid que chez nous.

Du haut de la citadelle de Beziers j'aperçus, pour la première fois, la mer que je n'avais pas vue depuis long-temps; c'est toujours une agréable émotion. En été, de cette hauteur, la vue doit être très belle; on aperçoit la mer sur trois points différens, et, suivant les assertions de mon laquais de place, elle paraît de différentes couleurs : l'un est blanc, l'autre bleu et l'autre rouge; je n'ai pu savoir la cause de ce phénomène qui m'a été attesté par plusieurs personnes. Aujourd'hui le brouillard ne permettait d'apercevoir que très peu de l'eau azurée.

La cathédrale est remarquable sous plus d'un rapport; elle a subi, avec le temps, de nombreuses métamorphoses; ce fut d'abord un temple érigé en l'honneur de Livie, femme d'Auguste; et la partie souterraine de ce temple s'enfonçait, dit-on, jusqu'au pied du rocher; plus tard on en fit une église chrétienne; plus tard encore, les Montmorency transformèrent celle-ci en un château-fort, et enfin cette forteresse redevint église et évêché. Tous ces changemens ont donné à l'ensemble de l'édifice un aspect fort original qui porte en soi quelque chose de ces diverses destinations, augmenté encore par l'heureuse position de ce vieux monument, lequel domine toute la ville. L'intérieur offre peu de choses dignes d'être mentionnées, si ce n'est quelques vitraux coloriés, dont les dessins éclatans rappellent ceux des tapis d'Orient. Partout, dans les rues étroites et antiques, on rencontre des débris romains; l'auberge où je logeai était la maison du proconsul Sirius; tout près de là, je remarquai une fenêtre antique ornée de cinq statues qui, si elles ne sont pas d'un mérite très distingué, ont du moins ce caractère, cette élégance individuelle des œuvres de l'antiquité, caractère perdu entièrement de nos jours et remplacé par un style de fabrique.

Une promenade à cheval le long du canal du Midi me parut agréable malgré l'inclémence de la saison et le vent glacial qui me soufflait au visage. Le canal serpente avec des courbes gracieuses, à travers les champs et les collines; ses bords sont presque partout ornés d'allées de platanes, d'ormes, d'acacias et de marronniers : neuf écluses font remonter les bateaux au-dessus d'une colline escarpée; à peu près à une demi-lieue de la ville, on a fait sauter un rocher de près de six cents pieds, et le canal s'enfonce sous une belle voûte souterraine. Plusieurs ponts très pittoresques traversent le canal; et, dans l'éloignement, Beziers, avec sa cathédrale féodale élevée sur sa colline pierreuse, offre un beau point de vue.

Par un froid toujours progressif (cinq degrés) j'arrivai le lendemain vers le matin à Montpellier. J'ai pour habitude, aussitôt que j'ai quitté la voiture, et quelle que soit l'heure, de parcourir la ville ou le lieu où je me trouve, pendant que mon domestique soigne mes effets et prépare ma chambre; en conséquence je me rendis aussitôt sur l'esplanade, une des plus belles et des plus vastes places pour les manœuvres de l'infanterie et de la cavalerie, comme peu de villes en possèdent dans leur intérieur; je vis de là lever le soleil, et j'assistai aux évolutions des artilleurs dans lesquelles, feignant d'assiéger la citadelle, ils ouvraient des tranchées, dressaient des gabions et autres exercices, dans lesquels les soldats étaient obligés de fendre, à coups de hache, la terre fortement gelée, et enfin d'exécuter des manœuvres russes dans le midi de la France.

De là je me dirigeai vers la place du Peyrou

dont vous vous rappelez sûrement, mon cher ami, la superbe apparence. On s'occupe, dans ce moment, à décorer cette place par des plantations entourées de grilles et de parterres de fleurs à la manière des squares anglais; c'est une fort bonne idée, car jusqu'à présent la nudité de cette place contrastait avec la magnificence de son entourage et le panorama tout italien qu'elle présente.

Je trouvai au jardin des plantes quelques individus des cyprès pleureurs et plusieurs camélias acclimatés, lesquels supportent, sans abris, jusqu'à six degrés de froid; dans les serres, où les murs sont tapissés de la belle *solandra grandiflora*, qui porte des fleurs en cloches comme le datura, je remarquai l'arbre de camphre, le papyrus, le cannellier, une espèce de palmier qui vraisemblablement a dû fournir la première idée des escaliers tournans, car ses rameaux ou plutôt ses feuilles, sont disposées de la même manière. Il y a, en outre, une foule d'autres plantes rares et précieuses qui croissent ici de la plus grande beauté, mais l'*upas*, que dans le temps nous vîmes ensemble, n'existe plus.

Je passe sous silence les choses que nous avons vues jadis et ne vous mentionnerai que les nouvelles.

Le précieux cabinet d'anatomie, dont tous les objets sont en cire et qui fait partie de l'école de médecine, s'est augmenté d'un nombre considérable de morceaux d'un plus haut intérêt pour la science, entre autres une fameuse tumeur du poids de vingt livres dont la masse charnue couvrait tout le bas-ventre de l'individu qui en était affecté et qui fut habilement opéré par le célèbre chirurgien Delpêche; vous avez dû voir, dans les gazettes du temps, la fin tragique de cet homme savant; mais la cause de cette catastrophe n'était pas connue; voici ce qu'on m'en a conté : M. Delpêche avait eu à traiter un jeune homme de Bordeaux, attaqué d'une affreuse maladie; un an après, ce jeune homme, quoique guéri imparfaitement, voulut se marier; la chose était presque arrangée, quand le père de la demoiselle eut la fatale inspiration de demander à M. Delpêche quelques renseignemens sur la conduite de son futur gendre pendant son séjour à l'université de Montpellier. M. Delpêche fit la faute, car le médecin doit être aussi discret que le confesseur, d'avouer ce qui était arrivé; le père rompit aussitôt le mariage, et le malheureux jeune homme qui avait, dit-on, avoué la chose à sa fiancée, résolut de mourir, mais non pas sans se venger de l'indiscret. Il part pour Montpellier, armé d'une paire de pistolets doubles chargés, il guette le traître médecin, comme il revenait en cabriolet de sa tournée du matin. Son premier coup frappa le docteur à mort, mais pour être plus sûr de son fait, le jeune forcené tira une seconde fois dans la voiture et tua le domestique du docteur, circonstance inouïe que deux coups tirés presque en courant, portassent immédiatement la mort! les deux autres firent sauter la cervelle du meurtrier.

Que dit votre moralité d'un tel fait? Quant à moi, je ne puis blâmer le jeune homme, et il est même très probable qu'à sa place j'en eusse fait tout autant; j'ai toujours tressailli d'horreur à la pensée qu'un homme, attaqué ainsi dans ses plus chères affections, se soit tué sans prendre vengeance de l'auteur de sa ruine; agir ainsi est moins une vertu qu'une impardonnable lâcheté. Au surplus ce fut un triste évènement pour la science, car la France a perdu dans M. Delpêche un de ses plus grands chirurgiens, et, après M. Dupuytren, son plus habile et plus célèbre opérateur. Quel dommage que la discrétion fût la seule vertu qui lui ait manqué!

J'entendis dans l'élégant amphithéâtre de l'école une partie de la leçon du très aimable phy-

(1) *Saillie fâcheuse qui détruit beaucoup de bonnes impressions.*

siologiste Lordat; ce professeur était assis dans un fauteuil de forme antique, en robe noire et garnie d'un large collet cramoisi; il avait l'air d'un ancien philosophe, il assaisonnait ses propositions de plaisanteries fines et spirituelles; il disait entre autres choses :

« Lorsqu'un homme aime deux femmes dont l'une possède des qualités essentielles, et l'autre des agrémens tout particuliers, les gens d'une morale relâchée conseillent à cet homme de prendre l'une pour femme et l'autre pour maîtresse; je me garderai bien de donner un tel conseil aux jeunes gens en ce qui concerne le beau sexe; mais pour ce qui regarde la science c'est tout autre chose, et je crois pouvoir, sans aucun remords de conscience, vous inviter, messieurs, à prendre la physiologie théorique pour femme légitime, et la pratique de cette même science, comme une maîtresse amusante. »

Le peintre Fabre, un enfant de Montpellier, a légué à sa ville natale son cabinet et toute sa fortune pour fonder un muséum. Celui-ci est assez bien disposé; parmi les tableaux qu'il renferme on compte deux Raphaël : bienheureux qui le croit! Il se trouve pourtant ici un tableau attribué à Rubens, ce dont je doute fort, qui m'a plus attaché que la plupart des productions de ce peintre, lequel, par la vulgarité de ses formes, n'a jamais été mon artiste de prédilection ; ce tableau représente le Christ sur la croix, avec Marie ou Madelaine qui embrasse, en pleurant, les pieds du crucifié. Quant au premier, il faut perdre tout-à-fait l'idée que l'on se fait ordinairement du Christ, car celui-ci n'a rien de divin ; il ressemble plutôt au Laocoon ; en le voyant on pense moins à un Dieu qu'à un homme plein de force et de vigueur, souffrant toute l'angoisse d'une insupportable douleur, effet sinon assez noble, du moins représenté avec la plus extrême vérité. Cette figure pleine de science peut être de Rubens ; mais il est impossible que la femme agenouillée, un ange de grâce et de beauté, et dont les larmes, rehaussant encore la profonde douleur de l'ame, donnent à cette femme un caractère tout céleste, il est impossible, dis-je, qu'elle soit sortie du même pinceau : dessin, coloris, expression, tout est parfait, en même temps que la simplicité de la composition augmente encore l'effet touchant du tableau et en rend l'impression ineffaçable ; en vérité, je crois que j'eusse donné tout le reste de la galerie pour ce seul morceau.

Malgré ma fatigue et le froid, je fis, dans l'après-dînée, ma promenade à cheval accoutumée.

On m'avait dit que, de toutes les maisons de campagne des environs, Verune était la plus belle, et je dirigeai mon coursier de ce côté. La distance jusque là était à peu près d'une lieue ; la contrée, passablement nue et déserte, n'offrait nul agrément ; le parc lui-même est mesquin : ni régularité, ni capricieuse variété ; des jardins dessinés sans goût, entretenus d'une manière pitoyable ; quelques allées de vieux marronniers, des fossés bourbeux, un bois de platanes, plantés en quinconce, un triste château solitaire, *et voilà tout*. Complètement désappointé, je revins sur mes pas, et pris mon chemin dans une autre direction, vers l'île *Magvelonne* qu'un bras de mer, lequel forme une espèce de lac, sépare de la terre, et qui n'a conservé de son antique magnificence, car jadis trente mille habitans y vivaient, qu'une vieille église tombant en ruines. Je voulais passer dans l'île, mais cela me fut impossible, attendu que la mer était gelée.

Je ne vous dirai rien du pays, car vous le connaissez ; beau de loin, hideux de près : ajoutez que chaque village est une ruine pleine de saleté et de misère.

Le jour suivant, en approchant de Lunel, je reconnus, avec un sentiment pareil à celui du *heimwé*, l'endroit où nous tombâmes tous deux à bas de nos ânes !... Je bus ensuite un verre de vin muscat à votre santé, et je soupirai en pensant aux vingt-cinq ans qui se sont écoulés depuis ce bienheureux temps !

Toutefois la vue de Nîmes m'inspira des idées moins sombres. Pendant que nous vieillissions, cette ville s'est rajeunie, vous ne la reconnaîtriez pas ; l'amphithéâtre, que cent mauvaises bicoques laissaient à peine entrevoir au dehors comme au dedans, est maintenant déblayé, en partie restauré, débarrassé de ses décombres, et enfin entouré d'une grille de fer ; cette masse imposante, située au centre d'une grande place, cause ainsi une impression profonde d'étonnement et de respect. On continue chaque année les réparations, lesquelles sont dirigées avec beaucoup d'habileté, et déjà le cirque, rendu à son antique destination, sert journellement à toute espèce de spectacles en plein air. C'est ainsi que M. Martin a donné, il y a peu de temps, une représentation de ses tigres, ses lions et ses hiènes, représentation qui aurait pu le disputer, dit-on, aux jeux des anciens, pour la beauté des animaux et l'habileté de leur conducteur.

On voit maintenant parfaitement toute la construction ainsi que la distribution intérieure du vieil édifice ; et l'on s'étonne comment ces pierres gigantesques, qu'aucun ciment ne lie entre elles, ont pu résister, pendant tant de siècles, aux efforts du temps qui détruit tout. On devrait imiter dans la construction de nos théâtres modernes les nombreuses entrées et sorties de ces doubles arcades, pour éviter les dangers du feu.

La maison carrée est également déblayée; une belle grille l'entoure, dans l'intérieur de laquelle sont placés les fragmens d'antiquité qu'on a recueillis ou obtenus par les fouilles faites dans les environs. Le temple est entièrement réparé: il est destiné à servir de musée à la ville. Toutes ces réparations ont coûté plus de 800,000 fr. Une place, avec d'élégantes façades, s'est formée sur les quatre faces du monument, et la colonnade du nouveau théâtre en occupe une tout entière; avec un si excellent modèle sous les yeux, on aurait pu choisir de plus heureuses proportions, car les colonnes du profil sont un peu lourdes.

L'extraordinaire conservation de la maison carrée est principalement due à ce que cet édifice a toujours été consacré à quelque objet d'utilité publique, tantôt comme lazaret, tantôt comme église; pendant cent vingt ans, on en fit des écuries pour la cavalerie; le marquis de

Chapt la convertit en magasin de grains; une fois elle fut adjugée, à un bourgeois, pour la somme de 100 francs et il la posséda plusieurs années. Maintenant elle sert de musée; on y voit des tableaux, quelques marbres et des plâtres moulés sur les chefs-d'œuvre de la sculpture antique, le tout sans ordre et assez mal disposé; le sol est enrichi d'une superbe mosaïque découverte depuis peu, sous plusieurs pavés superposés l'un sur l'autre; parmi les peintures, je remarquai le portrait du maréchal de Villars, un Palmavecchio et quelques charmans tableaux du genre de Colin, principalement celui d'une jeune femme grecque qui, au milieu d'un paysage d'une nature sauvage, pleure sur son enfant égorgé dans ses bras; c'est une ravissante composition et pleine de sentiment.

Le concierge de la maison carrée, un savant antiquaire, fait lui-même le commerce d'antiquités, et sa collection particulière l'emporte de beaucoup en mérite sur celle du musée; je vis là des choses fort curieuses; par exemple, deux beaux vases en verre antique, des bronzes très rares, quelques excellens morceaux étrusques, ainsi qu'un grand nombre de fragmens très précieux en marbre; aussi je fus obligé de penser plus d'une fois à mes longs voyages futurs pour ne pas me laisser aller à la tentation d'en acheter quelques-uns.

La grande promenade avec le temple de Diane et la fontaine du même nom, les ci-devant bains d'Auguste embellis par une profusion de chèvrefeuille, et ombragée par de hautes allées de marronniers, ne ressemble plus en rien à ce que nous avons vu jadis; car d'abord on l'a considérablement agrandie, et ensuite les rochers nus qui l'entouraient et au milieu desquels s'élève la tour Magne, ont été magnifiquement plantés, ce qui fait, de tout l'ensemble, le plus magnifique jardin de ville qu'on puisse imaginer, et qui, selon moi, l'emporte de beaucoup sur la fameuse place du Peyrou à Montpellier. La seule chose qui dépare un peu cet ensemble, c'est le télégraphe que l'on a placé avec un abominable soubassement, tout-à-fait inutile, sur la cime de la tour Magne : véritable barbarie et qui porte avec elle de fâcheux résultats, car, depuis lors, on ne peut plus visiter cette belle ruine, et la vue magnifique que l'on découvrait de là est entièrement perdue pour les amateurs.

Comme c'était dimanche, et que le temps, quoique froid et venteux, était pourtant serein, cette charmante promenade était animée par une foule de promeneurs parmi lesquels quelques beautés méridionales, aux yeux noirs, aux cheveux de même couleur, se faisaient remarquer.

Lorsque je rentrai en ville et que je visitai la cathédrale gothique, je fus frappé de découvrir sur sa façade les marques évidentes de l'influence que la vue des antiques modèles a dû exercer sur l'auteur de cette construction; il n'a point imité d'une manière servile, mais on retrouve dans le style de ses ornemens les plus gracieuses réminiscences.

Non loin de là se trouve une église protestante que l'on décore ici, comme partout, du nom païen de temple, quoique sa bâtisse fort vulgaire ne lui donne aucun droit à ce titre pompeux. Avant de quitter Nîmes, il faut pourtant dire un mot de louange sur les auberges qui, dans le midi de la France, sont généralement bonnes; si elles avaient seulement des fenêtres et des portes bien closes, elles seraient parfaites. Mais si je souffre du froid, c'est un peu ma faute : voyager ici en hiver, est une chose à laquelle personne ne paraît disposé. La table est partout excellente, et j'enviais presque le sort de cet étranger qui me disait avoir été affligé long-temps d'une maladie qui l'obligeait à faire cinq ou six repas par jour! Les Français en font ordinairement deux ou trois, et ma faible constitution me réduit à n'en faire qu'un seul!

Je n'ai vu Beaucaire, avec son superbe pont suspendu, qu'au clair de lune, et la statue du bon roi René à Aix, seulement en passant; arrivé à l'enchanteresse *vista*, avant Marseille, je pensai vivement à vous, mon ami; et mon premier soin, en entrant dans la ville, fut de courir à notre restaurant, bien connu, de la rue Vallon, lequel prospère encore comme alors; ensuite je visitai l'endroit où jadis, dans un moment d'humeur, je jetai mon journal dans la mer, et puis, le cœur oppressé de votre souvenir, je vous envoyai, à travers la mer et les terres, et jusque dans la lointaine Poméranie, mon tendre et dernier adieu! Je termine ici ma lettre, mon ami. Dieu vous garde!

Votre fidèle ami,

HERMANN SÉMILASSO.

LETTRE XV.

Marseille.—Triste désappointement.—Toulon.—Vue du village de Sixfours.—L'arsenal.—Les galériens.—Le mangeur de gendarmes.—Vengeance d'une fille corse.—Lord Brougham. Ancillon.—Lady Austin.—Départ pour l'Afrique.

A MADAME LA COMTESSE DE S***.

Marseille, le 31 décembre 1834.

Ma chère et vénérable mère,

J'espérais t'écrire de cette contrée, ta seconde patrie, une lettre pleine de gaieté et de folies; je me proposais, en arrivant à Marseille, de visiter ton beau château d'Alais, chose qu'un mauvais

destin m'a toujours empêché de faire, quoique
je me sois déjà trouvé deux fois dans son voisinage; mais la mort, dont rien ne lasse jamais le
vol funeste, m'attendait à Marseille, non pour me
frapper moi-même, mais pour me faire comprendre le poids de sa puissance! Hélas, avec
quelle joie impatiente je saisis le monceau de lettres que j'avais fait adresser ici et qui m'y attendaient depuis long-temps! mais que devais-je y
trouver? la mort de cinq de mes amis; et, parmi
ces fatales nouvelles, comme un coup de foudre
dans un ciel serein, l'effroyable annonce de la
perte de Bianca, la plus jeune, la plus belle, la
plus florissante de mes bien-aimées sœurs! celle
que je n'avais pas vue depuis des années, et que
maintenant, jamais, jamais, je ne dois plus revoir!... Ah! que cette séparation est terrible! et
que ton cœur maternel en a dû souffrir! j'ose à
peine exprimer ma douleur, de peur de ranimer
la tienne! Aussi bien je sais que toute plainte est
inutile, et que ce n'est pas sur les morts qu'il faut
pleurer, mais plutôt sur les vivans; toutefois,
dans le premier moment d'une perte si cruelle,
toute philosophie nous abandonne!

Notre meilleure consolation est dans la religion, c'est là qu'il nous faut la chercher, et,
prosternés dans la poussière, nous devons nous

soumettre à la volonté de Dieu. Ce qui est, devait être; lui seul en sait le pourquoi. Je te connais, ma tendre mère; tu es pieuse et forte comme il convient à la femme de ton rang, à la noble matrone; tu paieras le tribut de tes larmes aux mânes de ta fille chérie, mais tu sauras aussi dompter cette douleur immense, car beaucoup d'autres de tes enfans ont besoin de ton amour, ils ont besoin de te savoir calme et résignée. Que cette année finit tristement! Ici même le choléra me poursuit, et je ne rencontre que de sombres visages; les souhaits de bonheur pour l'année nouvelle, expirent presque sur mes lèvres, tant mon cœur éprouve de tristesse et d'ennui; pourtant j'implore le ciel pour qu'il daigne faire descendre sur toi, bénédictions, repos et consolations, ma mère chérie! Pour moi...... ah! pour moi, je ne demande rien! et je serais peut-être mieux dans la tombe que la pauvre Bianca!

Hier je montai au fort de *Notre-Dame-de-la-Garde;* le soleil descendait tout sanglant dans la mer, et mes yeux ne rencontraient que de tristes sujets d'observation : le lazaret, la prison d'état, appelée le château d'If; mon ame désolée assombrissait le paysage plus encore que ne le faisait l'obscurité naissante. Ah! c'est que pour bien jouir du charme de la nature il faut être heureux.

Notre consul, M. Roulet, homme d'une grande amabilité, est pour moi plein de bonté et de prévenances; il m'a invité aujourd'hui à dîner, et il a eu l'attention de choisir, pour convives, ceux de ses amis qui ont visité l'Orient, afin de me procurer par eux tous les renseignemens nécessaires pour mon futur voyage dans ces contrées. Toutefois j'étais si absorbé que c'est à peine si j'ai pu profiter de son obligeance. Ce qui augmente ma tristesse, c'est de n'avoir pas encore reçu de tes nouvelles; et je quitterai ainsi l'Europe avec le cœur doublement chagrin si, d'ici au moment de mon embarquement, il ne m'en parvient point!

SUITE.

Toulon, le 10 janvier 1835.

J'ai été forcé de laisser cette lettre, une légère indisposition m'a obligé de garder huit jours la chambre; je profite de ce retard pour ajouter quelques feuilles à mon paquet, et te dire quelque chose capable de te distraire, chère mère: l'occupation et la distraction allègent, dit-on, le poids de toutes les peines. Jusqu'ici ces moyens ne m'ont pas encore trop bien réussi.

Toulon, pour un port de mer, a quelque chose de singulièrement triste et désert, quoique la contrée qui l'entoure soit très pittoresque.

Par une violente tempête qui bouleversait les flots de la mer, et amoncelait au ciel nuages sur nuages, je fis une promenade à cheval pour changer d'aspect, et je me dirigeai vers le village de Sixfours, situé sur la cime d'un haut rocher tout dépouillé. Lorsqu'à travers l'ouragan j'arrivai dans ce lieu, je fus frappé de l'aspect extraordinaire et grandiose qui s'offrit à mes regards : une ruine sans fin, les hautes murailles et les immenses débris de toute une ville étaient devant moi, avec les restes du château de la reine Jeanne, et d'une vieille église déjà ruinée du temps des Sarrasins. De ce lieu de destruction, la vue s'étend sur la mer et sur toute la contrée, fantastiquement entrecoupée de champs fertiles, de rochers escarpés ; pour mieux admirer ce magnifique panorama, j'étais monté sur la plate-forme d'une tour encore debout, et aux créneaux de laquelle je me cramponnais de peur d'être emporté par le vent. La rade de Toulon était comme un petit lac à mes pieds, et de l'autre côté, la vue plongeant au-dessus du *bec de l'aigle*, s'arrêtait sur les îles charmantes qui sont situées vis-à-vis de Marseille. Un jardin d'oliviers, d'orangers, et de vignes dépouillées de leurs pampres, couvrait toute la plaine.

Le peu de gens qui habitent ces ruines, où ils se sont disposé quelques misérables demeures, sont de véritables anachorètes, placés sur un nid de rocher entre le ciel et la terre; tous m'accompagnaient avec curiosité, et s'émerveillaient qu'un étranger trouvât tant d'intérêt à leurs décombres, pour venir les visiter par un si mauvais temps, et le petit présent que je distribuai parmi eux parut faire bien des heureux.

Le jour suivant, je visitai l'arsenal; superbe établissement, tenu d'une manière admirable, et dont tous les bâtimens sont, non seulement parfaitement conformes à leur destination, mais encore construits dans le style le plus noble, et du meilleur goût. La corderie surtout est d'un effet imposant; elle consiste en trois longues arcades placées l'une près de l'autre, et de mille pieds de longueur : c'est une véritable perspective théâtrale.

Les machines sont moins en usage ici qu'en Angleterre, parce qu'on a plusieurs milliers de galériens à employer aux travaux qui demandent de la force. La rencontre de ces malheureux avec leur casaque rouge, leur pantalon jaune et leur chaîne traînante, laisse une impression pénible ; toutefois ils sont traités avec beaucoup de douceur quand ils se conduisent bien ; souvent alors on les affranchit de la chaîne, et beaucoup jouissent, dans l'intérieur de l'arsenal, de toute la liberté possible. Parmi ceux-ci, le plus intéressant est Moulon, connu pour le vol qu'il a fait des diamans de mademoiselle Mars. Porteur de cent soixante mille francs, il était parvenu à gagner la frontière, et il fut pris au moment de la franchir. S'il eût pu arriver jusqu'en Amérique, il fût peut-être devenu là un homme considérable. Moulon est un habile graveur, et il fait un commerce assez important, de petits objets curieux qu'il s'entend à ciseler dans le bois de la noix de coco, ou à travailler en paille de diverses couleurs.

La salle d'armes et celle des modèles, à l'arsenal, méritent d'être vues ; ce qui m'intéressa le plus dans le port, c'est le beau vaisseau de ligne *le Montebello*, de cent trente canons, et la propreté recherchée ainsi que l'ordre qui règnent sur ce superbe bâtiment ; toutefois, je crois avoir remarqué que la chambre de l'amiral et celle du capitaine sont plus belles et moins richement ornées que celles des vaisseaux anglais de cette dimension.

J'ai fait, dans mon auberge, l'agréable connaissance du directeur de l'instruction publique en Corse, M. Dufilhot, lequel m'a communiqué plusieurs renseignemens curieux sur ce pays, qui conserve tout son caractère d'antiquité, et qui par ses mœurs est si complètement différent du reste de l'Europe. C'est là qu'on doit chercher ces matériaux tragiques qui appartiennent à la vie habituelle du peuple corse. La vengeance est leur première loi, et elle ne s'étend pas seulement sur la personne de l'offenseur, mais sur tous les membres de sa famille, et même jusque sur les amis : on se sert d'une expression particulière pour signaler ce cas. On dit que la famille est *in vendetta*. Tous ceux qui ont commis un meurtre s'enfuient dans l'intérieur des montagnes, et forment là un corps appelé les *banditti*, que l'on ne peut détruire, et que les gendarmes eux-mêmes sont obligés de ménager, s'ils veulent sauver leur propre vie. Le fameux bandit Théodore avait tant tué de ces derniers, qu'on ne le désignait plus que sous le surnom du *mangeur de gendarmes*. C'était un homme bien élevé, et bon poète par-dessus tout; lorsqu'il fut pris et condamné à mort, on trouva ses chants héroïques dans sa poche. Sa prise fut accompagnée de circonstances remarquables : après qu'entouré de tous côtés il eut abattu plusieurs de ses ennemis, il reçut enfin le coup mortel et tomba sur la terre; mais pendant long-temps les gendarmes n'osèrent l'approcher quoiqu'il fût bien mort, incertains si ce n'était point une dernière ruse employée par le bandit pour leur échapper encore une fois.

Le plus célèbre des bandits actuels, est un nommé Gallochio. Il y a trois semaines, me dit M. Duffhot, que dans un village non loin d'Ajaccio, on donna une grande fête à ce brigand, et le maire ainsi que le curé furent obligés de faire partie du cortége d'honneur avec lequel il se rendit à l'église; car ces bandits, loin d'être pour le peuple des objets de terreur et d'aversion, sont plutôt ceux de l'amour et de l'admiration populaire. Il est vrai qu'ils n'assassinent jamais que par vengeance ou par représailles, et qu'ils ne joignent point le vol à leurs autres forfaits. Le trait suivant, qui a eu lieu il y a peu de temps, caractérise bien ces mœurs sauvages et cruelles.

Un jeune homme après avoir promis foi et mariage à une jeune fille l'abandonna. Comme il ne l'avait point déshonorée, les frères de celle-ci ne lui imposèrent d'autre punition qu'un exil de deux ans. Cependant la vengeance de la jeune fille n'était point satisfaite, et lorsqu'après les deux ans le banni rentra dans ses foyers, la vindicative jeune fille se donna à son beau-frère, qui depuis long-temps lui faisait secrètement la cour, sous la condition qu'il assassinerait son infidèle amant. Le jour suivant le beau-frère dit à sa femme qu'il va épier le jeune homme qui a si odieusement abandonné sa sœur; mais dans la même nuit les frères de la jeune fille, qui avaient aperçu le beau-frère se glisser furtivement chez leur sœur, attendaient celui-ci dans les montagnes, et ils le tuèrent avant que ce malheureux ait pu effectuer son dessein. Sa femme, qui ne pouvait pas soupçonner que le meurtrier de son mari fût autre que l'adversaire que celui-ci avait été chercher, le cita en justice. Le jeune homme fût aussitôt arrêté, et sur le faux témoignage des frères qui avaient commis le crime, condamné à mort. Je ne sais quel heureux hasard, le jour même désigné pour l'exécution fit connaître les véritables coupables; mais ceux-ci trouvèrent le moyen de s'enfuir dans les montagnes, où ils sont aujourd'hui bandits.

On dit qu'un étranger peut voyager en toute sûreté dans le pays, le traverser sans armes; il sera partout accueilli par la plus franche hospitalité, tandis qu'un Corse qui aurait eu la moindre querelle ne l'oserait inpunément. Quelles mœurs! (1)

Lorsque je descendis aujourd'hui pour dîner à table d'hôte, où M. Dufilhot et moi nous mangeons d'ordinaire avec le peu de voyageurs qui arrivent maintenant, je trouvai pourtant deux étrangers de plus que la réunion accoutumée.

J'ai toujours le soin d'avoir avec moi, en voyage, de la moutarde anglaise et de la sauce au caviar pour *corriger un peu la fortune du pot*. Mes deux flacons étaient placés devant moi, lorsqu'avant mon arrivée, un des deux étrangers ayant voulu s'en emparer, M. Dufilhot avait été obligé de lui dire que ces flacons m'appartenaient. Instruit de la chose, je m'empressai de les offrir moi-même à l'étranger et je lui demandai en même temps s'il était anglais; il l'affirma, accepta mon offre avec reconnaissance, assaisonna son bouillon avec de la sauce, et m'assura que depuis Londres il n'avait pas mangé un aussi bon potage:

« Vous venez de Paris? lui demanda M. Dufilhot.

— Pas directement répondit l'étranger; arrivé aux frontières de Sardaigne, j'ai été obligé de rebrousser chemin parce que je venais de Marseille, et le cordon-sanitaire m'a repoussé sans miséricorde ; la reine douairière est à Nice, et elle craint trop le choléra pour permettre à personne de traverser la contrée qu'elle habite.

— Vous étiez à Paris, repris-je, à l'époque où lord Brougham s'y trouvait ?

— Permettez-moi de vous dire, Monsieur, dit l'étranger avec vivacité, avant que vous prononciez un mot de plus sur cet homme, que je suis moi-même lord Brougham ! »

Nous fûmes aussi surpris qu'enchantés de cette rencontre.

« Mon dieu ! Mylord, m'écriai-je ! est-il bien possible que je ne vous aie pas reconnu ? quelle bonne fortune inattendue pour moi ! Mais aussi vous êtes tellement engraissé, et je pourrais même ajouter tellement rajeuni, que je ne vous retrouve plus le même.

— Oh ! dit-il en riant, c'est depuis que je ne suis plus ministre, car alors j'étais assez maigre. »

Dès lors la conversation ne tarit pas un seul instant : l'on sait comme lord Brougham s'entend à l'animer. Il nous parla de l'Allemagne, où il a été il y a plus de trente ans ; il cita Schlegel et Jean de Muller, qu'il a intimement connus, et bientôt en vint à son thème favori, le rapprochement des peuples, et celui d'une éducation universelle, deux choses qui marchent à pas de géant, et qui paraissent à ce grand homme d'état, non-seulement comme d'un haut intérêt, mais comme particulièrement importantes dans l'état actuel de la société. Il nous dit aussi combien il s'estimait heureux d'avoir pu, dans le cours de son ministère, modifier les lois paupérales de l'Angleterre, et d'avoir ainsi rendu à son pays le plus éminent service. Il fit aussi une peinture très attachante de l'établissement progressif des salles d'asile, dont les résultats exercent déjà en Angleterre une influence extraordinaire sur la moralité de la jeunesse, et en particulier de celles de Paris qu'il ne peut se lasser de louer. Il déclara avoir trouvé dans M. Perreault un véritable génie pour la direction de semblables établissemens; il écouta ensuite avec un vif intérêt ce que M. Dufilhot lui dit de l'état de l'instruction publique en Corse, et des plans qu'il avait formés pour son amélioration.

La conversation se tourna peu à peu sur l'état de la religion en Angleterre, chapitre inépuisable que nous ne fîmes qu'effleurer, et ensuite sur la philosophie; ce qui amena tout naturellement l'éloge de notre Ancillon, pour lequel M. Dufilhot professe la plus haute admiration. Il assura que le livre de ce philosophe avait consolé et encouragé en France plus d'un cœur au temps de leurs disgrâces, et c'est sûrement le plus bel éloge que l'on puisse faire d'un écrivain.

« Ses œuvres m'accompagneront en Corse, reprit-t-il, elles ne me quittent jamais; car cette philosophie est aussi lucide, aussi intelligible que profonde, ce qu'on ne peut pas toujours dire, ajouta-t-il en riant, de tous les philosophes allemands, ni même des traductions de M. Cousin. »

Enfin nous en vînmes à parler de jolies femmes, et lord Brougham nous fit une charmante description de la beauté de mistress Austin, une des plus aimables femmes de l'Angleterre, et dont je m'étais informé près de lui.

J'essayais en plaisantant de décider lord Brougham à faire la traversée avec moi jusqu'à Alger, et incognito. « Bah! s'écria-t-il, nous lirions bientôt dans toutes les gazettes que nous allons insurger l'Afrique.

— Je serais heureux, repris-je, si l'on me désignait alors comme votre adjudant, mais j'ai meilleure opinion des journalistes; et d'après la connaissance que le monde entier a de votre caractère, ils supposeraient plutôt que vous allez là pour fonder quelques salles d'asile. »

Cet aimable intermède du jour de mon embarquement m'a singulièrement égayé, et suivant mes bienfaisantes superstitions, j'en emporte avec moi l'impression que je regarde comme de bon augure. Dieu te bénisse, te conserve, te console, ma mère chérie.

Ton respectueux fils,

Hermann Sémilasso.

FIN DU SECOND VOLUME.

TABLE.

Pages

SUITE DE L'ÉPISODE. 1

LETTRE IX. — Départ de Paris. — Orléans. — Le château de Blois. — Les oubliettes. — Chambord. — Amboise. — La pagode de Chanteloup. — Chenonceaux. — Diane de Poitiers. — Tours. — Les Paroles d'un croyant. — Plessis-lès-Tours. — La cathédrale. 26

LETTRE X. — Aspect de Bordeaux. — Le caveau de saint Michel. — Les boucheries. — Le bœuf assommé. — La belle Espagnole. — L'hôpital. — Le château de Montesquieu. . . 70

JOURNAL DE VOYAGE. (SUITE.) — L'intérieur d'une diligence. — Agen. — La ville en pyramide. — Lectoure. — La cathédrale d'Auch. — Beaux vitraux d'Arnauld de Molles. — Riches sculptures en bois d'Irlande. — L'escalier de granit. — Le séducteur septuagénaire. — Tarbes. — Coquetterie des femmes. 99

LETTRE XI. — L'Eldorado retrouvé. — Bagnères de Bigorre. — Les Pyrénées. — Toits de chaume. — Souvenirs du pays. — Argèles. — Antique château de Lourdes. — Vallon du Gave de Pau. — Bonne chère. — Bains de Saint-Sauveur. — Excursion dans les montagnes. — La duchesse de Berry aux Pyrénées. — Projets de plaisirs manqués. — Les bains de Cauteretz. 125

LETTRE XII. — Le Saut de l'ours. — Course sur la glace. — Le lac de Gaube. — Les amans submergés. — La chapelle de Poncy. — Tel chien, tel maître. — Une troupe de fées. — Description d'un château. — Ruines de Beaucens. — La tour de Vidalos. — Mirage des Pyrénées. — Les nuages. — La mère bien intentionnée. — Donjon de Gaston Phœbus, comte de Foix. — Sage maxime de Jeanne d'Albret............................ 198

LETTRE XIII. — Le haras royal. — Expédition du sieur Desportes. — Grâce du coursier arabe. — M. Pompier. — Le haras de Tarbes. — Les prophéties de Mahomet. — Le mauvais œil. — Noms des étalons arabes. — Un camp arabe. — Quatre femmes dans un coffre. — Toilette. — Une beauté aux lèvres bleues................ 259

CHRONIQUE N° 4. — Les avantages d'une ferme résolution. — Anecdotes. — Les corbeaux et les séminaristes. — Une promenade. — L'accueil inhospitalier.......... 308

LETTRE XIV. — Toulouse. — Le Capitole. — L'église de Saint-Saturnin. — L'amphithéâtre. — L'arsenal. — Le musée. — Carcassonne. — Beziers. — Le canal du Midi. — Montpellier. — Jardin des plantes. — L'école de médecine. — L'amphithéâtre de Nîmes. — La maison carrée. — La tour Magne............................... 325

LETTRE XV. — Marseille. — Triste désappointement. — Toulon. — Vue du village de Sixfours. — L'arsenal. — Les galériens. — Le mangeur de gendarmes. — Vengeance d'une fille corse. — Lord Brougham. — Ancillon. — Lady Austin. — Départ pour l'Afrique............... 354

FIN DE LA TABLE.

Notes du 2ᵉ Vol.

— L'auteur — mauvais passages 344.

— L'auteur, appréciation — 228. 232. — ses Rêves de Résidence 237, 238

— Usine Cockerill — 16.

— Chambord. 35.

— Révolutions (Symptômes des) 44, — 7 Janvier 117.

— Nîmes 348.

— Louis Philippe — 48.

— Les Châteaux Campagnards. 234.

— Température. 230.

— Christine (Portrait) 51.

— Le masque de Henri IV. à Chambord. 56.

— Allemands. — 66.

— Toulon 358.

— Lourdes. 135 240

— Femmes des Pyrénées. 140.

— Argelès 145 215. 218 226. 235.

— Riches et Pauvres — 164.

— Montagnes. les voir de la 1/2 de leur hauteur. 174.

— Cauterets. 192. 198. 204 215

— Excursions. accidents 204.

— Cheval méchant — 271.

— Lord Brougham — 365.

www.ingramcontent.com/pod-product-compliance
Lightning Source LLC
Chambersburg PA
CBHW050544170426
43201CB00011B/1554